电网基建项目
可行性研究报告编制及评审

国网山东省电力公司经济技术研究院◎组编

中国电力出版社
CHINA ELECTRIC POWER PRESS

内 容 提 要

为贯彻国家电网有限公司建设具有中国特色国际领先的能源互联网企业的战略目标,规范电网基建项目可行性研究报告编制及可研评审工作,提升电网基建项目评审质量,本书从可研报告编制及评审技术原则、评审要点清单、质量评价细则、常见问题清册等方面进行介绍,以期加强电网基建项目可研管理,统一可研评审技术原则,提高可研编制质量和评审效率。

本书可供从事输变电工程可行性研究报告的编制人员、供电公司发展部前期管理人员以及从事电网项目可行性研究报告评审的技术人员使用。

图书在版编目(CIP)数据

电网基建项目可行性研究报告编制及评审/国网山东省电力公司经济技术研究院组编. --北京:中国电力出版社,2024.8. -- ISBN 978-7-5198-9035-3

Ⅰ. F426.61

中国国家版本馆 CIP 数据核字第 2024DG6051 号

出版发行:中国电力出版社

地　　址:北京市东城区北京站西街 19 号(邮政编码 100005)

网　　址:http://www.cepp.sgcc.com.cn

责任编辑:高　芬(010-63412717)

责任校对:黄　蓓　马　宁

装帧设计:张俊霞

责任印制:石　雷

印　　刷:北京雁林吉兆印刷有限公司

版　　次:2024 年 8 月第一版

印　　次:2024 年 8 月北京第一次印刷

开　　本:710 毫米×1000 毫米　16 开本

印　　张:17

字　　数:281 千字

印　　数:0001—1000 册

定　　价:92.00 元

编 委 会

主　　任　刘海涛

副 主 任　张　杰　曲占斐　刘晓明

委　　员　时洪基　谢　丹　邵淑燕　薄其滨

　　　　　卢福木　金　瑶

编写成员名单

主　　编　臧宏志

副 主 编　李利生　宋卓彦　兰　峰

编写人员　李素雯　王羽田　张凯伦　张　震

　　　　　于文星　魏　鑫　崔　灿　石冰珂

　　　　　毕晓伟　付振霄　路　翎　张　宁

　　　　　杨慎全　倪媛媛　王亚君　赵　杰

　　　　　苗领厚　匙阳阳　谭晓哲　张　草

　　　　　何春晖　张春辉　郭宜果　张立杨

前　言

随着"建设具有中国特色国际领先的能源互联网企业"战略目标的实施，国家电网有限公司（简称国网公司）对提升电网基建项目评审质量，严格执行"三通一标"、绿色建造、十八项反措、资产全寿命周期设计、环保水保及消防规程规范等提出更高要求，在可行性研究（简称可研）设计一体化的背景下，更是要求可研内容重点环节达到初步设计（简称初设）深度。同时，为实现电网投资精准精益管理，需要加强可研编制及评审质量的把关，迫切需要提升可研评审专业人员对可研编制及评审专业基础知识和必备理论的掌握水平。

近年来，可研工作面临新的形势和新的要求，规划执行刚性越来越强、依法合规审批要求越来越高、生态保护管控越来越严格，须加深可研深度。项目可研是投资决策的依据，是统筹考虑发展、建设、运行、调度等各专业需求的重要阶段，从源头上控制好造价水平，做准可研估算，是提高公司投入产出效率、提质增效，推进电网高质量发展的重要手段。

本书编制的目的是加强电网基建项目可研管理，统一可研评审技术原则，避免评审人员评审尺度不一，对输变电工程进行可研质量评价，提高可研编制质量，提升可研评审效率，落实相关文件制度要求。

由于编者水平有限，书中难免存在不妥之处，敬请广大读者批评指正。

编者

2023 年 12 月

目 录

第一章

电网基建项目可研报告编制及评审技术原则

第一节 电 力 系 统 一 次

一、电力系统概况

1. 电网概况

电网基建项目可研报告中应明确与工程有关的电网区域范围。对于 500kV 输变电工程，应说明所在省（市）的电网整体情况；对于 220kV 输变电工程，应说明所在地市（县）的电网整体情况；对于 110（35）kV 输变电工程，应说明所在行政区域（县、区）的电网整体情况。

报告中应概述电网基本情况，包括网架结构、与周边电网的联系、电网运行方式及存在主要问题；说明全社会、全网（统调）口径的发电设备总规模、电源结构、发电量；说明全社会、全网（统调）口径的用电量、最高负荷及负荷特性；说明电网输变电设备总规模；说明主要在建发输变电工程的容量、投产进度等情况。相应数据统计资料应截至上年年底，数据资料应准确翔实。

应通过对电网概况的审查，从整体上把握相关输变电工程所在电网的相关情况。110（35）kV 输变电工程还应说明工程主要供电区域的概况，应详尽描述周边变电站负荷、负载率情况；涉及利用已有导线的工程，应说明现状导线投运年限、导线截面等，说明 10kV 配出及联络情况，应逐一列出各 10kV 配出线路负荷。

2. 电力需求预测

根据目前社会经济发展形势、用电增长情况，提出与工程有关的全社会、全网（或统调）负荷预测水平,包括相关地区（供电区或行政区）过去 5 年及规划期内逐年的电量及电力负荷。

负荷预测应以年度滚动规划报告下发的电力需求预测水平推荐方案为基础，结合最新情况进行修正。若与滚动规划预测水平偏差较大，应进行详细说明。若与本地市负荷增长率平均水平偏差较大，应提供详细依据。如大用户具体项目描述、规划规模、本期规模、投产时间、报装容量、预计最大负荷等。

应通过对负荷预测数据合理性、准确性的审查，判断工程本期、远期建设规模及合理建设时机。

3. 电源建设安排及电力平衡

参照区域最新版滚动规划报告核实与工程有关的设计水平年内和远期规划期内的电源装机安排，核实规划期内电源名称、装机规模、建设进度和机组退役计划表。

进行全网逐年电力平衡，并根据实际输变电工程设计需要，对工程所在分区的电力平衡进行计算。

对于规划有新能源建设的地区，应根据国家已批复的核准计划、省内开工计划及已取得备案、接入系统已评审项目，考虑工程设计水平年内和远期规划期内的新能源装机安排。新能源出力系数应根据电力平衡对应时段的新能源实际出力的平均值计算，需要注意采用实际并网机组容量计算出力系数，新能源出力系数取值应在报告中做简要说明。

对于规划有储能电站的区域，应考虑其分布及规模对电力平衡结果的影响。

应考虑省内淘汰落后煤电机组的政策对平衡结果的影响。

应通过对电源建设安排及电力平衡的审查，核实该区域合理电力需求空间，为确定工程建设规模、建设必要性提供支撑。

4. 电网发展规划

电网基建项目可研报告中应说明与工程相关的电网规划，重点核实工程所在区域的电网规划情况。

二、工程建设必要性

依据与工程相关的电网规划及电力平衡结果、关键断面输电能力、电网结构的说明，分析当前电网运行实际情况及存在问题，根据每个工程不同的特点，从满足负荷增长需求、优化完善网架结构、提高电网供电可靠性、提高电网输电能力、满足电源送出及新能源或用户接入需求等方面进行工程建设必要性说明，明确工程合理投产时机。

对于 110（35）kV 输变电工程，应提前梳理周边区域设备的负荷情况，原则上以该县或该供电网格为单位的最大网供负荷时刻为统一时间点，明确该时间点下的各变电站负载率情况，减少负荷同时率的影响。若工程周边存在低效设备，需对该工程的建设必要性和建设时序进行严格再论证；若工程规划投产年，工程所在区域（以供电网格为例，饱和年网格内 2～4 座 110kV 变电站）容载比高于2.2，也需对该工程进行再论证。

注：35kV 及以上低效设备是指连续两年平均负载率低于 10%、投运时间大于3 年的设备。

三、接入系统方案

依据电网发展规划及系统定位，结合现状网架特点、负荷预测、电网接入条件等情况，提出 2 个及以上接入系统方案，从潮流、短路、稳定等电气计算及网架结构、供电可靠性、项目可行性、经济性等方面进行综合比较，提出推荐方案。确定变电站本期、远期规模，包括主变压器规模、各电压等级出线回路数。必要时应包含与工程有关的上下级电压等级的电网研究。

原则上，新建输变电工程均应进行 2 个或 2 个以上接入系统方案的对比分析论证，如仅提出 1 个方案，则必须进行适应性论证。若推荐接入系统方案与电网规划不一致时，应详细进行方案比选，并在规划调整手续完成后进行评审。

110（35）kV 电网以链式结构为目标网架，对于非链式结构的工程，应详细论证分析供电可靠性是否满足要求。110kV 接入系统方案应满足以下要求：

（1）电网结构简洁清晰。合理划分 220kV 变电站供电区域，在 220kV 变电站供电能力和线路廊道允许情况下，尽量避免跨 220kV 供电区域供电。

（2）充分考虑导线载流量和变电站主变压器容量配置，在满足 N-1 前提下，提高线路利用效率。

（3）避免同塔故障导致 2 座及以上变电站停电。避免同塔线路检修或故障造成 2 座及以上变电站停电，尽量避免同塔线路长距离给同一个变电站供电。

（4）线路 T 接点不宜超过 1 个。110（35）kV 公用线路 T 接点一般不超过 1个，对于为用户供电的公用线路，经论证后 T 接点可多于 1 个。

四、电气计算

1. 潮流计算

需进行工程投产水平年的潮流计算，并校核投产后2～3年的电网潮流计算。

应明确计算边界条件，包括所在区域内部220kV及以上电网的开合环情况，与周边区域电网的开合环情况，500kV变电站变电容量及站内220母线并列分列运行情况、统调发电厂装机情况、计算负荷等。计算水平年的边界条件原则上与地区年度运行方式或2～3年方式校核保持一致，投产后2～3年的边界条件原则上与区域滚动规划报告保持一致，不一致者应进行详细说明。

应进行工程不同接入系统方案下的正常及故障方式潮流校验。故障方式的选取应涵盖与工程相关的主变压器及线路的 $N-1$、$N-2$ 故障，必要时校验严重条件下的 $N-1$、$N-2$ 故障，如果潮流计算中出现问题，需针对计算中存在的问题提出合理的解决措施。

对于主要承担新能源送出功能的输变电工程，应着重进行大负荷新能源大发、平峰新能源大发等不同场景下的潮流分析；对于既承担新能源送出又兼顾供电需要的工程，潮流计算还需分析大负荷新能源小发方式的潮流情况。不同场景下新能源出力、火电出力、负荷水平需根据运行实际进行详细说明。

另外，潮流图展示的范围不宜过小，原则上应全部展现工程所在电网分区的潮流图，潮流图上应展现电网的开环情况、电源的出力情况、变电站的负荷情况、线路的潮流、各变电站的各级母线电压。

潮流计算需全面展现工程的建设对于电网的影响，通过对潮流计算的审查，判断推荐方案潮流和网络结构的合理性，并根据近、远期潮流计算情况，结合近远期电网规划，为选择线路导体截面和变电设备参数提供依据。

2. 短路电流计算

需进行工程投产水平年、远期年（投产后5～10年）的短路电流计算。

短路计算应明确计算边界条件，原则上与潮流计算边界条件保持一致。

应提供设备投运后与工程相关的各主要站点的最大三相短路电流和最大单相短路电流，对短路电流问题突出的电网，应对工程投产前后系统短路电流水平进行分析，对短路电流越限问题，应优先结合电网规划通过改善电网结构的措施予以解决，并针对新的电网结构进行潮流、稳定等电气计算。

电网的短路电流水平应限制在合理的水平，若因系统短路电流水平过大需大面积更换断路器设备或选择断路器困难时，应开展限制短路电流措施的专题研究。

对 220kV 及以上工程的短路电流计算结果，原则上设计单位应向调度运行部门及发展规划部门收资并进行比对，若仍存在差异，应进一步校核电网参数。

3．稳定计算

需核实推荐接入系统方案的稳定水平计算结果。必要时，如重要枢纽变电站或重要线路，应进行严重故障方式下的稳定校核。如稳定水平较低，应从网架结构、工程建设方案上提出提高电网稳定水平或应对稳定问题的措施。

五、无功补偿平衡及调相调压计算

根据分层分区无功平衡原则，核实工程投产年和远期年推荐接入系统方案在大、小运行方式及故障方式下无功平衡计算（容性、感性），确定合理的本期和远期无功补偿设备型式、分组数量、分组容量、安装地点及变压器的调压方式。当电缆出线较多时，应分析电缆充电功率，核实感性无功补偿装置配置的合理性。

如需加装动态无功补偿装置、调相机等，应对加装的必要性进行论述，并进行必要的电气计算和论证；对于 500kV 以上架空长线路及 110kV 以上电缆长线路，应进行过电压专题计算，分析高压电抗器的必要性。

对于配置动态无功补偿装置、调相机、高压电抗器的专题论证，应重点审查计算的边界条件是否合理，计算的内容及深度是否符合规程规范要求，必要性论述是否充分。

六、电气主接线

根据变电站功能定位、出线回路数、站内主设备情况、负荷性质及重要程度，结合变电站接入系统方案及分期建设情况，选择电气主接线形式。原则上，电气主接线应满足规程规范及通用设计导则要求，在满足供电安全可靠、方便运维的前提下，尽量简化接线，如系统对电气主接线有特殊要求时，需对其必要性进行论证，必要时进行相关计算。

七、主变压器选择

根据分层分区电力平衡结果、区域负荷发展、地区容载比情况，并结合潮流计算、短路电流计算等结果，核实主变压器本期建设规模、远期建设规模、变压器容量、变压器阻抗等参数。

根据附近区域各电压等级负荷分布情况，确定合理的变压器变比及容量比；确定主变压器中性点接地方式。

主变压器容量应依据近期负荷预测选择本期容量，要满足投产年及后 3 年的负荷需求。若超规模建设及主变压器设置 35kV 电压等级，需进行专题论述。

对于短路电流问题突出的地区，需重点核实该地区短路水平情况，对采用变压器阻抗选择进行比较分析。

八、线路导线截面选择

核实正常运行方式和故障运行方式下的线路最大输送容量，并结合远期电网规划及工程功能定位，确定合理的架设方式、架空导线截面或电缆线路需满足的通流容量，新建架空导线最高允许温度按 80℃设计。核实推荐方案接入系统线路全长、不同导线截面构成及相应长度。必要时对不同导线型式及截面、网损等进行技术经济比较。导线截面的选取应符合下述要求：

（1）宜综合饱和负荷状况、线路全寿命周期选定。

（2）应与电网结构、变压器容量和台数相匹配。

（3）应按照安全电流裕度选取，并以经济载荷范围校核。

110（35）kV 电网工程在考虑近期接入系统方案时，线路路径、回数、截面应兼顾近期、中期及远期年目标网架发展需要和廊道情况。如远期需要双回线路时，经论证后，本期可按照同塔双回建设。

110（35）kV 线路 T 接点前可选用 $2×300mm^2$ 导线（35kV 线路 T 接点前可选用 $2×300$、$2×240mm^2$ 导线）。利用原有 $300mm^2$ 导线构建目标网架，在原有线路 T 接时要进行 $N-1$ 分析。

九、停电过渡方案

对施工中涉及停电的工程，需配合停电方案进行相关潮流、短路等电气校核计算；核实停电过程是否需要临时过渡方案，并进行相关电气校核计算。

第二节　系统二次及电气二次

一、系统继电保护及安全自动装置

（1）线路保护。

1）根据审定的一次系统及继电保护现状，结合周边已评审的电源和用户项目接入需求，明确变电站线路保护的配置及通道的组织方案。

2）220kV 线路通信通道条件允许时，应优先选用光纤分相电流差动保护。同杆并架双回线路应采用分相电流差动保护；新配置或改造更新的 220kV 线路保护应具备双通道接入能力。220kV 双通道保护所对应的 4 条通信通道应至少配置 2 条独立的通信路由，通道条件具备时，宜配置 3 条独立的通信路由，对于末端站点，若随同一条线路架设 2 条光缆的可视为 2 条独立的通信路由。

3）110（35)kV 线路宜采用光纤电流差动保护。

4）电气化铁路牵引站供电线路应采用适合电铁负荷特性的保护装置。

（2）500kV 和涉及系统稳定的 220kV 新建、扩建或改造的智能变电站采用常规互感器时，应通过二次电缆直接接入保护装置。

（3）明确新建变电站线路断路器保护、失灵保护及远方跳闸保护配置方案。确定扩建变电站原有线路、断路器保护是否继续使用。

（4）核实母线保护、母联/分段保护、断路器保护、短引线保护配置是否满足二次系统通用设计要求。明确新建变电站母线保护、线路故障录波器配置方案。核实扩建变电站母线保护、线路故障录波器容量是否满足本期工程的需要。

（5）故障录波系统。对于 110kV 及以上新建变电站，原则上配置故障录波系统。明确故障录波系统的配置原则，核实故障录波系统配置方案。故障录波系统一般按电压等级（按小室）配置，主变压器各侧录波信息应统一记录在 1 套故障录波装置内。

（6）网络报文记录分析仪。对于 110kV 及以上新建变电站，原则上配置网络报文记录分析仪。网络报文记录分析仪不应与故障录波系统进行整合。

（7）二次设备在线监视与分析子系统。220kV 及以下变电站不配置独立的继电保护故障管理信息管理子站，其功能由二次设备在线监视与分析子系统实现。

（8）安全稳定措施专项。系统二次专业根据系统一次安全稳定专题的研究结果配置相关的稳控装置，评审各变电站安全稳定控制系统初步配置方案。

（9）110kV 电网保护测控装置的选型及技术要求应满足《智能变电站 110kV 保护测控集成装置技术规范》（Q/GDW 1920—2013）的规定。

二、调度自动化

1. 远动装置

根据变电站在系统中的位置，确定该站所属调度关系。

（1）110kV 及以上变电站远动信息传输方式及通道组织应采用调度数据网通信方式，落实改/扩建变电站是否满足调度数据专网双平面要求。

（2）对于新建变电站远动系统，可结合当地计算机监控（变电站自动化）系统配置、结构统筹评审，核实通信网关机配置数量。

（3）对于扩建工程，结合现有远动系统或当地计算机监控系统的现状，对远动系统设计方案进行评审。

2. 电能量计量系统

（1）根据各相关电网电能量计量（费）建设要求，提出工程计费、考核关口计量点设置原则，明确关口表和电能量采集终端配置方案，提出电能量信息传送及通道配置要求。

（2）智能变电站各电压等级电能表宜独立配置。

110kV 及以上变电站应按"双平面"原则配置 2 套调数据专网接入设备及相应的二次安全防护设备。

每个变电站部署 1 台网络安全监测装置，网络安全监测装置应满足电力监控系统网络安全的要求。

因变电站建设引起电网调度自动化系统、电能量计费系统扩容及修改时，应提供论证报告。

三、电气二次

（1）确定计算机监控系统设计原则、监控范围及功能、系统结构、设备配置等。

监控系统应包含一键顺控功能模块，实现主要设备倒闸操作的自动顺序控制级防误双校核功能，并配置独立的智能防误主机。

（2）明确元件保护及自动装置的设备配置。

（3）明确智能组件配置原则，过程层设备配置数量及网络结构应符合通用设计。

（4）确定变电站设备在线状态监测系统设计方案。

（5）确定一体化电源系统配置方案，直流系统采用辐射式供电，明确交流电源、UPS 电源、通信直流变换电源（DC/DC）、蓄电池容量、组数及高频开关电源的配置方案。300Ah 及以上的蓄电池组，应设置专用的蓄电池室组架安装。

（6）辅助设备智能监控系统应根据《国家电网有限公司 35～750kV 输变电工程通用设计、通用设备应用目录》的要求配置，包含一次设备在线监测子系统、火灾消防子系统、安全防卫子系统、动环子系统、智能锁控子系统、智能巡视子系统等，实现一次设备在线监测、火灾、消防、安全警卫、动力环境的监视，智能锁控，安全环境监视及设备智能巡视，智能联动等功能。

（7）户外变电站采用预制舱式二次组合设备时，应根据变电站建设规模、总平面布置、配电装置型式等，按设备对象模块化设置，就地布置于设备附近。

（8）间隔层设备宜按间隔配置。对于户内变电站，间隔层、过程层设备宜分散布置于就地预制式智能控制柜内。智能控制柜与一次设备本体之间采用预制电缆连接。

第三节　通　信　专　业

一、光缆建设

（1）光缆建设应兼顾站点业务接入与网络发展需求，具备可行性与较好的经济性，110kV 及以上架空电力线路应架设两根光缆，同塔双回及以上（含单侧挂线）线路和单线路接入的末端站点应随电力线路架设双光缆。

（2）采用 T 接方式新建光缆线路，任两站之间光缆纤芯数量小于 12 芯的，应对现有光缆线路予以改造更换；输变电配套通信工程实施后导致光缆剩余纤芯（备用和预留纤芯除外）不足 4 芯情况的，应对现有光缆线路予以改造更换；杆塔不具备光缆线路改造更换条件的，应在设计文件中重点分析说明。

（3）运行时间超过 20 年，并且经状态评价及风险评估不满足生产运行要求的全介质自承式光缆（all dielectric selfsupporting optical cable，ADSS），应结合输变电线路工程更换为光纤复合架空地线（optical fiber composite overhead ground wires，OPGW）。

（4）新建架空线路应选用 OPGW，光缆纤芯应采用 ITU-TG.652 型，可采用新型轻质光缆。纤芯数量应满足通信规划及工程需求，220kV 及以上电压等级单根光缆芯数应不少于 72 芯；110kV 及以下电压等级单根光缆芯数应不少于 48 芯；多级通信网共用光缆区段，过河大跨越光缆、"三跨"光缆以及入城光缆等，应适度增加光缆根数及纤芯裕量。

（5）电缆线路应沿线路管沟、隧道、桥架等通道配套敷设 2 根管道光缆，无电缆沟道的可采用套管直埋方式敷设。

（6）对于线路 π 接或改接引起光缆临时中断以及设备更换改造时的，应对原承载业务情况进行描述，并提供相关业务临时过渡方案。

（7）进入变电站的引入光缆，应按照有关规定进行路径规划、光缆选型和安装接续。

二、光通信设备

（1）新建变电站应结合各级通信网规划和变电站电压等级设计相应光通信电路，并与独立二次项目、通信技改项目进行有效衔接。

（2）新建 500kV 变电站应至少配置省、市两级传输网设备。其中，省级传输网设备应配置 2 套 10G 平台 SDH 设备（每个方向均按照 1+1 方式配置光路）和 1 套 10GE PTN/SPN 设备，并根据通信规划相应配置 OTN 设备；地市级传输网设备应至少配置 1 套 SDH 设备和 1 套 SPN 设备，设备选型依据通信网规划确定。

（3）新建 220kV 及以下变电站应至少配置 2 套地市级传输网设备。每个站应至少配置 1 套 SDH 设备和 1 套 SPN 设备，设备选型依据通信网规划确定，接入市级光通信网络。需要承载 8 条及以上线路保护通道（已配置"双保护、三路由"的除外）的站点，可另配置 1 套 155M/622M 平台 SDH 设备。

（4）为确保业务承载能力和传输可靠性，应结合各级通信网规划，更换上下游节点经状态评价及风险评估不满足生产运行要求的光通信设备。

三、业务承载

（1）变电站送出线路保护、安全稳定控制业务由 SDH 光通信设备及通信光缆承载。ADSS 不应承载保护、安控业务，高电压等级保护、安控业务不宜承载在低电压等级线路光缆上。

（2）变电站调度数据网业务由各级传输网络两套设备分别承载，应通过切片等物理隔离方式保障其带宽。

（3）变电站数据通信网业务由不同平面 SPN/PTN 设备承载。各级变电站应根据传输资源以用户边缘设备（customer edge，CE）方式接入数据通信网。新建 35kV 及以上变电站应配置 1 套数据通信网设备，包含 48 口带 POE 功能的三层网络交换机 1 套、24 口六类网络配线架 2 套，通过 SPN/PTN 组织百兆通道至上一级节点。

（4）变电站行政电话由数据通信网承载。新建 35kV 及以上变电站应配置 1 套 IAD 终端，通过站内数据通信网交换机直接接入省公司 IMS 核心网，由省公司 IMS 系统放号。

（5）变电站调度电话采用软交换方式，由调度交换专用数据网络承载，调度交换专用数据网具备主、备用链路，分别由 2 套传输设备承载。新建 35kV 及以上变电站应配置 1 套调度软交换接入终端。

四、通信电源

变电站内所有的通信传输设备均应由-48V 直流供电。

（1）新建 500kV 变电站应配置 2 套独立通信电源系统，每套通信电源整流模块总容量应大于通信站总负载电流与该套通信电源所带全部蓄电池组 10 小时率放电电流 2 倍之和，整流模块数量按 $N+1$（$N \geqslant 2$）原则配置，整流模块交流输入侧应加装独立空气开关。每套蓄电池容量应满足站内通信设备独立供电时长不小于 4 小时。

（2）新建 220kV 及以下变电站宜采用全站一体化电源系统，配置 2 套独立的通信专用 DC/DC 转换装置。每套 DC/DC 转换装置的模块数量应按 $N+1$（$N \geqslant 2$）原则配置，总容量应在模块数量为 N 的情况下，大于通信站总负载之和；参考 220kV 变电站不小于-48V/150A、35kV 变电站不小于-48V/60A。站内交流故障时，一体化电源蓄电池应能维持对通信设备供电时长大于 4h。

五、通信机房

新建变电站通信设备房间应结合变电站终期规模和实际需求预留设备屏位。通信设备宜结合变电站远期规划、按功能分区集中布置，通信配线架应靠近机房缆线出口布置。

（1）新建 500kV 变电站通信设备屏位不应少于 30 个（不含通信保护接口柜、

安稳装置接口柜等）。通信电源屏位应就近通信蓄电池室布置，通信蓄电池需布置在站内通信专用蓄电池室，应满足 4 组 500Ah 蓄电池安装空间要求，每套电源的蓄电池布置在不同房间，如不具备条件两组蓄电池布置在同一房间时，不同蓄电池组间应采取防火隔爆措施。通信蓄电池室的总面积不小于 20m^2。

（2）新建 220kV 变电站通信设备屏位不应少于 23 个；新建 110kV 变电站通信设备屏位不应少于 11 个；新建 35kV 变电站通信设备屏位不应少于 9 个（不含 −48V 直流配电柜、通信保护接口柜、安全稳定控制装置接口柜等）。

六、其他

（1）扩建或改造变电站时应按照上述原则对原站内光通信设备及电源系统进行校核，不满足要求的应更换或新增设备。

（2）A+、A、B、C 类供电区域有 10kV 配出线路的新建变电站应配置配电网通信光线路终端（OLT）设备和独立的配电网光纤配线柜，实现配电网业务的汇聚和上传。

（3）独立通信电源站点应配置通信动环监控系统，包含动环监控单元、温湿度传感器等，接入全省通信动环监控系统。DC/DC 转换装置监控信息应能够同时上传至通信及变电监控系统。

（4）新建变电站应同步建设综合布线系统。

（5）新建变电站宜配置可信 WLAN 设备。

第四节 变 电 一 次

一、建设规模

对照系统一次结论，核实现状、本期和远期的建设规模，包括变电容量、各电压等级出线回路数、无功补偿容量等。

二、电气主接线

（1）审查电气主接线与系统规划的一致性。

（2）主接线方案应合理、可行。

1）新建工程：重点关注接线型式是否合理。如母线是否需要分段、是否便于扩建、间隔排列是否合理避免线路交叉、与总平面布置是否对应，中性点接地方式的选择是否合理，有无接地变压器及消弧线圈或接地电阻、站用变压器等。

2）扩建、增容、改造工程：重点关注原有接线型式能否满足要求，本期工程接线是否需要调整，间隔排列是否需要调整，停电方案是否合理可行。

（3）采用 GIS 的变电站，其同一分段的同侧 GIS 母线原则上一次建成。如计划扩建母线，宜在扩建接口处预装一个可拆卸导体的独立隔室；如计划扩建出线间隔，宜将母线隔离开关、接地开关与就地工作电源一次上全。

新建 220kV 及以上电压等级双母分段接线方式的 GIS，当本期进出线元件数达到 4 回及以上时，投产时应将母联及分段间隔相关一、二次设备全部投运。

（4）根据系统专业提资核实低压无功补偿装置分组情况，电容器串抗当谐波为 5 次及以上时，电抗率宜取 5%；当谐波为 3 次及以上时，电抗率宜取 12%，也可采用 5% 与 12% 两种电抗率混装。

（5）根据 35、10kV 侧电容电流的计算结果，论证选择 35、10kV 中性点接地方式。

（6）110（66）kV 及以上电压等级变电站应至少配置 2 路站用电源。装有 2 台及以上主变压器的 330kV 及以上变电站和地下 220kV 变电站，应配置 3 路站用电源。站外电源应独立可靠，不应取自本站作为唯一供电电源的变电站。当需要引接站外电源时，应论证所引接电源的可靠性，工程量应合理。

三、设备选择

（1）应说明短路电流计算的依据和条件（包括计算水平年、接线、运行方式及系统容量等），并列出短路电流计算结果。明确设备短路电流控制水平和回路最大工作电流。

（2）应明确站区海拔、污秽等级、地震烈度及土壤电阻率。

（3）主要电气设备选型。电气设备选型应按照《国家电网有限公司 35～750kV 输变电工程通用设计、通用设备应用目录》选择。

1）新建工程：根据站址所处的地理位置、站址条件、污秽等级、海拔等情况和主要技术参数，确定主要电气设备的选型，说明电气设备外绝缘的爬电比距。

2）扩建工程：设备选型原则上应与前期工程保持一致，设备参数应符合各专业要求，且在不影响前期设备运行条件下，优先选取通用设备参数。应对站内原有设备及导体进行校验，加强专业间配合，如有跨线更换为大截面的，需与土建专业核实原有架构能否满足要求；涉及站内出线间隔调整时，结合设备运行情况，满足条件时优先考虑原有设备的搬迁利旧。

3）涉及设备迁改和设备更换的工程，设计人员应核实是否已列入技改计划，避免重复投资。按照"谁引起、谁更换"的审查原则，对于已有设备不满足运行条件，但不是因为工程接入引起的，不应在工程中计列更换。对拟拆除的一、二次设备进行设备寿命评估和状态评价，列举拟拆除设备清单并提出拟拆除设备处置意见。

4）对于多回同杆架设线路，应进行电磁感应、静电感应电流电压计算，依据《高压交流隔离开关和接地开关》GB/T 1985—2023）附录 C 确定线路侧接地开关选型。

5）220kV GIS 双断口母线隔离开关适用于满足现行通用设计要求的户内/户外 220kV 变电站高压侧、500kV 及以上变电站 220kV 侧；适用于 220kV 组合电器中新建出线、新建主变压器进线、备用出线回路、分段回路。

四、电气总平面布置及配电装置

（1）选型原则。配电装置及电气总平面布置应根据变电站负荷性质、环境条件、运行维护要求，结合工程特点和建设规模，优先选用资源节约、占地节省的设备和布置方案。

（2）推荐方案及适用条件。变电站设计方案应参照《国家电网有限公司 35～750kV 输变电工程通用设计、通用设备应用目录》选型，推荐通用设计实施方案见表 1-1。

表 1-1　　　　　　　　推荐通用设计实施方案

序号	通用设计方案编号	建设规模	接线型式	总布置及配电装置
1	500-A3-1	主变压器：4×1000MVA（单相）；出线：500kV 8 回，220kV 16 回；500kV 高压并联电抗器：2 组；每台主变压器 35kV 侧无功：低压并联电容器 3 组，低压并联电抗器 2 组	500kV：一个半断路器，4 组主变压器全部进串；220kV：双母线双分段；35kV：单母线单元接线	500、220kV 及主变压器场地平行布置；500kV：户内 GIS，架空出线；220kV：户内 GIS，架空出线；35kV：户外支持管型母线、柱式断路器、配电装置一字型布置
2	220-A2-2	主变压器：3×240MVA；出线：220kV 6 回；110kV 12 回；10kV 36 回；每台主变压器 10kV 侧无功：低压并联电容器 3 组，低压并联电抗器 2 组	220kV：双母线接线；110kV：双母线接线；10kV：单母线四分段接线	全户内一幢楼布置；一层布置主变压器、GIS、开关柜及并联电抗器、并联电容器、站用变压器、接地变及消弧线圈成套设备等；二层布置并联电容器、二次设备；220kV、110kV 全电缆出线

续表

序号	通用设计方案编号	建设规模	接线型式	总布置及配电装置
3	220-A3-1	主变压器：3×240MVA；出线：220kV 6 回；110kV 12 回；35kV 18 回；每台主变压器 35kV 侧无功：低压并联电容器 2 组	220kV：双母线接线；110kV：双母线接线；35kV：单母线三分段接线	两幢楼平行布置，主变压器户外布置；220kV 配电装置楼：一层布置低压无功补偿设备，二层布置 GIS 设备及二次设备，4 回架空，2 回电缆；110kV 配电装置楼：一层布置开关柜、接地变等设备，二层布置 GIS 设备及二次设备，4 回架空，8 回电缆
4	220-A3-2	主变压器：3×240MVA；出线：220kV 6 回；110kV 12 回；10kV 36 回；每台主变压器 10kV 侧无功：低压并联电容器 3 组，低压并联电抗器 2 组	220kV：双母线接线；110kV：双母线接线；10kV：单母线四分段接线	两幢楼平行布置，主变压器户外布置；220kV 配电装置楼：一层布置低压无功补偿设备，二层布置 GIS 设备及二次设备，4 回架空，2 回电缆；110kV 配电装置楼：一层布置开关柜、接地变等设备，二层布置 GIS 设备及二次设备，4 回架空，8 回电缆
5	110-A2-4	主变压器：3×63MVA；出线 110kV 2 回；10kV 42 回；每台主变压器 10kV 侧无功：低压并联电容器 2 组	110kV：扩大内桥接线；10kV：单母线四分段接线	全户内一幢楼布置；110kV：户内 GIS，电缆出线；10kV：户内开关柜双列布置
6	110-A3-2	主变压器：3×50MVA；出线 110kV 2 回；35kV 12 回；10kV 24 回；每台主变压器 10kV 侧无功：低压并联电容器 2 组	110kV：扩大内桥接线；35kV：单母线三分段接线；10kV：单母线三分段接线	半户内一幢楼布置，主变压器户外布置；110kV：户内 GIS，电缆、架空混合出线；35、10kV：户内开关柜双列布置
7	110-A3-3	主变压器：3×50MVA；出线 110kV 2 回；10kV 36 回；每台主变压器 10kV 侧无功：低压并联电容器 2 组	110kV：扩大内桥接线；10kV：单母线四分段接线	半户内一幢楼布置，主变压器户外布置；110kV：户内 GIS，电缆出线；10kV：户内开关柜双列布置

110～220kV 智能变电站通用设计方案的选择：A2 方案适用于城市中心、腐蚀严重地区、重污秽地区、进出线均为电缆的工程、对噪声环境要求较高地区、人口密度高、土地昂贵的地区等；A3 方案适用于城市近郊、城市开发区、受征地限制的地区、污秽较严重地区、架空出线条件困难的工程、对噪声环境要求较高的地区等。

方案选型还应满足《国家电网有限公司十八项电网重大反事故措施（2018年版）》（简称十八项反措）的要求，用于低温（年最低温度为-30℃及以下）、日温差超过25K、重污秽e级或沿海d级地区、城市中心区、周边有重污染源（如钢厂、化工厂、水泥厂等）的363kV及以下GIS，应采用户内安装方式，550kV及以上GIS经充分论证后确定布置方式。

（3）审查总平面布置占地是否优化，各配电区之间的连接是否合理，能否满足防火间距，能否满足远期扩建，是否堵死扩建端。对扩建变电站，核实是否需要征地，明确扩建方向。

（4）变电站增容、改造、扩建工程，应充分利用前期设备、构支架、基础等，尽可能避免破坏原有电缆沟，减少电缆沟修复和电缆敷设的工程量。避免"大拆大建"，结合工程现场，优化电气设备布置方案。

五、绝缘配合、防雷接地

（1）根据变电站所在位置的污秽等级，选择电气设备外绝缘的爬电比距和绝缘子串的型式、片数；注意各级电压电气设备的绝缘配合，说明避雷器选型及其配置情况。

主变压器中、低压侧进线避雷器不宜布置在进线开关柜内。

（2）关注站内防直击雷措施，核实避雷针高度、数量及位置是否合理。

（3）变电站接地方案应合理；根据土壤电阻率和腐蚀性情况，确定接地材料、接地装置设计方案及要求，如采取特殊的降阻、防腐措施，需进行技术经济比较。高土壤电阻率地区需要补充有资质部门出具的土壤电阻率测试报告。

六、工程量

应重点核实以下单项工程量：

（1）核实设备数量、材料量，应符合变电站建设规模。

（2）核实接地综合投资。

（3）核实照明综合投资。

（4）核实电缆工程量。

（5）核实防火材料量。

（6）核实站外电源工程量。

七、新技术

新技术应满足现行国家电网有限公司基建新技术目录的有关规定。在选用新技术方案时，应根据相关文件要求和工程特点进行适用性论证，必要时应编制专题报告。

第五节　变电土建

一、站址选择

（1）在系统规划选址的基础上进行详细选址，确定站址位置。

原则上，宜提出 2 个或 2 个以上可行的站址方案。推选站址和比选站址均要满足建站实施条件（包括各站址成立相关协议），并对可选站址进行详细技术经济比较。地质条件较差、土方较大、拆迁量较大、迁改高压线路、出线困难等站址应慎重论证或另行选址。如受条件限制推荐唯一站址时，需详细说明原因。对因地方规划等条件限制的唯一站址方案，应在报告中专门说明，并附地方规划书面意见或相关书面证明。

站址情况的介绍推荐采用无人机航拍技术。

为进一步降低工程造价，变电站选址应提前研究，避免使用拆迁量、土石方工程量较大或进出线条件较差的站址方案。

（2）站址协议落实情况。站址需取得县级及以上的规划、国土协议，国土部门的压矿查询结果。视工程具体情况落实地质、地震、矿产、文物、电信、军事、民用航空、航道、公路、铁路、石油天然气、海事、林业、风景名胜区、自然保护区、河道、水利等主管部门对工程建设的意见。

变电站站址应使用建设用地或规划建设用地，不能占用城市规划区内的道路用地、城市绿地等，非重点建设项目不能占用基本农田。若拟选站址为其他用地，需确保已纳入土地利用调整规划。

（3）明确站址地理位置，说明站址所在地的市、区县、乡镇街道的名称，站址与城市（220kV 变电站为地级市、110kV 变电站为县区）的相对位置关系和距离。说明站址用地的土地性质、站址的地形地貌及拆迁赔偿情况。从出线规划、站用水源、站用电源、交通运输、邻近设施、矿产资源及历史文物压覆等方面论证站址的可行性，避免出现颠覆性因素。

（4）水文气象及水文地质。加强调查收资，说明站址区域洪水位和历史最高内涝水位，针对洪水或内涝淹没提出站区防洪涝及排水方案，消除洪水及内涝对变电站淹没和冲击影响。提供水文地质报告，说明水源、水质、水量情况是否满足建站要求。

（5）工程地质。说明站址工程地质情况，论述站址的地质稳定性、确定地基类型，评估地基处理方案并预估工程量。变电站岩土工程勘测成果应满足可研阶段深度要求。建议产生地基处理费用的变电站，岩土工程勘测成果应达到初步设计阶段深度要求。

（6）站址方案比较。从地理位置、系统条件、出线条件、本期和远期的出线工程量及分期建设情况、防洪涝及排水、土地性质、地形地貌、土石方工程量、工程地质、水源条件、进站道路、大件运输条件、地基处理、站用电源、拆迁赔偿情况、对通信设施影响、环境情况、施工条件等方面对各站址方案建设条件、工程投资进行综合经济技术比较，推荐合理的站址方案。

（7）土建总体规划设计应一次到位，避免大拆大建、重复建设，减少后期施工对运行设备的影响。

二、站区规划和总布置

（1）站区总体规划图中应标出站址位置、已有设施、站址附近各级电压等级的进出线规划、进站道路、站外排水点、站区用地范围等，列出主要技术经济指标表（包含预估站区围墙内占地面积、工程总征地面积、总建筑面积及进站道路长度等）。工程总征地面积及总建筑面积等不得超出通用设计方案指标，并应在评审意见中予以明确。

（2）优化站址布置方位，减少对周边环境的影响。征地面积原则上控制在围墙外沿 1m。变电站的布置应避免周围出现零碎地块而引起连带征地。审查站区总平面布置方案和竖向布置方式的设想，场地设计标高的选择，站区防洪防涝措施的规划。充分考虑站址周围后续建设情况，以及站址附近规划道路和邻近区域设计标高对站址的影响，适当抬高站区标高。站内排水采用自流排放时，地势较低的场地应预留远期改为强排的条件。在山体附近或丘陵地带，变电站尽量远离汇水沟和出山口，同时根据现场情况，采取加固挡土墙，加大截水沟、泄洪沟等多种综合措施防范洪水及内涝水威胁。综合考虑基坑余土、碎石干铺地坪等因素从严控制土石方工程量。

（3）说明各级配电装置、主变压器及配电装置用房的布置方位，说明进站道路的引入方向及长度。总平面布置图中标明主要电气设备、主要建构筑物、道路及各级电压配电装置等。

三、建筑规模及结构设想

（1）以"两型一化"设计建设导则和模块化通用设计为依据，说明全站主要建筑物的建筑风格及结构型式设想，预估总建筑面积。结构型式要安全可靠、经济适用。

（2）架构、设备支架等构筑物应根据变电站的电压等级、规模、施工及运行条件、当地的气候条件等选择合适的结构。

（3）说明构架梁、柱的断面及节点型式，说明设备支架结构选型。

（4）描述相应的工程地质勘察报告及其主要内容，并对场地的特殊地质情况进行说明。如地基液化判别、地基湿陷等级，工程地质和水文地质情况、地基土冻胀性和融陷情况等。

（5）根据具体工程的地质条件，确定合理的地基方案。

（6）如遇软弱地基和特殊地基时，应对地基处理方案进行技术经济比较。若采用桩基时，应说明桩的类型、桩端持力层及进入持力层的深度。

四、给排水系统

电网基建项目可研报告中应简述变电站给水设计原则，论述水源方案的可行性。对采用水消防系统的新建变电站，消防水源应有可靠保证，报告中应进行论述。

电网基建项目可研报告中应简述变电站排水设计原则，论述站外排水点的可靠性。

五、站区采暖、通风和空气调节系统

审查站区采暖、通风和空气调节系统设计方案的合理性。

六、火灾探测报警与消防系统

从电气、总布置、交通组织、建筑、水工等各方面进行站区的消防设计，应满足现行相关规程、规范要求。

变电站消防方式参照《国网基建部关于发布 35～750kV 变电站通用设计通信、消防部分修订成果的通知》（基建技术〔2019〕51 号）执行，规范站内建筑物名称。变压电器固定灭火装置系统选型，新建工程在具备条件情况下优先选用水喷雾灭火系统；扩建工程和无水等地区，应"一站一议"，由各单位建设部门和设备部协商讨论确定；扩建工程需与技改工程结合，避免公共部分重复计列。

七、大件运输

报告中应说明大件设备的运输路线和运输方案的优化(含公路、铁路、水运、码头及装卸等设施)，如需要采取的特殊措施(如桥涵加固、拆迁、修筑便道等)，要明确列出详细措施方案及费用，所涉及的有关单位需提供书面意见。

八、其他

应紧密跟踪前期专题评估单位的环评报告、水保报告等专业技术资料编制情况，完善相应的工程建设方案。在报告中的环保内容中，需明确场地的环境声功能区类别，需增加噪声计算，并采取相应降噪措施。视情况根据地灾、压矿等专题报告完善设计方案。

第六节　输　电　线　路

一、线路路径

（1）输电线路工程应提出 2 个及以上可行的路径方案，考虑技术、经济、环保、施工和运维等因素，对可行的线路路径方案进行综合比选，提出推荐路径方案；因路径较短、受走廊或城市规划等制约不能提供多个比选方案的，应进行详细方案论证说明；线路长度超过 3km 且线路曲折系数超过 1.2 时，应进行技术经济等综合论证说明。

（2）线路走径应符合安全可靠、经济合理、资源节约、环境友好和机械化施工等设计原则，尽量避免跨越重要设施及投资较大设施；线路路径的选择应征求相关部门意见，对沿线地质、矿产等情况收资调查（如矿产特性、开采方式和采厚比等），宜避开不良地质地带和采动影响区，当无法避让时，应采取必要的技术措施。对于容易发生地质灾害的区域，应开展地质灾害影响评估。

（3）线路路径应尽量避开重冰区、导线易舞动区及影响安全运行的其他区域；尽量避让军事、原始森林、自然保护区、风景名胜区、饮用水水源保护区、矿产资源区、生态红线、文物保护区、机场、电台或施工运维困难等重要环境敏感区域。

（4）推荐线路路径方案中存在对电网建设、运维和环保等造成重要影响等情形的，应进行特殊说明或专题论述，并在内审会议纪要中予以明确。

（5）线路沿线地形、地质比例，曲折系数、裕度长度、转角个数和架设方式（单回或多回）等技术方案应合理、依据充分；涉及线路改接、过渡等复杂技术方案时，应征求电网规划、建设、运维和调度等相关部门的意见。

30km 以上长线路路径长度裕度控制在 3%左右，10～30km 较长线路路径长度裕度控制在 3%以内，3～10km 较短线路路径长度裕度控制在 5%以内，3km 以下短线路路径长度裕度根据实际情况控制，但依据应充分。3km 以上线路转角比例控制在 20%以内。

（6）比选的线路走径方案应明确且具有可比性，走径图清晰，打印比例适当，走径图上应能清晰反映重要设施、方案和通道清理等相关信息，复杂情形应提供最新影像资料等依据。

（7）提供变电站出线走廊规划，重要交、钻、跨越地段，线路改接点等局部技术方案说明及附图。

（8）提供线路转角点坐标，并对转角杆塔逐基打点进行详勘。对涉及"三跨"及路径复杂的区段详细勘测，并初排平断面图。提供相关地勘作业照片。

（9）线路路径选择时，宜减少"三跨"数量，且不宜连续跨越；跨越重要输电通道时，不宜在一档中跨越 3 条及以上输电线路，且不宜在杆塔顶部跨越。

（10）110kV 及以上电压等级输电线路与"三跨"、电气化铁路、等级公路、"南水北调"干渠等设施交叉时，优先采用架空线路进行跨越设计。因通道受限或交叉技术方案特别复杂时，应进行多方案技术经济比选后确定交叉钻跨越方案。

（11）对于系统方案复杂的项目，需附相关线路现状图及本期、规划线路连接示意图（需标注路径长度、导地线型号、单双回路，现状用实线标示，新建用虚线标示）。

（12）依据系统规划和线路走廊情况，论证新建同塔多回线路备用侧挂线的必要性，明确预留去向和规划建设时间。"三跨"及通道受限地段备用侧导线宜一次建成，并应根据备用线路规划建设时间、施工停电等因素论证备用回路挂线的必要性。

（13）新建输变电工程应结合近、远期电网规划论述各电压等级进出线规划方案，明确进出线位置及方向、与已有和拟建线路的相互关系以及远近期过渡方案，进出线规划应进行多方案比选。

（14）明确工程引起的拆除及利旧情况，注明线路现状和去处。对于拆除、退运已建线路，应提供线路退役、退运报告。

（15）线路改造应满足全寿命周期要求，并应需详细说明相关线路设计条件和具体状况（包括线路运行现状、线路长度、电压等级、杆塔型式和导地线型号等），并提供支撑性材料。

（16）路径描述应采用文字穿插图片的叙述顺序，论述重要跨越点、转角或需拆除清理的障碍物，并配以图片说明。

（17）因规划或走廊限制必须采用电缆、同塔多回架设、钢管杆的线路，应进行充分论述，并提供相关证明文件。

二、水文、地质、气象条件

（1）提供最新版风区分布图、冰区分布图、舞动区分布图等气象资料，并在图中标注线路所在的相对位置。

（2）基本风速、覆冰、雷暴日等参数应选取合理、计算准确、依据充分。

（3）特殊地质、水文和气象区域应提供地质、水文和气象等正式勘测或评估报告。

三、导地线及光缆

（1）根据电网系统规划提供的线路输送容量开展导线选型，并结合工程技术条件（如地形、海拔、气象条件、大气腐蚀、档距、安全等级等）、节能环保、全寿命周期、通用设计、设备选型（装备）技术原则以及其他相关文件要求等因素，开展导线型式综合比选，推荐导线截面、型号、分裂和排列方式。

（2）新建线路应结合线路长度、工程技术条件、节能环保和其他相关要求等因素进行综合比选，可选用高导电率钢芯铝绞线和其他推广应用类节能导线，原则上不允许使用铝合金芯铝绞线；改造线路应结合电网现状、工程技术条件和投资等因素，优先选用高导电率钢芯铝绞线，在确保安全可靠的前提下，经技术经济综合论证后可选用耐热导线。普通导线的设计允许温度按 80℃ 考虑。

（3）结合系统短路电流水平、电网现状、工程技术条件、系统通信要求、"三跨"以及其他相关文件要求等因素，对地线、光缆及分流线进行选型设计。

（4）结合导地线型号、性质、气象条件、工程技术条件以及其他相关文件等要求，选择导地线金具及附件规格型号。

（5）对于更换导线或地线，应明确更换的起止点、长度、杆塔现状，并应对杆塔结构强度、电气性能等进行校验计算，满足条件后方可更换。

四、绝缘配置

（1）结合沿线区域经济发展、污秽现状、最新污区分布图、水文、气象、地形、海拔、工程技术条件以及其他相关文件等因素，进行绝缘配置及设备选型。

（2）提供最新污区分布图、污染源调查说明等相关绝缘配置设计依据，并在污区分布图标明线路相对位置。线路设计时，交流 c 级以下污区外绝缘按 c 级配置；c 级污区按照 d 级配置；d 级污区按照 d 级上限配置；e 级污区可按照实际情况配置，并适当留有裕度。

（3）选用技术成熟、适用性强、经济合理的绝缘设备。

（4）跨越 110（66）kV 及以上线路、铁路和等级公路、通航河流及居民区等，直线塔悬垂串应采用双联结构，宜采用双挂点，且单联应满足断联工况荷载的要求。

（5）按照统一爬电比距法确定绝缘子片数，校核操作过电压、雷电过电压要求的绝缘子片数。

五、防雷和接地

（1）结合沿线地形、地质、水文、气象、海拔、雷暴日、工程技术条件以及其他相关文件等因素，进行线路防雷和接地设计及设备选型。

（2）选用技术成熟、适用度高、经济合理的防雷和接地设备。

（3）特殊地区（如高土壤电阻率地区、强雷电活动地区、对接地极有腐蚀性地区等）的接地设计方案应专门论述。使用特殊接地极（如石墨、铜覆钢）和降阻模块时，应充分论证。

六、防舞动

（1）结合沿线地形、水文、气象、海拔，沿线舞动灾害情况、舞区分布图、工程技术条件以及其他相关文件等因素，开展输电线路防舞设计和设备选型。

（2）提供舞动区分布图、风向玫瑰图等相关防舞设计依据，并在舞动区分布图标明线路相对位置。新建线路在 2 级和 3 级舞动区，输电线路走向与冬季主导风向夹角大于 45°时，应采取综合防舞措施；综合防舞措施包括对输电线路导线、绝缘子、金具、杆塔、螺栓防松、防舞装置和基础等方面进行防舞技术说明。

（3）线路路径选择宜避开重冰区及易发生导线舞动的区域；2 级及以上舞动区不应采用紧凑型线路设计，并采取全塔双帽防松措施。

（4）选用技术成熟、适用度高、造价合理的防舞装置。

七、防鸟害

（1）结合沿线地形、水文、气象、海拔，沿线鸟害情况、涉鸟故障风险分布图、工程技术条件以及其他相关文件等因素，开展输电线路防鸟害设计及设备选型。

（2）提供最新版涉鸟故障风险分布图等相关防鸟害设计依据，并在涉鸟故障风险分布图标明线路相对位置，确定工程涉鸟故障风险等级，采取相应的防鸟害措施。Ⅰ级鸟害区和Ⅱ级非鸟害多发区原则上不应加装防鸟害装置。

八、杆塔

（1）结合沿线地形、水文、气象、海拔、电网规划、城市规划、架设方式、导地线型号、通用设计和"三跨" 要求等因素，进行杆塔选型和优化配置。

（2）杆塔选型应按照《国家电网有限公司 35～750kV 输变电工程通用设计、通用设备应用目录》选择。

在实际工程应用中，当大气温度与通用设计不一致时，应对通用设计杆塔进行校核；当风冰组合与通用设计不一致时，应选择邻近的模块进行杆塔优化设计和技术经济分析，实现工程技术经济最优；当海拔与导则的海拔范围不一致时，应对杆塔进行优化设计及校验。

（3）杆塔型式、呼高、档距、重要性等级等应配置合理、安全可靠；山区线路应按全方位长短腿设计；"三跨"杆塔重要性系数不低于 1.1；技术复杂或专项费用较高时，应进行杆塔选型专题论证。

合理规划角钢塔线路平均档距以控制工程造价：110kV 线路平均档距，平原地段原则上不小于 300m，丘陵地段原则上不小于 320m，山区地段原则上不小于 350m；220kV 线路平均档距，平原地段原则上不小于 320m，丘陵地段原则上不小于 350m，山区地段原则上不小于 380m。

路径长度超过 3km 的新建线路，应利用三维设计开展杆塔规划设计。

Ⅰ型直线塔使用数量占直线塔数量比例不应小于 35%。

（4）钢管塔应用原则及范围。

1）满足下列条件的 220kV 大荷载杆塔，经比较具有技术经济优势时，应推广应用钢管塔：①高度超过 80m 的杆塔；②同塔双回、多回线路杆塔；③大跨越线路杆塔；④采用多分裂、大截面导线，设计风速高、承受荷载大的杆塔，原则上，对计算中出现四组合角钢的杆塔宜采用钢管塔设计，出现双组合角钢的杆塔可采用钢管塔设计；⑤方便运输和安装。

2）走廊狭窄或有景观要求的特殊地区，宜采用钢管塔。

3）Q420 及以上强度高强钢管，经技术经济比较具有优势时应优先采用。钢管塔主材采用高强钢管时，其规格一般不宜小于 D325mm×8mm（直径×厚度），且整塔具有技术经济优势时。

（5）利用现有杆塔更换导、地线及光缆时，应对其结构强度、电气性能、导地线挂孔等进行校验，涉及停电时，应考虑施工停电及过渡方案的可行性。

（6）对于 220kV 及以上线路杆塔计列 50%在线监测装置，110kV 及以下线路杆塔无需计列在线监测装置。

九、基础

1. 基本原则

结合沿线地形、地质、水文气象、海拔、城市规划、杆塔荷载、机械化施工和技术经济等综合因素，开展基础选型和优化设计。

应提供岩土勘测报告、地质影响评估报告等依据；特殊地质区域应采取相应的地基处理措施；基础选型应兼顾机械化施工技术等要求。

不受地下水影响的黏性土地质条件，优先选用原状土基础。不受地下水影响的山地，土质为岩石时应优先选用岩石锚杆基础。

2. 工程量控制

可研阶段的基础工程量应根据工程地质、杆塔规划等边界条件，按照国家电网有限公司编制下发的通用设计严格控制工程量：《输电线路杆塔基础通用设计工程量速查表 110kV 台阶、板式基础部分》《输电线路杆塔基础通用设计工程量速查表 220kV 板式基础部分》《国家电网公司输变电工程通用设计 输电线路掏挖基础分册》《国家电网公司输变电工程通用设计 输电线路挖孔桩基础分册》《国家电网公司输变电工程通用设计 输电线路岩石锚杆基础分册》等。

十、电缆工程

（1）应积极与当地政府有关部门沟通，将城市电网规划及建设纳入城市发展规划，预留电力线路的走廊，优先采用架空线路。若按照当地政府要求采用电缆敷设方案实施时，原则上坚持"谁主张、谁出资"，由当地政府承担电缆方案与架空方案投资差价。

（2）因通道受限或交叉技术方案特别复杂，进行多方案技术经济比选后确定必须采用电缆时，或因变电站出线型式必须采用电缆时，应严格控制电缆长度，电缆累计采用路径长度不应大于 0.5km，超过 0.5km 应向省公司相关部门汇报。

（3）结合工程实际情况，经技术、经济等综合比选，进行电缆线路的必要性论证。

（4）提供城市规划、通道利用和投资来源等相关协议。视工程具体情况和相互影响程度，提供各类管网、交通和其他设施等相关部门协议。

（5）建设环境较为复杂及通道需要清理的应进行详细描述。

（6）根据系统要求的输送容量、电压等级、系统最大短路电流时热稳定要求、敷设环境和以往工程运行经验，并结合工程特点确定电缆截面和型号。

（7）尽可能减少电缆路径长度和电缆中间接头数量；电缆长度预留、接头和工井设置应合理、依据充分；电缆敷设方式选择、预留回路、电缆通道规模应合理、依据充分。

110kV 及以上电缆线路应开展电缆长度计算。

提供电缆通道路径示意图，核实电缆井、通风井、防火墙、电缆中间接头等布置位置合理性。

原则上选用电缆通用设计中电缆排管、电缆沟、电缆隧道等规范的断面尺寸。

（8）明确电缆在新建、已建电缆通道、工作井、电缆夹层、电缆竖井的排列方式及敷设位置，明确各处（段）电缆、各种敷设方式电缆长度。

（9）110（66）kV 及以上电压等级电缆的 GIS 终端和油浸终端宜选择插拔式，人员密集区域或有防爆要求场所的应选择复合套管终端。110kV 及以上电压等级电缆线路不应选择户外干式柔性终端。

（10）新建 110kV 及以上电力电缆线路站外户外终端杆塔应有检修平台，并满足高度和安全距离要求。

利用已建 110kV 及以上线路杆塔敷设电缆时，在确保杆塔电气和强度满足要求的情况下，应加装户外终端检修平台。

（11）中性点非有效接地方式且允许带故障运行的电力电缆线路不应与110kV 及以上电压等级电缆线路共用隧道、电缆沟、综合管廊电力舱。

如受电缆通道等条件制约，中点非有效接地方式且允许带故障运行的电力电缆线路与 110kV 及以上电压等级电缆线路共用隧道、电缆沟、综合管廊电力舱时，应对中性点接地方式进行改造、或采取必要的防火隔离措施并确保在发生接地故障时立即拉开故障电缆线路。

（12）明确电缆敷设及排列方式和外护套接地保护方式，提供采用在线监测、通风、排水、照明等技术方案的设计依据。

（13）电缆设计应专章论述，并提供相关附图。

（14）电缆本体应与本期规模相对应，一般不考虑按最终规模敷设；考虑电缆土建（以隧道、排管为例）为隐蔽工程、实施、扩建难度大，同一电缆通道应按最终规模建设。

（15）对政府承担投资差价的电缆工程，设计应提供架空和电缆两套独立的设计方案。比选的架空方案，应按照与电缆工程"技术对等"的原则，确定本期架空方案建设规模。

（16）明确电缆防火措施，并应提供电缆防火技术方案的设计依据。

十一、建设场地征用及清理

（1）对拟跨越、拆除、迁移或存在相互影响的地上地下设施、资源等进行收资，提出合理的走廊清理方案，费用较高或通道清理规模较大时，应进行技术经济比选，并提供专题报告。

（2）在线路走径图中标注走廊清理相关设施的准确位置，并在说明书中对其属性、规模、结构、清理方案等进行详细说明，提供走廊清理规模和清理费用的相关依据，必要时提供走廊清理的相关协议。

（3）提供走廊清理工程量明细和相应支撑性材料，对无法提供支撑性材料的走廊清理工程量，原则上不予计列。支撑性材料可结合设计图纸、无人机航拍、高分卫星遥感等现场实际影像和照片，分类表述。

（4）提供交叉跨越明细和相应支撑性材料，对无法提供支撑性材料的交叉跨越工程量，原则上不予计列。对于平行架设的高压电力线、10kV 及以下低压电力线、通信线、等级公路、水泥路等应合并交叉跨越次数。

十二、图纸

图纸要求采用标准图框并附签字，图面清晰，正向导出，并根据不同图纸调整出图比例。线路图纸主要包括线路路径方案图，大跨越路径方案图、平断面图，变电站进出线规划图，T 接点、π 接点、开断点示意图，"三跨"及其他重要交叉跨越点平断面图，杆塔一览图，基础一览图，绝缘子金具串型一览图，接地装置图，相位图，电缆上杆（塔）方案示意图，电缆通道断面图，电缆金属护层接地方式示意图，电缆蛇形敷设示意图，电缆工井图，电缆土建路径图等。

十三、相关说明

输电线路的设计评审还需对"三跨"，线路跨越、改接停电可行性及过渡方案，通用设计、通用设备，基建新技术应用以及电气化铁路牵引站供电线路等方面作补充说明：

1. "三跨"

输电线路跨越高速铁路、高速公路和重要输电通道（简称"三跨"）时，应明确线路与"三跨"设施的跨越交叉角度、档距、安全距离等技术条件，征求相关部门的意见，对线路导地线及光缆、杆塔、金具、防舞动等进行"三跨"专章设计，确保"三跨"设施和线路的安全和无相互影响。内审纪要中要明确"三跨"的可行性。

2. 线路跨越、改接停电可行性及过渡方案

提供线路跨越、改接局部技术方案；改接技术方案复杂时，应征求相关部门

的意见。一档内跨越多回线路应补充停电可行性说明。

3. 通用设计、通用设备

结合工程实际情况，经技术、经济综合比选，选取安全可靠、适用性强、经济合理、节能环保的通用设计和通用设备。

4. 基建新技术应用

结合工程实际情况和国家电网有限公司最新发布的新技术目录，提出拟采用的新技术，并对其先进性、经济性、适用性和节能环保等进行初步分析。采用新技术后，工程专项费用不得明显增加。

5. 电气化铁路牵引站供电线路

电气化铁路牵引站负荷为一级负荷，牵引站由两回电源集中供电，两回电源线路不宜同塔架设。如受线路走廊、城市规划等因素制约采用同塔架设的，应征求相关专业和相关部门的意见，并进行方案安全可靠性论述。

结合电网规划和系统接线意见或结论，综合考虑线路长度、走廊情况和电网现状等因素，经相关技术专业沟通后确定牵引站两回电源线路的重要等级：其中一回线路按重要线路设计，另一回线路在运行检修特别困难和"三跨"等区段也应按重要线路考虑。

6. 矿区线路设计

线路设计应进行沿线地质灾害易发区和压覆重要矿产资源查询。

线路位于地质灾害易发区的，应进行地质灾害危险性评估。

路径选择宜避让矿产资源，无法避让时宜选择矿区的无矿带或不具备开采价值的有矿带。

途经地下矿区线路设计（有采矿权），应避让采厚比小于 30 地段，采厚比大于 30 地段应根据不同的矿层厚度和采厚比进行基础设计及防护，应取得互不追责协议。

7. 电网建设生态敏感区查询系统应用

电网建设生态敏感区查询系统包含生态敏感区、禁建区、水源保护地等查询，为输变电工程前期选址选线提供参考依据，避免后期设计方案出现颠覆或重大设计变更等情况的发生，可研阶段当新建线路临近生态敏感区的应提供相应的生态敏感区查询报告，以保证线路路径方案避让生态敏感区、满足政策要求。

第七节 技 经 部 分

一、综合部分

（1）项目划分及取费标准执行《电网工程建设预算编制与计算规定（2018 年版）》。

（2）定额采用《电力建设工程概算定额（2018 版） 第一册 建筑工程》《电力建设工程概算定额（2018 版） 第三册 电气设备安装工程》《电力建设工程预算定额（2018 版） 第六册 调试工程》《电力建设工程预算定额（2018 版） 第七册 通信工程》《电力建设工程预算定额（2018 版） 第四册 架空输电线路工程》《电力建设工程预算定额（2018 版） 第五册 电缆输电线路工程》。

（3）采用国家电网有限公司电力建设定额站标准 2021 年版 L 型预制电缆沟等 9 项补充定额、《螺旋锚基础工程补充定额（试行版）》。

（4）社会保险费和住房公积金缴费费率按照当地政府相关文件执行。

（5）安全文明施工费执行《电力工程造价与定额总站关于调整安全文明施工费的通知》（定额〔2023〕9 号）。

（6）定额人工费调整、安装工程定额材机调整系数、建筑工程机械价差执行国家电网有限公司电力建设定额站相关最新文件；地材按工程所在地近期发布的地方信息价格计算价差。

（7）装置性材料价格执行中国电力企业联合会发布的《电力建设工程装置性材料预算价格（2018 年）》及《电力建设工程装置性材料综合预算价格（2018 年）》。

（8）主要设备、材料价格参照国家电网有限公司最新电网工程设备材料信息价。地材按照工程所在地近期发布的地方信息价格。

（9）设备运杂费率，主设备按设备费的 0.5%计算，其他设备按设备费的 0.7%计算。

（10）项目前期工作费执行《国家电网公司办公厅转发中电联关于落实〈国家发改委关于进一步放开建设项目专业服务价格的通知〉的通知》（办基建〔2015〕100 号），并结合招标结果确定。

（11）勘察费、设计费执行《国家电网公司办公厅转发中电联关于落实〈国家发改委关于进一步放开建设项目专业服务价格的通知〉的通知》（办基建〔2015〕100 号）、《关于印发国家电网公司输变电工程勘察设计费概算计列标准(2014 版)的通知》（国家电网电定〔2014〕19 号），并结合一体化招标结果及设计合同相关条款确定。

（12）三维数字化设计费执行《国网办公厅关于印发输变电工程三维设计费计列意见的通知》（办基建〔2018〕73 号）。

（13）监理费执行《国家电网有限公司电力建设定额站关于印发〈输变电工程监理费计列指导意见（2021 版））的通知》（国家电网电定〔2021〕29 号）。

（14）保险费用按照 0.1%计列。

（15）可研估算高于可研标准参考价的，设计文件中要增加专题论证材料；超过标准参考价 10%的工程，设计文件中应增加方案技术经济比选专篇，说明该方案的充分必要性。

（16）应严格按照设计划分的单项工程分册编制变电站、间隔扩建、对端站保护改造、架空线路、电缆电气、电缆土建、大跨越等估算书。电缆工程土建与电气部分原则上应独立成册，在电缆土建部分费用小于等于 100 万元时可以和电气部分合并。

（17）按照国家电网有限公司最新文件要求，光通信工程不再单独列项，光通信工程合并计入对应变电工程、线路工程中。对于无变电工程量的线路工程，光通信设备工程估算书单独成册，对于不随新建线路工程架设的光缆线路工程估算书单独成册。

（18）环水保监测及验收费用按照《国网基建部、发展部、财务部、设备部关于印发进一步规范和加强公司环境保护费用投入指导意见的通知》（基建环保〔2023〕12 号）。费用计列暂按《750kV 及以下输变电工程环境保护与水土保持监理、监测、验收费用计列指导意见（征求意见稿）》计列。

（19）按照《国家电网公司关于印发加强输变电工程其他费用管理意见的通知》（国家电网基建〔2013〕1434 号）规定不计列项目后评价费和管理车辆购置费。

（20）基本预备费可研阶段按照 2%计算。

（21）无人值守变电站、变电站扩建、通信工程、电缆工程原则上不再计列"生产职工培训及提前进场费"。

（22）建设期贷款利率可研阶段按照资本金比例 20%考虑，年利率按 LPR 最新五年期贷款利率计算，建设期按照设计规定的年限进行计算，不考虑价差预备费。

二、变电工程

1. 建筑工程费

（1）纤维水泥复合板内外侧均不需刷漆，如有特殊情况需业主单位出具刷漆证明。

（2）石膏板定额已包含乳胶漆工程量，石膏板作为内隔墙使用时，无需单独计列乳胶漆工程量。

（3）蓄水池容积不小于 $500m^3$ 时套用定额 GT9-53，小于 $500m^3$ 时套用定额 GT10-61。

（4）室内消火栓费用包含在给排水定额中，不再单独计列。

（5）地材价格以广材网价格为参考，高于广材网价格的地材，需提供地材发票作为价格支撑依据。

（6）临时电源需补充单独小估算。

2. 设备购置费

（1）在专业没有特殊要求时，设备价格按国产设备考虑。其价格参照国家电网有限公司最新电网工程设备材料信息价计列。

（2）设备运杂费费率，主设备按设备费的 0.5% 计算，其他设备按设备费的 0.7% 计算。

（3）设备种类、数量及参数应严格按设备材料清册提供的数据，并依据设备招标规范书确定的供货范围，合理确定设备计列内容。

（4）信息价为设备到场价，各电压等级的工程原则上不再计列大件措施运输费。

（5）采用单一来源的设备价格不得超过 200 万元，如超过 200 万元需提供单一来源厂家同款设备的中标单，作为价格参考依据。

3. 安装工程费

（1）严格按设计专业提供的设备材料清册计算工程量，并依据设备招标规范书确定的供货范围，合理确定材料计列内容。

（2）定额未计价材料一般按装置性材料价格计列。

（3）设备接地的材料及安装费用已包含在定额中，不再重复计列。

（4）220kV 及以上变电站 110kV 及 220kV GIS 扩建时，充气式防尘棚可重复使用，只计列一次防尘棚费用。

（5）站外电源需补充单独小估算。

4. 其他费用

（1）建设场地征用及清理费，应有规定的文件、费用标准和经过现场勘查的各类障碍物的拆迁及赔偿工程量作为依据。

（2）不涉及新增征地的扩建工程，原则上不计列勘察费。

（3）应严格控制征地价格，按照工程所在地实际征地价计列费用，超过 15万元每亩的，需提供周边近期建设变电站价格或政府文件作为参考。

（4）在公司系统输变电工程中，原则上不再计列维护检修等基地费用。在特殊偏远地区、无人区等，根据需要履行批准程序后方可计列。

三、线路工程

1. 本体工程费

（1）严格控制土质比例。按照地质报告中土质比例、地下水位等信息审查估算中套用土质类型，工程无地质报告不予以审查；井点降水含水量超 50%，含水量不超 50%定额系数乘以 1.15，排水费另计；岩石开凿一般采用爆破的定额子目，人工开凿的比例一般不超过岩石开凿工程量的 10%。

（2）严格控制地形增加系数。参考地图中等高线等信息核实地形增加系数，不能提供相关信息的一律按平地计入估算。

（3）估算书工程量应严格按设计专业提供的工程量并结合定额中的相关规定执行。

（4）砂、石、水泥等地方材料采用当地信息价，不另计列汽车装卸和运输费用。

（5）原则按照机械化施工计列费用，取消人力运输费用；特殊地段，需要详细支撑材料证明无法进行施工道路修筑，可以计列人工运输费用。

（6）电缆支架安装费、电缆在线检测系统费用应计入电缆电气估算分册。架空线路在线检测设备费计入辅助设施，安装费计入本体。防坠落装置费用全部计入本体；防鸟装置费用全部计入本体。

（7）原则上不再计列通信干扰措施费，除设计提出详细的方案方可计列。

（8）线路工程设备一般直接供货到现场，只计取卸车费及保管费，普通设备运杂费按 0.7%计列。

（9）余土原则上不外运，如外运需提供当地环保部门依据。如余土外运另行套用《电力建设工程预算定额（2018版） 第四册 架空输电线路工程》第一章工地运输中其他建筑安装材料的运输装卸定额。泥浆外运工程量计算方式按定额相关说明，按桩设计零米以下部分体积乘以 $1.7t/m^3$，不考虑超灌量。

（10）标志牌、警示牌、相序牌等工程量按照设计提资计算安装费用，如设计无提资暂按单回路按 6 块/基，双回路 10 块/基计算，标志牌、警示牌、相序牌等材料费用已在其他费用工器具购置费用中包含，不单独计列。

2．其他费用

（1）塔基占地补偿按照征地区片综合地价最新标准计列，超现行文件标准计列的，需提供文件依据或当地同类工程实际补偿合同，征地面积按（基础根开+2m）^{2}计算。

（2）施工放线通道 220～500kV 线路放线通道赔偿宽度按 6m 计算，110kV 线路放线通道赔偿宽度按 4m 计算。对通道内的树木砍伐应提供数码影像资料作为支撑依据，由于架线方式考虑张力放线，对于施工放线通道内果树等自然生长高度不足与影响线路安全的树木不做砍伐处理，合理计列跨越费用。

（3）塔基占地及施工场地、进场道路需要砍伐的树木，按照设计相关规定计列砍伐量，赔偿标准严格按照当地最新的《征地地上附着物和青苗补偿标准》计费。

（4）拆迁赔偿应合理合规。拆迁赔偿工程量应真实、准确，需提供相应的数码影像资料，赔偿标准严格按照当地最新的《征地地上附着物和青苗补偿标准》计费，对于大额赔偿且无相关标准的，需提供具有相关评估资质的单位出具的评估报告及拆迁物产所属单位或个人的相关协议。

（5）架线工程中，牵张场地数量按施工设计大纲要求计算，如无规定，导线、避雷线按 6km 一处，场地赔偿费按 5000 元/处计列。OPGW 按 4km 一处计列，场地赔偿费按 3000 元/处计列。

（6）新建线路长度 5km 以下的工程项目，按 2 万元／处计列材料站租赁费用，新建线路长度 5～10km 的工程项目，按 3 万元／处计列材料站租赁费用，新建线路长度，材料站按 60km 一处设置，5 万元／处计列材料站租赁费用。

（7）对工程"三跨"段应合理布置分布式故障诊断装置、视频监控系统等设备材料数量；220kV 线路工程图像监测装置安装数量不低于 50%；分布式故障诊断装置、视频监控装置、图像监测装置按设备费计列，且不参与措施费、其他费的取费，其安装套用相应定额计入本体工程费。设备材料价格暂按照图像监测装置 7500 元/套、视频监控装置 50000 元/套、分布式故障诊断装置 130000 元/套。

（8）对于新建线路占用其走廊、钻越加高改造的工程，须有详细估算作为支撑材料，费用放至新建工程估算书中架空输电线路工程总估算表的特殊项目费用中。

（9）对政府出投资差价的工程或政府出资投资建设的电缆土建且由电网设计的，应提供架空方案及电缆方案 2 套独立的估算书，政府部分不计入电网工程投资总额。

（10）跨越铁路、高速、国道、省道、通航河流、航道等咨询、协调及监护费用，需提供相应的依据。

（11）输油、燃气等管道评估需提供类似工程结算依据；设计要求需要安装油气管线排流装置，暂按照 15 万/处。相同工程跨越多次相同河道、管道，如发生评估费时按 1 次计列。

（12）探矿权、采矿权费用建议签署互免协议处理。如需赔偿，需提供自然资源部门相关批文和项目相关单位协议，否则不予以计列费用。

第八节　经济性与财务合规性

一、资料完整性审核

资料完整性审核内容及要点见表 1-2。

表 1-2　　　　　　　　　资料完整性审核内容及要点

序号	审核内容	审核要点
1	总体要求	电网基建项目必须编制可行性研究报告。提报的项目材料至少应包括可研报告、估算书、可研经济性评价指标计算表、投资估算总额分项支出表，拆改迁项目还需提报拟拆除设备清单表、拟拆除设备状态评价表等，涉及土地征用、拆迁赔偿等支出，需要提供当地政府土地出让指导价文件、拆迁补偿合同或协议等佐证资料
2	项目基本情况	对项目总体情况的概述，包括与本项目有关的电网规划、负荷预测、资金来源、资本金比例、利率等
		对扩建、改建工程，至少应包含原有资产情况及与本期建设的衔接情况的概述

续表

序号	审核内容	审核要点	
3	财务合规性审核所需资料	项目投资估算总额及相关说明	工程规模简述
			估算编制说明，电网基建项目投资估算按含税口径确定投资额，投资估算总额需按照建筑工程费、安装工程费、设备购置费及其他费用分别列示
			主要设备材料应列示清单
			其他费用应列示明细内容和金额并满足电网基建工程投资预算编制需要
			预留性费用应详细说明相关依据
		拆改迁项目涉及的拟拆除设备状态评价、再利用及拆迁赔偿情况	再利用设备清单、资产卡片信息、初始建设日期、资产原值、历史改造修理记录及金额、资产净值等
		对于在项目立项审批前已开支的项目前期费用	需要在可研报告中明确阐述费用的发生时间、具体的费用支出明细
		若项目涉及土地征用、拆迁赔偿等支出	需要提供当地政府土地出让指导价文件、拆迁补偿合同或协议等佐证资料
4	可研经济性审核所需资料	项目可研经济性计算公式、指标测算结果及数据来源说明	财务净现值、内部收益率、静态投资回收期、总投资收益率、单位电量分摊成本及行业平均收益率；偿还贷款的收入来源测算及假设条件和参数
		类似项目投资成本的对比分析及说明	本项目投资估算额与选取的类似项目投资成本的对比分析及说明，及与本项目类似程度的分析及说明
		根据项目效益是否可测	
5	其他方面审核所需资料	对项目实施进度和项目时间节点的合理估计	包括设计、预计开工、物资到货、竣工等时间节点

二、财务合规性审核

财务合规性审核内容及要点见表1-3。

表1-3　　　　　　　　　　　财务合规性审核内容及要点

序号	审核内容	可研报告	审核要点
1	审核是否包含其他类别项目	应查看主要设备材料，列示清单。需要查阅基建项目可研报告投资估算及经济评价部分	项目中如果有属于固定资产零星购置范围内的资产更新，应将该项固定资产采购纳入固定资产零星购置项目管理，单独立项。重点审核生产准备费中不能存在列支车辆购置费等零购支出等现象
2	审核是否存在分拆立项	应查看项目基本情况，需要查阅基建项目可研报告对工程概述	电网基建项目应以输变电工程、线路工程和与之配套的工程（含土建）为单位立项，严禁将一个独立项目分拆立项。若确有充分、合理的理由需要将一个独立项目分拆立项，应在可研报告中做出专项说明

序号	审核内容	可研报告	审核要点
3	审核是否准确划分资本性支出与成本性支出	应查看项目投资估算相关说明。需要查阅基建项目可研报告投资估算及经济评价部门内容	电网基建项目投运时增加了电网资产，应划分为资本性支出。 对于项目立项审批之前已经开支的电网基建项目前期工作费，不超过 2 年的应列为资本性支出；原则上超过 2 年（最长不超过 5 年）且确定无法立项的前期费用支出，应将前期费用及时转入当期损益
4	审核拆旧物资数量及处理方案是否合适	应查看拆改迁项目涉及的拟拆除设备状态评价、再利用情况，包括再利用设备清单。 需查阅可研报告投资估算表及附件一、二、三部分	项目可行性研究报告投资估算中的设备（资产）清单是否与拆旧物资清单具有数量上的对应关系；拆旧物资处置、利用方案是否合理。若因项目拆改迁规模或布局变动较大，以致数量无法对应的设备需要作出专项说明
5	审核其他费用支出是否合理		重点审核土地征用、拆迁赔偿等支出依据是否充分、合理；项目后评价费等预留性费用是否能确定在工程完工时发生

三、可研经济性审核

可研经济性审核内容及要点见表 1-4。

表 1-4　　　　　　　　　　可研经济性审核内容及要点

序号	审核内容	可研报告	审核要点
1	审核投资主体投资能力和投资规模匹配性	应查看可研报告工程概述部分	可采用单位投资增供电量、单位投资降损电量等指标先总体评价投资主体投资能力和投资规模匹配性或区域电网基建投资的合理性。 （1）单位投资增供电量（适用于主网项目）=（项目投产后预算期供电量－上期供电量）/工程总投资。 （2）单位投资降损电量（适用于配电网项目）=项目投产后预算期供电量×（上期线损率－预算期线损率）/工程总投资；单位资产供电量=售电量/电网固定资产原值。 原则上，单位投资增供电量应不低于现有单位资产供电量，现有资产取值为全口径的固定资产原值
2	审核单项投资的可研经济性	查看估算书，对项目成本投入与类似项目投资标准成本等进行比较	（1）对于单体效益可测项目： 评价标准：财务净现值大于 0，说明项目在财务上是可行的，否则不可行。电力行业基准收益率暂按 7%取值。 当内部收益率大于或等于行业资本收益率或设定的折现率时（一般可取4.1%），项目在财务上是可行的。 当静态投资回收期小于行业基准投资回收期时，项目在财务上是可行的，否则不可行。行业基准投资回收期一般可选该固定资产的折旧年限，按 30 年取值。 若总投资收益率大于行业平均总投资收益率（一般可选取 3%），项目在财务上是可行的，否则不可行。 （2）对于单体效益不可测项目： 若单体项目无法适用投入产出评价方法，则可将该项目成本投入与类似项目成本或单位投资标准成本等进行比较，如差异较大，需做出专项说明

四、其他方面审核要点

其他方面审核内容及要点见表 1-5。

表 1-5　　　　　　　　　　其他方面审核内容及要点

序号	审核内容	可研报告	审核要点
1	审核相关信息是否满足预算编制的需要	应查看可研报告投资估算部分	审核可行性研究报告或项目建议书的投资估算总额是否分明细列示，是否详细、合理，是否满足编制年度项目支出预算与资金支出预算的需要

第九节　重点核查内容

一、是否为特殊电网项目

按照《国家电网有限公司电网项目可行性研究工作管理办法》规定的六类特殊电网项目相关要求开展审批工作，主要划分如下：

（1）110（35）kV 及以上的地下、半地下变电站。

（2）城市综合管廊费用纳入电网投资的项目。

（3）单独的电缆专用通道项目（同期不敷设电缆）或变电站土建工程。

（4）长度超过 3km 的电缆项目。

（5）国家电网有限公司重大新技术示范项目。

（6）国家电网有限公司总部统一部署项目。

500kV 及以上电网项目、110kV 及以上特殊电网项目可研由省经研院内审、国网经研院评审；其余 35～220kV 项目可研由省经研院评审。

二、项目是否满足评审条件

电网基建项目可研报告编制完成后，依次进行市公司初审、省经研院预审、省公司评审三个环节。市公司在上传可研评审资料前应安排专人对照检查可研资料是否规范、完整，确保文件能正确打开。

1. 项目可研报告

（1）文字部分。

1）按照省经研院下发的《输变电工程可研报告编制模板》规范性、完整性要求，完成项目可研文本。

2）说明书扉页签字，附封面资质（资格）证书扫描件。

3）对于全地下站、全户内站、电缆下地以及新技术、新设备应用，要专门论述。

（2）图纸要求。图纸（PDF 格式）均应采用标准图框并附签字，上传的各类图纸应保持正向、彩色、准确，图例规范。附图一般应包含以下图纸：

1）现状、本期工程投产前(若与现状相同可省略)、本期、远期规划接入系统方案示意图。图纸应做到等级齐全（各电压等级齐全）、等级分明（各电压等级颜色区分度高）、虚实分明（本期工程为虚线，其余为实线）、网架结构完整（500kV 输变电工程必须同步体现 220kV 配套送出工程规划方案、220kV 输变电工程必须同步体现 110kV 配套送出工程规划方案）。

2）电气主接线图、总平面图。

3）站址位置图、总体规划示意图。

4）线路路径方案图（带经纬线的标准地形图和奥维地形图均应上传，现场障碍物应在图中标明）。

5）杆塔一览图、基础一览图。

6）相关区域光缆地理接线现状及规划图。

7）变电站进出线规划图（明确进出线位置、方向、已建和拟建线路的相互关系）。

8）金具一览图。

9）电缆敷设断面图、电缆工井图、电缆金属护层接地方式图、电缆上塔示意图。

10）开断点示意图、重要交叉跨越断面图。

2.　项目可研支持性文件

（1）协议办理应取得相关部门正式复函。协议中应明确写明原则上同意工程选址及选线路径；协议中应有详细的站址位置、路径描述；协议中应明确有效期，若无体现按可研批复有效期考虑。

（2）必须取得相应审批权限部门（自然资源和规划局或行政审批局）出具的变电站选址、用地意见。

（3）必须取得相应审批权限部门（自然资源和规划局或行政审批局）出具线路路径选线意见和盖章的路径图。

（4）取得乡镇政府意见和盖章的路径图。

（5）选择的站址和路径涉及生态保护红线、自然保护区、世界文化和自然遗产地、风景名胜区、饮用水水源保护区等生态敏感区时，应取得相应主管部门的协议文件；如已明确不涉及，也需在相关协议中说明。

（6）对于压覆矿项目，应取得矿权人同意意见或通过协议。

（7）视工程具体情况落实军事、环保、交通航运（省道、国道、高速公路、铁路、民航等）、水利、海事、林业（畜牧）、通信、电力、油气管道、旅游、文物、地震等主管部门的相关协议。

（8）对于电源送出项目，应有电源接入系统批复文件。

（9）需提供地质水文报告。

（10）需提供地勘报告（包括站址及输电线路）。

（11）需提供地勘作业照片。

（12）对于原址范围内改建、扩建变电站等项目，应出具原址土地证。

（13）对于拆除旧线路工程，应有必要性说明，且应有相应的线路退运、退役报告，退运的电缆、避雷器应注明去处。

（14）需理顺建设时序，利用正在建设或尚未开工的隧道等，须取得政府或相关部门意见，明确建设完成时间。

（15）对于因非技术原因使用钢管杆的项目，应在自然资源和规划局、乡镇政府协议中明确写明采用钢管杆的要求及原因；对于因技术原因使用钢管杆的项目，应出具道路断面图，图中布置钢管杆等位置。

（16）采用电缆敷设的工程，应有详细的必要性说明和投资分配说明，须在自然资源和规划局、乡镇政府协议中明确写明采用电缆敷设的要求及原因，政府出资建设应取得协议明确政府出资范围。仅涉及变电站电缆进出线或个别路段采用电缆钻越的工程，须在说明书中详细论述。沿现有管沟敷设、扩建工程以及省政府文件工程，可不必办理规划许可手续。

（17）停电过渡方案应取得市公司运检、调控、建设专业停电盖章确认单，涉及客户停电的应取得客户停电协议回函。

（18）对于新建500、220kV输变电工程，应同时对其配套送出工程进行确认。

3. 市公司可研审查会议纪要

各市公司应由分管领导组织可研审查，出具可研审查会议纪要，会议纪要采用统一格式。初审会议纪要包括但不限于以下内容：接入系统方案、建设规模、投资估算、前期进度、停电过渡方案、各专业审查意见及答复（必须明确对站址和线路走廊的意见）等。

4. 其他要求

（1）项目可研应严格按照审定的接入系统方案、建设规模等编制，充分论证项目建设必要性和可行性，要远近结合、由近及远，上下结合，避免重复建设和重复投资。

（2）新建输变电工程需提供调度部门出具的命名文件，项目命名应符合《工程命名规则》。

（3）严格贯彻执行十八项反措及编制说明。

（4）涉及设备退役的电网项目，提供运检部门批复的设备退役评估报告。

（5）对于扩展性改造项目，应说明工程现状（含投产年份、设备运行工况）、改造原因、原有设备去向、与现有工程的衔接等内容。

（6）关于 35、10kV 电网中性点接地方式，应结合容性电流、架空架设或者电缆敷设确定采用不接地、经消弧线圈接地或经小电阻接地等不同方式。

（7）新建 110kV 及以上变电站应提出 2 个总平面布置方案，并进行对比分析。

（8）严格控制线路曲折系数，应提出 2 个可行的方案，并做技术经济比较；对于城镇规划指定路径或改接、π 接等短线路，根据工程情况可提出一个可行方案，复杂地段线路应设计对比方案。在说明书和汇报 PPT 工程概况中，均须对线路曲折系数进行说明。对于线路曲折系数超过 1.4 的工程，应做专题论证，并在汇报 PPT 中进行详细说明；对于线路曲折系数超过 1.3 的工程，应在汇报 PPT 中进行详细说明。

（9）关于电缆钻越线路，应对电缆和架空两个方案做技术经济比较。

（10）对于项目敏感点、关键点，应有航片、卫片或数码影像等资料。

（11）对于更换导线或地线，需在说明书中单独章节描述，并作杆塔结构强度校验计算，满足条件，方可更换。

（12）对于重要线路杆塔结构重要性系数按 1.1 计算，需在说明书中单独章节描述，交代必要性，并说明采用 1.1 系数线路区段起始点和长度。

（13）对于征地超过相关部门发布的价格过大，跨越铁路、公路，大型厂矿企业拆迁补偿费及其他大额赔偿费用提供相应的计费依据。

（14）使用新设备材料或非常规设备材料或信息价未统计在列的需提供至少两个厂家询价单。

（15）及时完成上传后续版本的评审资料：预审后的修改稿，根据省公司专业部门审查意见完善的修改稿，收口后的审定稿。

（16）对于复核项目，应将复核原因及与之前可研的变化分析报告作为附件上传，并在 PPT 中体现。

（17）上传项目设总及主设人联系方式表作为附件。

（18）上传平台所有文件应命名直观、简洁、准确。

三、可研复核满足条件

对已获可研批复的电网基建项目，可研技术方案或投资估算发生较大调整时，均须履行可研复核程序。需要复核的电网基建项目主要包括：

（1）初步设计概算超过可研估算 20% 及以上。

（2）初步设计概算超过可研估算不足 20%，或者初步设计概算低于可研估算，但主要技术方案和建设规模等发生以下变化：

1）接入系统方案发生变化，如变电站高中压侧本期出线回路数或接入点发生变化。

2）变电站主要技术方案发生较大变化，如站址位置、主变压器容量或台数调整，常规变电站改为（半）地下变电站、户外变电站改为户内变电站、高压电抗器配置方案或电气主接线方案发生较大变化等。

3）线路部分主要技术方案发生较大变化，如线路路径途经区域或长度较大调整，架空改电缆等线路型式、单双回路等杆塔架设方式，以及导线等效截面等发生较大变化等。

4）需要对可研批复文件所规定的内容进行调整的其他重大情形。

需要复核的电网项目，经原可研批复单位同意，项目单位组织可研设计单位根据新的边界条件充分论证项目可研技术方案、修改投资估算，并委托可研评审单位进行复核评审。

得复核评审意见后，由项目单位向可研批复单位提出复核批复请示，可研批复单位以公司文件形式批复。

四、各专业重点评审内容

1. 系统专业

审查属地市公司是否完成内审等决策程序；审查工程名称是否规范；新建输

变电工程命名是否有调度部门出具的正式盖章意见；审查是否有停电过渡方案盖章确认单；审查工程接入系统方案是否合理，是否与规划库一致，是否充分考虑现状、本期、远期的结合；审查系统图纸是否符合要求；审查潮流（主网含稳定）、短路等电气计算分析是否合理；审查工程建设规模（包括主变压器规模、出线回路数等）、主接线型式是否合理、是否完成本期本体工程与配套送出工程的衔接，是否与规划库一致等。在可研评审会前准备好纸质版各工程接入地理接线图（包括现状、本期和远期）。

2. 变电一次

审查可研报告是否符合可研模板编制要求；审查变电站是否提出 2 个总平面布置方案对比分析；审查是否对通用设计方案选择进行论证；审查电气总平面布置图，需标明主要电气设备、主要建构筑物、道路及各级电压配电装置；审查变电站朝向、大门、主变压器运输道路、进出线方向是否合理；审查主设备选择是否符合短路等技术要求，设备形式、数量是否满足生产运行要求；审查估算书中工程量是否与报告一致等。

3. 变电二次

审查系统继电保护配置是否满足接入系统要求（含涉及相关厂站的线路保护调整方案），审查变电二次设备配置是否与一次设备相匹配，审查估算书中工程量是否与报告一致等。

4. 线路电气

核实推荐路径方案重要协议是否齐全；核实地形比例、架空线路曲折系数；审查线路是否跨越生态红线，是否压覆矿；审查输电线路工程是否提出 2 个以上可行的路径方案，对于城镇规划指定路径或改接、π 接等短线路，根据工程情况可提出一个可行方案；重点评审线路路径的可行性，审查推荐路径方案的技术先进性、经济合理性，审查估算书中工程量是否与报告一致等。

5. 线路结构

审查线路"三跨"段输电线路杆塔设计内容，审查岩土、水文勘测报告，审查土石方量，审查基础材料，审查混凝土单公里指标，审查铁塔单公里质量指标，审查估算书中工程量是否与报告一致等。

6. 通信

审查系统通信是否满足地区通信规划的要求，通信设备选择是否符合技术要求，设备型式、数量是否满足生产要求；审查光缆选型是否正确，光缆芯数能否满足要求；审查通信设备接地配置是否符合要求；审查估算书中工程量是否与报告一致等。

7. 变电土建

审查规划、国土等协议是否齐全、有效，是否包含进站道路，变电站扩建增容项目必须取得土地证；审查地勘勘测报告是否真实、准确；审查建筑物的规模、建设及装饰标准是否符合通用设计；审查消防是否满足要求；审查建筑物配置、功能房间数量、大小是否合理；审查估算书中工程量是否与设计一致。

8. 技经专业

审查取费标准和定额是否根据工程性质进行准确、合理选取；审查可研估算是否与可研报告工程量相一致，是否有缺项漏项问题；审查清赔量是否合理有据；审查投资估算内是否存在"搭车现象"，对相应可研经济性和财务合规性评价内容进行审查。

9. 其他

对于停电过渡方案章节，由系统、变电一次、线路电气专业完成相应部分内容的审查。

对于环境保护和水土保持章节，由变电一次、土建、线路电气、线路结构等专业负责完成相应部分内容的审查。

第十节 主要技术规定

可研评审主要依据国家及行业有效的规范、规程、规定、标准及公司相关规定，包括但不限于下面内容。

一、技术管理文件

（1）《国家电网有限公司电网项目可行性研究工作管理办法》［国网（发展/2）996—2021］。

（2）《国网山东省电力公司 35～500kV 电网项目可行性研究工作管理实施细则（试行）》（鲁电企管〔2022〕38 号）。

（3）《国网山东省电力公司发展策划部关于进一步加强 35～500kV 电网项目

可研管理的通知》(发展前期〔2023〕2 号)。

(4)《国网基建部关于发布输变电工程通用设计通用设备应用目录(2022 年版)的通知》(基建技术〔2022〕3 号)。

(5)《国网基建部关于发布 35～750kV 变电站通用设计通信、消防部分修订成果的通知》(基建技术〔2019〕51 号)。

(6)《国家电网公司十八项电网重大反事故措施(2018 年修订版)》。

(7)《国家电网有限公司关于提高工程设计质量推动电网高质量建设的意见》(国家电网基建〔2019〕44 号)。

(8)《35～750kV 输变电工程设计质量控制技术重点清单(2019 年版)》(基建技术〔2019〕20 号)。

(9)《35～750kV 输变电工程设计质量常见问题清册(2020 年版)》(基建技术〔2020〕4 号)。

(10)《国网基建部关于进一步加强输变电工程勘测管理的通知》(基建技术〔2018〕26 号)。

(11)《国家电网公司关于加强重要线路交跨技术管理的通知》(国家电网运检〔2017〕368 号)。

(12)《电网设备技术标准差异条款统一意见》(国家电网科〔2017〕549 号)。

(13)《国家电网公司关于加快推进电力监控系统网络安全管理平台建设的通知》(国家电网调〔2017〕1084 号)。

(14)《国网基建部关于开展输变电工程绿色建造试点工作的通知》(基建安质〔2021〕14 号)。

(15)《国家电网有限公司关于全面推进输变电工程绿色建造的指导意见》(国家电网基建〔2021〕367 号)。

(16)《国家电网公司关于开展节能导线应用工作的通知》(国家电网基建〔2017〕921 号)。

(17)《国网基建部关于进一步规范输电线路杆塔设计地脚螺栓选用要求的通知》(基建技术〔2017〕92 号)。

(18)《国家电网公司关于印发〈架空输电线路"三跨"重大反事故措施(试行)〉的通知》(国家电网运检〔2016〕413 号)。

(19)《国家电网公司关于印发架空输电线路"三跨"运维管理补充规定的通

知》（国家电网运检〔2016〕777 号）。

（20）《国家电网公司防止变电站全停十六项措施（2015 年版）》（国家电网运检〔2015〕376 号）。

（21）《国家电网公司关于印发输电线路跨越重要输电通道建设管理规范（试行）等文件的通知》（国家电网基建〔2015〕756 号）。

（22）《国网设备部关于印发架空输电线路通道可视化管理规定的通知》（设备输电〔2021〕22 号）。

（23）《国网基建部关于加强新建输变电工程防污闪等设计工作的通知》（基建技术〔2014〕10 号）。

（24）《国网基建部关于进一步明确变电站通用设计开关柜选型技术原则的通知》（基建技术〔2014〕48 号）。

（25）《国家电网有限公司关于印发电网防汛抗灾能力提升重点工作措施的通知》（国家电网设备〔2021〕471 号）。

（26）《国网发展部关于开展 220kV 及以下特殊电网项目和独立二次项目可研安全校核分析的通知》（发展规二〔2018〕35 号）。

（27）《国家电网公司办公厅关于印发智能变电站 110kV 保护测控装置集成和 110kV 合并单元智能终端装置集成技术要求的通知》（办基建〔2013〕3 号）。

（28）《关于印发〈电气化铁路牵引站接入电网导则（试行）〉的通知》（国家电网发展〔2009〕974 号）。

（29）《国网基建部关于开展变电站模块化建设 2.0 版示范建设的通知》（基建技术〔2021〕31 号）。

（30）《关于印发国家电网有限公司线路保护通信通道配置原则指导意见的通知》（调继〔2019〕6 号）。

（31）《进一步加强工程设计管理，全面提高设计质量和技术水平的工作意见》（基建技术〔2016〕8 号）。

（32）《电网项目可研和设计一体化管理的意见》（国家电网办〔2018〕692 号）。

（33）《国网山东省电力公司电网实物资产退役管理实施细则（试行）》(鲁电企管〔2015〕283 号）。

（34）《国家电网公司项目可研经济性与财务合规性评价指导意见》（国家电网财〔2015〕536 号）。

（35）国家电网公司办公厅《转发中电联关于落实〈国家发改委关于进一步放开建设项目专业服务价格的通知〉的通知》（办基建〔2015〕100号）。

（36）《国家电网公司关于进一步加强电网基建工程成本费用管理的通知》（国家电网企管〔2014〕156号）。

（37）《关于印发国家电网公司输变电工程勘察设计费概算计列标准（2014年版）的通知》（国家电网电定〔2014〕19号）。

（38）《输变电工程监理费计列指导意见（2021年版）》（电网电定〔2021〕29号）。

（39）《国网基建部、发展部、财务部、设备部关于印发进一步规范和加强公司环境保护费用投入指导意见的通知》（基建环保〔2023〕12号）。

（40）《关于发布"输变电工程应用海拉瓦技术取费标准"的通知》（国家电网电定〔2010〕36号）。

（41）《电力工程造价与定额管理总站关于调整安全文明施工费的通知》（定额〔2023〕9号）。

二、技术标准

1. 总的部分

（1）《220kV～750kV变电站设计技术规程》（DL/T 5218—2012）。

（2）《变电站总布置设计技术规程》（DL/T 5056—2007）。

（3）《220kV～500kV户内变电站设计规程》（DL/T 5496—2015）。

（4）《220kV及110（66）kV输变电工程可行性研究内容深度规定》（Q/GDW 10270—2017）。

（5）《国家电网有限公司输变电工程初步设计内容深度规定　第8部分：220kV智能变电站》（Q/GDW 10166.8—2017）。

（6）《国家电网有限公司输变电工程初步设计内容深度规定　第2部分：110（66）kV 智能变电站》（Q/GDW 10166.2—2017）。

（7）《国家电网有限公司输变电工程初步设计内容深度规定　第6部分：220kV架空线路》（Q/GDW 10166.6—2017）。

（8）《国家电网有限公司输变电工程初步设计内容深度规定　第1部分：110（66）kV 架空输电线路》（Q/GDW 10166.1—2017）。

（9）《国家电网有限公司输变电工程初步设计内容深度规定　第 3 部分：电力电缆线路》（Q/GDW 10166.3—2017）。

（10）《国家电网有限公司输变电工程初步设计内容深度规定　第 5 部分：征地拆迁及重要跨越补充规定》（Q/GDW 10166.5—2017）。

（11）《电力设施抗震设计规范》（GB 50260—2013）。

（12）《火力发电厂与变电站设计防火标准》（GB 50229—2019）。

（13）《电力设备典型消防规程》（DL 5027—2015）。

（14）《国网山东省电力公司电网设备装备技术原则（2020 年版）》。

（15）《国网山东省电力公司电网设备选型技术原则（2020 年版）》。

（16）《国网山东省电力公司"十三五"通信网规划（2016 版）》。

（17）《国家电网有限公司电网项目可行性研究工作管理办法》[国网（发展/2）996—2021]。

2．系统专业

（1）《电力系统设计内容深度规定》（DL/T 5444—2010）。

（2）《电力系统设计技术规程》（DL/T 5429—2009）。

（3）《电力系统安全稳定导则》（GB 38755—2019）。

（4）《国家电网安全稳定计算技术规范》（Q/GDW 1404—2015）。

（5）《电力系统电压和无功电力技术导则》（DL/T 1773—2017）。

（6）《电力系统无功补偿配置技术原则》（Q/GDW 1212—2015）。

（7）《国家电网公司安全事故调查规程》。

（8）《山东电网发展技术及装备原则》。

（9）《配电网规划设计技术导则》。

3．二次专业

（1）《继电保护和安全自动装置技术规程》（GB/T 14285—2023）。

（2）《变压器、高压并联电抗器和母线保护及辅助装置标准化设计规范》（Q/GDW 175—2013）。

（3）《火力发电厂、变电站二次接线设计技术规程》（DL/T 5136—2012）。

（4）《电力工程直流系统设计技术规程》（DL/T 5044—2014）。

（5）《电力通信网规划设计技术导则》（Q/GDW 11358—2019）。

（6）《线路保护及辅助装置标准化设计规范》（Q/GDW 1161—2014）。

（7）《智能变电站 110kV 保护测控集成装置技术规范》（Q/GDW 1920—2013）。

4. 一次专业

（1）《交流电气装置的过电压保护和绝缘配合设计规范》（GB/T 50064—2014）。

（2）《导体和电器选择设计规程》（DL/T 5222—2018）。

（3）《220kV～1000kV 变电站站用电设计技术规程》（DL/T 5155—2016）。

（4）《35kV～220kV 变电站无功补偿装置设计技术规定》（DL/T 5242—2010）。

（5）《电力系统无功补偿配置技术导则》（Q/GDW 1212—2015）。

（6）《高压配电装置设计规范》（DL/T 5352—2018）。

（7）《交流电气装置的接地设计规范》（GB/T 50065—2011）。

（8）《电力工程电缆设计标准》（GB 50217—2018）。

5. 变电土建专业

（1）《火力发电厂与变电站设计防火标准》（GB 50229—2019）。

（2）《建筑设计防火规范（2018 年版）》（GB 50016—2014）。

（3）《变电所和换流站给水排水设计规程》（DL/T 5143—2018）。

（4）《变电站建筑结构设计技术规程》（DL/T 5457—2012）。

（5）《电力工程气象勘测技术规程》（DL/T 5158—2012）。

（6）《变电站岩土工程勘测技术规程》（DL/T 5170—2015）。

（7）《电力工程钻探技术规程》（DL/T 5096—2008）。

（8）《建筑地基处理技术规范》（JGJ 79—2012）。

（9）《电力大件运输规范》（DL/T 1071—2014）。

（10）《钢结构设计标准》（GB 50017—2017）。

（11）《变电站装配式钢结构建筑设计规范》（Q/GDW 11687—2017）。

（12）《建筑抗震设计规范（2016 年版）》（GB 50011—2010）。

（13）《水喷雾灭火系统技术规范》（GB 50219—2014）。

（14）《细水雾灭火系统技术规范》（GB 50898—2013）。

6. 线路专业

（1）《110kV～750kV 架空输电线路设计规范》（GB 50545—2010）。

（2）《架空输电线路杆塔结构设计技术规定》（DL/T 5154—2012）。

（3）《架空输电线路基础设计技术规程》（DL/T 5219—2014）。

（4）《电力工程电缆设计标准》（GB 50217—2018）。

（5）《架空输电线路机械化施工技术导则》（Q/GDW 11598）。

（6）《城市电力电缆线路设计技术规定》（DL/T 5221—2016）。

（7）《输电线路金具压接质量 X 射线检测技术导则》（Q/GDW 11793—2017）。

7. 技经专业

（1）《电网工程建设预算编制与计算规定（2018 年版）》。

（2）《电力建设工程概算定额（2018 版） 第一册 建筑工程》。

（3）《电力建设工程概算定额（2018 版） 第三册 电气设备安装工程》。

（4）《电力建设工程预算定额（2018 版） 第六册 调试工程》。

（5）《电力建设工程预算定额（2018 版） 第七册 通信工程》。

（6）《电力建设工程预算定额（2018 版） 第四册 架空输电线路工程》。

（7）《电力建设工程预算定额（2018 版） 第五册 电缆输电线路工程》。

（8）《电力建设工程装置性材料综合预算价格（2018 年版）》。

（9）《电力建设工程装置性材料预算价格（2018 年版）》。

（10）《企业会计准则及应用指南（2017 版）》。

（11）《中华人民共和国企业所得税法（2017 修订版）》。

（12）《国家电网公司会计核算办法 2014》（国家电网企管〔2014〕1431 号）。

（13）《国家电网公司固定资产管理办法》（国家电网企管〔2014〕165 号）。

（14）《国家电网公司工程财务管理办法》（国家电网企管〔2014〕742 号）。

（15）《输变电经济评价导则》（DL/T 5438—2019）。

（16）《输配电定价成本监审办法》（发改价格规〔2019〕897 号）。

第二章

电网基建项目可研报告评审要点清单

电网基建项目可研报告评审要点清单见表 2-1。

表 2-1   **电网基建项目可研报告评审要点清单**

审查专业	序号	审查内容
总的部分	1	审查是否按照可研模板编制可研报告
	2	审查上报可研资料是否完整、是否符合评审平台上报要求
系统专业	1	审查工程名称是否规范
	2	审查可研资料中是否包含内审纪要
	3	审查新建变电站命名是否有调度部门出具的正式意见
	4	审查电网概况是否属实，审查该区域设备数据是否准确、图纸是否齐全
	5	审查负荷预测、电源建设安排等是否与审定的规划一致
	6	根据工程的实际情况，审查工程建设必要性是否充分
	7	审查工程接入系统方案是否合理、是否与规划库一致，审查系统图纸是否符合要求
	8	审查工程建设规模（包括主变压器规模、出线回路数等）是否合理，是否与规划库一致
	9	审查同塔多回线路预留线路的必要性，审查预留线路本期挂线的必要性
	10	审查潮流（主网含稳定）、短路等电气计算分析是否合理，对于计算中存在的问题是否有合理的解决措施
	11	审查无功平衡计算分析以及无功补偿设备配置是否合理
	12	审查线路型式及导线截面选择是否合理（注意电缆线路与架空线路导线截面匹配问题）
	13	审查主变压器阻抗、变比等参数选择是否合理
	14	审查远期和本期电气主接线型式是否合理
	15	审查各电压侧中性点接地方式是否合理
	16	审查工程建设中过渡方案及负荷转供方案（系统相关部分）是否合理
	17	审查工程供电区域 35、10kV 是否存在角差，35kV 项目要符合"理存量、控总量"的总体要求
	18	审查退役主变压器去向是否符合规定（包括相关评估报告及运检部意见）

续表

审查专业	序号	审查内容
变电一次	1	审查是否对通用设计方案选择进行论证
	2	审查电气总平面布置图，需标明主要电气设备、主要建构筑物、道路及各级电压配电装置
	3	审查电气主接线图是否与系统规划规模一致，需标明本期、远期电气接线，对本期、远期工程加以区别
	4	审查站址比选说明，唯一站址需要出具控制性规划图，提供说明材料
	5	审查变电站朝向、大门、主变压器运输道路、进出线方向是否合理
	6	审查户内变电站选用是否需满足使用条件（污秽、规划等）
	7	围墙内占地面积不应超过通用设计方案要求
	8	审查主接线是否满足工程扩建及操作要求
	9	审查主设备选择是否符合技术要求，设备形式、数量是否满足生产要求
	10	审查配电装置、设备检修维护通道宽度是否合理
	11	审查主变压器布置是否满足安全距离要求
	12	根据变电站自然条件、环境状况、污秽等级，审查变电站电气设备的外绝缘及绝缘子串选择是否符合运行要求
	13	审查避雷器设置是否合理，架空出线在出线侧设置避雷器，全电缆出线设置母线避雷器
	14	审查过电压配置、防雷接地措施、接地材料选择是否符合要求
	15	审查采用小电阻接地方式，平面布置空间是否足够
	16	审查变电站无功补偿总量及详细分组情况，容性补偿装置、串联电抗器布置是否合理，参数是否符合要求
	17	审查电容器组串联电抗器的布置方式，前置布置是否可达到抗短路电流要求
	18	审查改、扩建项目退役设备处置方式是否合理合规，需要退运报告支撑
	19	审查改造、扩建项目中现运行设备额定电流、容量是否满足扩建要求
	20	审查停电过渡方案（站内）相关内容是否可行、合理
	21	审查扩大内桥接线，本期桥开关设备是否一次性上齐（本期上两台变，不需要上扩大内桥设备）
	22	审查估算书中工程量以及设备数量是否与设计一致
	23	审查单项工程命名是否正确
	24	对变电站相应环保部分内容进行审查
变电二次	1	审查交直流电源系统配置方案，蓄电池组数、容量是否符合要求
	2	审查系统继电保护配置是否满足接入系统要求（含涉及相关厂站的线路保护调整方案）
	3	审查变电二次设备配置是否与一次设备相匹配
	4	审查调度自动化设备配置是否满足智能化变电站要求
	5	审查逆变电源装置容量配置是否充足、接带负荷是否合理
	6	审查智能辅助综合监控系统（包括视频监控、火灾报警、水禁、门禁系统级 SF_6 及氧量仪检测等）配置是否充足、合理，满足信息上传功能

续表

审查专业	序号	审查内容
变电二次	7	审查二次设备布置是否合理，TA、TV 二次绕组数量、容量、准确等级是否符合运行需要
	8	审查工程"五防"闭锁设计是否符合运行要求
	9	审查 110kV 改扩建项目是否配置故障录波器
	10	审查关口计量点设置位置以及关口表的配置情况
	11	审查主变压器各侧是否按要求配置电能表
	12	审查二次安全防护设备是否配置齐全
	13	审查 10kV 电能表配置是否按要求配置"四合一"装置
	14	审查控制电缆、光缆、尾缆数量是否满足设备使用要求
	15	审查估算书中工程量是否与设计一致
	16	审查是否对互感器配置、通信等提出必要配合要求
	17	审查单项工程命名是否正确
	18	审查改扩建项目中涉及的超期服役继电保护的更换
	19	审查主变压器增容等工程利旧的原有保护是否满足运行要求
	20	审查 TA 二次绕组是否合理配置以消除开关与 TA 间死区
	21	审查改（扩）建工程，是否在设计资料中概述与工程有关的继电保护现状（包括配置、通道、投运时间及运行情况等），并对存在的问题进行分析
	22	审查 110kV 变压器电量保护是否采用主后一体、双套配置
变电土建	1	审查规划、国土等协议是否齐全、有效，是否包含进站道路，变电站扩建增容项目必须取得土地证
	2	审查征地面积是否合理，核实征地范围内地面附着物及依据
	3	依据地形地势条件，审查勘察标准
	4	审查站址地基处理方案是否经济合理，专题论证是否可行
	5	审查站址标高等竖向布置是否合理
	6	审查建筑物的规模、建设及装饰标准是否符合通用设计，建筑物合理配置，功能房间数量、大小是否合理
	7	审查建构筑物结构及基础方案是否合理
	8	审查抗震措施是否合理合规
	9	全站围墙、建筑外墙等如有特殊建设需要，审查是否有专题论证及依据
	10	审查架构、设备支架等构筑物布置是否合理
	11	审查主变压器、GIS 等基础远期土建预留方案是否可行，是否经济合理
	12	审查场地地表水的排放方式是否符合运行需要
	13	审查给排水（打井、市政管网）方式及依据
	14	审查主变压器及其他油浸设备消防方式和电缆防火措施等

审查专业	序号	审查内容
变电土建	15	审查火灾探测器、报警控制器、手动报警按钮、控制柜、消防器材等设备的数量、布置是否符合需求
	16	审查采暖通风系统布置是否合理，满足运行需求
	17	审查估算书中工程量是否与设计一致
	18	对变电站相应环保水保部分内容进行审查
线路电气	1	审查输电线路工程是否提出两个以上可行的路径方案，对于城镇规划指定路径或改接、π接等短线路，根据工程情况可提出一个可行方案。重点评审线路路径的可行性。审查推荐路径方案的技术先进性、经济合理性
	2	核实新建变电站是否明确进出线位置、方向、与已建和拟建线路的相互关系以及远近期过渡方案
	3	控制线路长度及转角数量，根据实际情况控制裕度
	4	核实地形比例，架空线路曲折系数
	5	核实推荐路径方案重要协议是否齐全。重要协议指对线路路径方案有颠覆性影响的协议，一般涉及城建规划、国土、军事、文物、交通、矿产、水利、林业等单位，核实路径协议与路径方案是否一致
	6	审核通道清理工程量，对无法提供支撑性材料的通道清理工程量原则上不予计列。支撑性材料可结合设计图纸、影像照片等表述。通道清理工程量主要包括林木砍伐及拆迁量
	7	审查线路跨、钻越方案是否科学合理
	8	旧线改造工程和地线更换工程，明确原线路设计条件，旧杆塔强度校验依据充分，重点审查线路改造的必要性，设计方案是否合理可行。对于整线改造，可纳入基建项目管理
	9	结合系统方案审定单项工程名称是否符合工程命名规则
	10	核定两端和中间变电站相序，对于π接线路，核实π接后线路长度是否需要换位。对于根据变电站相序要求仅需进行换相的工程，一般应利用变电站出口的终端塔换相，以节省工程投资
	11	工程采用多回路单侧挂线、钢管杆时，核实铁塔塔型式选择支撑性文件或专题报告
	12	根据设计提供的气象台资料、周边其他已运行线路设计经验以及当地风压图，核实气象条件的合理性
	13	设计基本风速取值应以沿线气象台站的资料及实际运行经验和调查情况为基础，根据电压等级，按规程规范要求的重现期考虑。建筑规范中的风压换算值，可作为参考
	14	覆冰厚度取值应以省公司冰区划分图为参考，并结合设计单位的现场调查资料及附近线路的运行经验。覆冰严重地区大多以海拔作为划分冰区的重要依据
	15	根据系统专业确定的导线截面，审核导线选型是否合理。新建线路一般推荐使用常规导线；对于碳纤维、殷钢、铝基陶瓷等造价较高的复合芯导线原则上只应用于改造线路工程中；新建线路应用耐热铝合金等增容导线时应经详细的技术经济比较后确定
	16	根据规程要求，结合线路远期规划情况、通信要求核定地线型号
	17	根据当地电力系统污区分布图，结合沿线污源调查及设计运行经验，核定工程污区划分是否合理。采用统一爬电比距污区分级方法
	18	结合设计运行经验，核定设计爬距选取及绝缘子型式的选择

续表

审查专业	序号	审查内容
线路电气	19	新建工程原则上不采用防污闪涂料及瓷复合绝缘子
	20	核实工程选用杆塔型式是否与通用设计条件一致（导地线截面、分裂数、海拔、风速、覆冰等情况），避免存在以大带小情况
	21	35kV 线路铁塔原则采用通用设计模块（单地线形式）
	22	铁塔数量：原则上以地形比例加权平均后核定单公里塔基数量。Ⅰ型直线塔使用数量占直线塔数量比例不应小于 35%
	23	核实相关机电材料量应与工程规模一致，审查估算书中工程量是否与设计一致
	24	核实电缆方案必要性及可行性，原则上应有投资分配及方案比较论述
	25	核实电缆选型是否合理，截面与系统要求一致，防水、阻燃要求等
	26	核实电缆敷设方式及预留回路
	27	核定电缆预留长度、电缆中间接头、终端头、避雷器、交叉互联、各类工井等的数量
	28	电缆支架一般采用角钢支架。对于其他材质的支架应提供经济比较论述，如没有或理由不充分，则应审定为角钢支架
	29	防鸟装置安装原则，山东省鸟粪类分布图均为 1 级、2 级，原则上不应加装
	30	三牌新建工程不计列，π接、开断工程涉及老线路更换的应在工程中计列
	31	审查停电过渡方案（线路跨越）相关内容是否可行、合理
线路结构	1	审查新规划设计杆塔规划和杆塔荷载等情况，并论证其技术经济特点和使用意义
	2	审查线路"三跨"段输电线路杆塔设计内容，杆塔结构重要性系数应不低于 1.1
	3	线路经过舞动区时，审查铁塔荷载、铁塔型式、铁塔构造及防松措施等
	4	审查杆塔钢材，一般采用 Q235、Q345 和 Q420 钢。采用其他种类钢材或复合材料时，应提供相应的专题论证、支撑性文件及经济比较
	5	审查岩土、水文勘测报告。根据岩土工程报告及相关资料，核实岩石、流沙、普通土、泥水坑的比例
	6	优先选择原状土基础，审查基础型式比选、适用地区及适用杆塔情况。核实是否因地制宜设计高低基础
	7	线路经过采空区、矿产普查区，审查压覆矿评估报告、地灾评估报告以及基础型式和处理方案
	8	特殊地质条件下（如液化土、湿陷性黄土、软弱地基、多年冻土、盐渍土），审查基础处理方案和基础型式选择
	9	新型基础应有专题论证，并重点评审其技术可行性、经济效益、安全性和施工可行性
	10	审查基础材料、强度等级以及防腐措施，线路经过直流接地极附近时，审查基础防腐措施
	11	审查土石方量，原则上不超过混凝土量的 8~10 倍
	12	设置护坡、挡土墙和排水沟等辅助设施，应论述设置方案和对环境的影响
	13	审查杆塔一览图、基础一览图规范性和完整性，审查杆塔、基础材料表及估算书
	14	审查混凝土单公里指标，原则上以地形比例加权平均后核定，并结合耐张塔比例、跨树塔比例、特殊基础型式等综合考虑

审查专业	序号	审查内容
线路结构	15	审查铁塔单公里质量指标，总体参照通用造价指标及其他同类工程指标水平等
	16	对线路相应环保水保部分内容进行审查
系统通信	1	审查系统通信是否满足地区通信规划的要求，通信设备选择是否符合技术要求，设备形式、数量是否满足生产要求
	2	审查交直流电源系统配置方案，蓄电池组数、容量是否符合要求
	3	审查站内通信设备布置方式，屏位数量能否满足要求，机房环境是否需要优化
	4	审查光缆选型是否正确，光缆芯数能否满足要求
	5	审查杆塔、线路条件能否满足OPPC、OPGW等光缆架设要求
	6	审查业务配置情况，保护通道、调度通道是否合理，是否满足十八项反措要求
	7	审查传输设备组网是否合理，区域网架是否得到优化
	8	审查光缆路由是否合理，是否满足十八项反措要求
	9	审查光缆长度与线路长度是否基本保持一致
	10	审查"三跨"同塔双回及以上（含单侧挂线）线路是否一次上齐双光缆
	11	审查同塔双回及以上线路和单线路接入的末端站点是否满足双光缆架设
	12	审查通信设备接地配置是否符合要求
	13	审查光缆金具配置是否合理，数量能否满足要求
	14	审查估算书中工程量是否与报告一致
	15	审查引用规范是否为最新版本，报告、概算和附图是否完备
	16	审查进站光缆是否具备两条相互独立的路由，是否通过不同沟道、竖井进入通信机房
	17	审查光缆改造或改接对在运业务的影响，以及停电条件、铁塔荷载是否满足要求，如有必要需提出通信过渡方案
变电技经	1	审查取费标准和定额是否根据工程性质进行准确、合理选取
	2	审查是否可研估算与可研报告工程量相一致，是否有缺项漏项问题
	3	审查投资估算内是否存在"搭车现象"
	4	审查装置性材料是否按照最新发布的信息价计列，地材价格是否按照当时当地信息价计列
	5	审查建设场地征用及清理费的赔偿标准是否按照当地政府相关文件，大额赔偿是否提供相关依据
	6	审查人工、材料、机械调整系数是否按照最新文件进行调整
	7	审查建设期贷款利息是否合理，资本金是否按照20%计列
	8	审查项目后评价费、总体设计费、环保监测验收费、水土保持项目验收及补偿费、管理车辆购置费是否计列
	9	审查主控楼单位造价是否合理
	10	审查防火总价是否合理
	11	审查接地定额套取、接地深井单价是否合理

审查专业	序号	审查内容
变电技经	12	审查调试定额的计取是否合理，特殊调试是否按文件执行
	13	审查电缆调试是否合理
	14	审查桩基检测费的计取是否合理
	15	审查二次设备单价是否合理
	16	对相应合规性评价内容进行审查
线路技经	1	审查取费标准和定额是否根据工程性质进行准确、合理选取
	2	审查可研估算与可研报告工程量是否一致，是否有缺项漏项问题
	3	根据线路路径地形地势，审查人力运距、汽车运距的计算是否合理
	4	根据工程特征，审查各分项工程的投资比例是否合适
	5	审查投资估算内是否存在"搭车现象"
	6	审查装置性材料是否按照最新发布的信息价计列，地材价格是否按照当时当地信息价计列
	7	审查建设场地征用及清理费的赔偿标准是否按照当地政府相关文件
	8	审查大额赔偿是否提供相关依据
	9	审查人工、材料、机械调整系数是否按照最新文件进行调整
	10	审查建设期贷款利息是否合理，资本金是否按照20%计列
	11	审查电缆工程土建费用出资方，由电网出资的需经发展部同意方可计列
	12	审查项目后评价费、总体设计费、环保监测验收费、水土保持项目验收及补偿费、管理车辆购置费是否计列
	13	审查利用已有线路杆塔只挂线的工程，在架线是否考虑沿线高压线、公路、铁路、河流等交叉跨越费用
	14	审查材料设备是否区分甲乙供，设备材料性质划分是否正确
	15	审查新建线路占用原有线路或者穿越距离不够需改造的线路工程，改造费用列支是否合理
	16	对相应合规性评价内容进行审查

第三章

电网基建项目可研报告质量评价细则

可研报告质量评分标准如下:

(1)各专业根据对照问题清单进行扣分,按照重大问题2分、较大问题1分、一般问题0.5分,每个可研报告原始得分=工程类别赋分−∑各专业扣分。

(2)对每个可研原始得分进行折算,可研折算得分=原始得分×100/工程类别赋分。

(3)工程类别赋分:结合工程量、造价等因素,输变电工程100分、扩建增容工程(含线路)80分、线路工程70分、扩建增容工程(不含线路)50分、间隔扩建工程20分。

工程类别赋分表见表3-1,电网基建项目可研质量评价表(示例)见表3-2。

表 3-1 工程类别赋分表

序号	工程类别	赋分值
1	输变电工程	100
2	主变压器扩建、增容改造(含线路)	80
3	主变压器扩建、增容改造(不含线路)	40
4	间隔扩建	20
5	线路工程(含间隔扩建)	70
6	线路工程(不含间隔扩建)	65

表 3-2 电网基建项目可研质量评价表(示例)

专业	系统	变电一次	变电二次	土建	通信	线路电气	线路结构	变电技经	线路技经
重大问题	0.0					1.0			1.0
较大问题	1.0	1.0		1.0					5.0
一般问题	1.0								

续表

专业	系统	变电一次	变电二次	土建	通信	线路电气	线路结构	变电技经	线路技经
专业扣分	1.5	1.0	0.0	1.0	0.0	2.0	0.0	0.0	7.0
扣分汇总	12.5								
项目名称	工程类别		赋分		原始得分		折算得分		
××输变电工程	输变电		100		87.5		87.50		

第一节　系　　　　统

系统可研报告质量评价细则见表 3-3。

表 3-3　　　　　　　　　　系统可研报告质量评价细则

序号	评价项目	评分标准	评分细则	问题属性	评分细则适用性（若评价细则适用该类型工程选是，若不适用该类型工程选否）						专家打分	
					输变电工程	主变压器扩建、增容改造工程（含线路）	主变压器扩建、增容改造工程（不含线路）	间隔扩建工程	线路工程（含间隔扩建）	线路工程（不含间隔扩建）	扣分	扣分具体原因描述
1	规划一致性	方案一致性	可研与规划成果中接入系统方案（包括主变压器规模）不一致，未充分论证调整原因且未履行规划调整程序	重大	是	是	是	是	是	是		
2			可研与规划成果中接入系统方案（包括主变压器规模）虽一致，但经评审论证不合理，评审后出现重大调整	较大	是	是	是	是	是	是		
3		规模偏差度	可研与规划成果中线路总规模偏差超过 100%，未充分论证原因	较大	是	是	否	否	是	是		
4			可研与规划成果中总投资偏差超过 100%，未充分论证原因	较大	是	是	是	是	是	是		
5			可研与规划成果中架空、电缆导线截面不一致，未充分论证原因	较大	是	是	否	否	是	是		

序号	评价项目	评分标准	评分细则	问题属性	评分细则适用性（若评价细则适用该类型工程选是，若不适用该类型工程选否）						专家打分	
					输变电工程	主变压器扩建、增容改造工程（含线路）	主变压器扩建、增容改造工程（不含线路）	间隔扩建工程	线路工程（含间隔扩建）	线路工程（不含间隔扩建）	扣分	扣分具体原因描述
6	建设必要性	建设必要性	现状电网存在的问题、工程解决的问题论述不充分、支撑依据不足	一般	是	是	是	是	是	是		
7			工程周边存在低效设备，负荷支撑依据不充分、不合理	重大	是	是	是	否	否	否		
8			设置35kV电压等级，未按照可研前置审查工作要求进行沟通汇报或未有必要性专篇论证	重大	是	是	是	否	否	否		
9		建设合规性	项目建设时序不合理，本期新建规模未充分利用。未说明预留线路廊道、同塔预留的原因及必要性。未说明利用本期预留建设后续项目的实施年限或实施年限不合理	较大	是	是	是	是	是	是		
10			存在"搭车"或拆分立项情况，如在可研中计列属于技改等非电网基建范畴的工程，或为规避特殊电网项目评审而对项目进行拆分等	重大	是	是	是	是	是	是		
11	资料完整性	报告完整性	说明书中系统专业部分不完整，缺少必要的章节	一般	是	是	是	是	是	是		
12			缺少现状、本期工程投产前（若与现状相同可省略）、本期、远期接入系统方案示意图	一般	是	是	是	是	是	是		
13		协议完整性	如涉及，缺少调度部门出具的正式命名文件、主管部门出具的正式停电过渡方案、涉及客户停电的未提供客户出具的停电协议	较大	是	否	否	否	否	否		
14	报告准确性	电网现状准确性	供电片区级电网现状未说明本期新建变电站大致供电范围。未说明该范围内现状变电站最大负载率、平均负载率及设备状况。未说明现状电网存在问题。未附表说明供电片区相关变电站、相关线路、相关10kV线路情况。未附图说明供电片区现状及规划10kV地理接线情况	一般	是	是	是	否	是	是		

序号	评价项目	评分标准	评分细则	问题属性	输变电工程	主变压器扩建、增容改造工程（含线路）	主变压器扩建、增容改造工程（不含线路）	间隔扩建工程	线路工程（含间隔扩建）	线路工程（不含间隔扩建）	扣分	扣分具体原因描述
											专家打分	
15	报告准确性	负荷预测合理性	县区级负荷预测未说明目前经济分析。未附表说明可研开展年前两年、至规划投产年、投产后3年逐年的全社会用电量、最大全社会用电负荷、最大全网用电负荷及增长情况。负荷预测结果与省公司下发的各市公司负荷预测存在明显差异或增长率不合理	一般	是	是	是	是	是	是		
16			供电片区级负荷预测未说明工程供电片区内现状产业情况、规划产业情况、主要负荷增长因素。未附表说明片区内现状至投产后3年逐年客户报装情况。未附表说明可研开展年前两年、至规划投产年、投产后3年逐年用电量及最大负荷及增长情况	一般	是	是	是	否	是	是		
17		电气计算准确性	未说明本市调度部门在110（35）kV变电站两台主变压器、三台主变压器时采取的正常运行方式。未说明工程两台主变压器时线路主供及备用情况。未说明远景三台主变压器时线路主供和备用情况。未选取合理的负载率并进行正常运行方式及N-1情况下的线路潮流分析	一般	是	是	是	否	是	是		
18			未说明短路电流计算边界条件。未附表说明设计水平年及远期水平年工程及相关变电站短路电流计算结果。未根据计算结果选择新增断路器的遮断容量。未校核已有断路器的适应性。未对计算中存在的问题未提出合理的解决措施	一般	是	是	是	是	是	是		
19		设备选型合理性	未采用最新技术导则。无功平衡计算分析不准确、不合理。无功补偿设备配置不合理	一般	是	是	是	否	否	否		

续表

序号	评价项目	评分标准	评分细则	问题属性	输变电工程	主变压器扩建、增容改造工程（含线路）	主变压器扩建、增容改造工程（不含线路）	间隔扩建工程	线路工程（含间隔扩建）	线路工程（不含间隔扩建）	扣分	扣分具体原因描述
												专家打分
20	报告准确性	设备选型合理性	未根据供电片区负荷预测、电源接入情况、周边电网发展情况等，合理确定工程变压器单台容量、变比、本期建设的台数和终期建设的台数、主变压器阻抗、变比等参数	一般	是	是	是	否	否	否		
21			未结合变电站接入系统方案及分期建设情况，合理选择变电站本期及远景各电压等级电气主接线的要求	一般	是	是	是	是	否	否		
22			未采用最新指导意见。未结合供电分区、电容电流、电缆使用情况、周边电网发展情况等，合理确定中性点接地方式并说明其运行方式	一般	是	是	是	否	否	否		
23			未根据正常运行方式和事故运行方式下的最大输送容量，考虑现状电网及电网发展情况，对线路型式、导线截面以及线路架设方式提出要求。未对不同导线型式及截面、网损等进行技术经济比较	一般	是	是	是	否	是	是		
24			对于扩建、改造项目，未说明设备现状（含投产年份、设备运行工况）、改造原因、原有设备去向、与现有工程的衔接等内容。未论证增容扩建后原有线能否接带。未论证线路是否满足 $N-1$	一般	否	是	是	否	否	否		
25		图纸规范性	图纸未做到等级分明（各电压等级颜色按照配电网规划图纸绘图规范进行绘制）、虚实分明（本期工程为虚线，其余为实线）、参数标注不准确	一般	是	是	是	是	是	是		
26		其他问题	不包含在上述问题中的其他问题	一般	是	是	是	是	是	是		

序号	评价项目	评分标准	评分细则	问题属性	输变电工程	主变压器扩建、增容改造工程（含线路）	主变压器扩建、增容改造工程（不含线路）	间隔扩建工程	线路工程（含间隔扩建）	线路工程（不含间隔扩建）	扣分	扣分具体原因描述
			评分细则适用性（若评价细则适用该类型工程选是，若不适用该类型工程选否）								专家打分	
27	特色亮点		根据工程实际情况，开展了多方案论证或技术方案比选，或开展了专题专项分析，经审查对可研质量提升有较大作用的，每项加1～5分	一般	是	是	是	是	是	是		
专业扣分												

第二节 变 电 一 次

变电一次可研报告质量评价细则见表3-4。

表3-4 变电一次可研报告质量评价细则

序号	评价项目	评分标准	评分细则	问题属性	输变电工程	主变压器扩建、增容改造工程（含线路）	主变压器扩建、增容改造工程（不含线路）	间隔扩建工程	线路工程（含间隔扩建）	线路工程（不含间隔扩建）	扣分	扣分具体原因描述
			评分细则适用性（若评价细则适用该类型工程选是，若不适用该类型工程选否）								专家打分	
1	方案合理性	方案合理性	采用非通用设备、非通用设计方案，未按照可研前置审查工作要求进行沟通汇报或未有必要性论证	重大	是	否	否	否	否	否		
2			B类及以下供电区且不属于国家级重点新区、风景名胜区、自然保护区等区域内采用全户内方案，未按照可研前置审查工作要求进行沟通汇报或未有必要性论证	重大	是	否	否	否	否	否		

序号	评价项目	评分标准	评分细则	问题属性	评分细则适用性（若评价细则适用该类型工程选是，若不适用该类型工程选否）						专家打分	
					输变电工程	主变压器扩建、增容改造工程（含线路）	主变压器扩建、增容改造工程（不含线路）	间隔扩建工程	线路工程（含间隔扩建）	线路工程（不含间隔扩建）	扣分	扣分具体原因描述
3	建设必要性	建设合规性	存在"搭车"或拆分立项情况，如在可研中计列属于技改等非电网基建范畴的工程，或为规避特殊电网项目评审而对项目进行拆分等	重大	是	是	是	是	是	是		
4	资料完整性	报告完整性	说明书中一次专业部分不完整，缺少必要的章节（建设规模及主接线、短路电流计算及主要设备选择、电气布置）	较大	是	是	是	是	是	否		
5			材料表中一次专业部分不完整，缺少必要的设备、材料清单	一般	是	是	是	是	是	否		
6			图纸不完善（如涉及，缺少电气主接线图、电气总平面布置图、建筑物分楼层电气平面布置图、对侧变电站电气主接线图、对侧变电站电气平面布置图）	一般	是	是	是	是	是	否		
7		协议完整性	如涉及，缺少电阻率测试报告、设备退运退役报告、停电过渡方案	较大	是	是	是	是	是	是		
8	报告准确性	建设规模准确性	未列表说明变电站远期、本期规模，包括主变压器容量和台数、各电压等级出线回路数、无功补偿装置的容量及台（组）数等，此项内容需与系统部分内容一致	一般	是	是	是	是	是	否		
9		电气主接线准确性	未分别从变电站远期、本期简述各电压等级出线回路数、出线方向、架空/电缆方式、主接线型式等	一般	是	是	是	是	是	否		
10			未提供35、10kV侧电容电流的计算结果论证选择35、10kV中性点接地方式，无充分理由未执行省公司文件	一般	是	是	是	否	否	否		

续表

序号	评价项目	评分标准	评分细则	问题属性	输变电工程	主变压器扩建、增容改造工程（含线路）	主变压器扩建、增容改造工程（不含线路）	间隔扩建工程	线路工程（含间隔扩建）	线路工程（不含间隔扩建）	扣分	扣分具体原因描述
											专家打分	
11		电气主接线准确性	未描述站用电源（非施工电源）方案，站用变压器（接地变压器）电压等级、容量等	一般	是	是	是	否	否	否		
12		短路电流计算准确及主要电气设备选择性	未按照工程投产年及远期年分别列出短路电流计算结果表	一般	是	是	是	是	是	否		
13			未根据短路电流计算结果，叙述变压器、110kV设备、35kV设备、10kV设备、无功补偿装置选型结果	一般	是	是	是	是	是	否		
14	报告准确性	电气总平面布置准确性	未根据采用的通用设计方案，说明各级电压出线走廊、全站电气总平面布置方案、大门朝向、站区占地等	一般	是	否	否	否	否	否		
15			未描述各级高压配电装置型式选择。主要技术指标不满足通用设计。架空出线时未描述各级电压配电装置的间隔排列、出线方向等布置，与系统远景规划不一致	一般	是	否	否	是	是	否		
16			缺少直击雷防护方案，接地描述不完整扣，采用铜接地、降阻措施时无必要性论述或必要性不足	一般	是	否	否	否	否	否		
17			未校核对侧设备电气参数（远期、现状出线规模，接线形式，断路器、互感器等主设备参数）是否满足要求，未说明本期是否需要更换，与工程有关的对侧站未逐一描述	一般	是	是	否	否	是	是		
18		图纸规范性	接线图规模［规模应包含主变压器、高中低压配电装置、无功补偿、站用电（非施工电源）等］与系统规模不一致。接线图不完善（未标明本期、远期电气接线或未对本期、远期工程加以区别，未标明间隔去向，间隔去向与系统专业、线路专业不匹配，未标明主要设备的技术参数）	一般	是	是	是	是	是	否		

续表

序号	评价项目	评分标准	评分细则	问题属性	评分细则适用性（若评价细则适用该类型工程选是，若不适用该类型工程选否）						专家打分	
					输变电工程	主变压器扩建、增容改造工程（含线路）	主变压器扩建、增容改造工程（不含线路）	间隔扩建工程	线路工程（含间隔扩建）	线路工程（不含间隔扩建）	扣分	扣分具体原因描述
19	报告准确性		布置图不完善[未标明主要电气设备、站区建（构）筑物、电缆沟（隧）道及道路等的布置；未清晰区分本期、远期；总平面图未进行方案比选；未标明高压侧间隔去向，间隔去向与系统专业、线路专业不匹配；设备布置、设备检修维护通道不合理或未满足规程]	一般	是	是	是	是	是	否		
20		材料计列准确性	材料表不完善（设备量、材料量不符合变电站规模。估算书中的设备量、材料量与材料表不一致）	一般	是	是	是	是	是	是		
21		其他问题	不包含在上述问题中的其他问题，描述不完整、不准确	一般		是	是	是	是	是	否	
22	报告准确性	特色亮点	根据工程实际情况，开展了多方案论证或技术方案比选，或开展了专题专项分析，经审查对可研质量提升有较大作用的，每项加1～5分	一般	是	是	是	是	是	是		
专业扣分												

第三节 系统二次及变电二次

系统二次及变电二次可研报告质量评价细则见表3-5。

表 3-5 系统二次及变电二次可研报告质量评价细则

序号	评价项目	评分标准	评分细则	问题属性	评分细则适用性（若评价细则适用该类型工程选是，若不适用该类型工程选否）						专家打分	
					输变电工程	主变压器扩建、增容改造工程（含线路）	主变压器扩建、增容改造工程（不含线路）	间隔扩建工程	线路工程（含间隔扩建）	线路工程（不含间隔扩建）	扣分	扣分具体原因描述
1	建设必要性	建设合规性	存在"搭车"或拆分立项情况，如在可研中计列属于技改等非电网基建范畴的工程，或为规避特殊电网项目评审而对项目进行拆分等	重大	是	是	是	是	是	否		
2	资料完整性	报告完整性	说明书中二次专业部分不完整，缺少必要的章节	较大	是	是	是	是	是	否		
3			材料表中二次专业部分不完整，缺少必要的设备、材料清单	一般	是	是	是	是	是	否		
4		协议完整性	如涉及，未提供设备退役评估报告，无对应定额或初次使用的设备未向厂家询价并提供报价单，涉及非电网系统出资的未提供单方通知或双方沟通书面文件	较大	是	是	是	是	是	否		
5	报告准确性	设计原则准确性	未全面、准确列出与工程规模相关的二次专业最新设计依据性文件、规程规范等	一般	是	是	是	是	是	否		
6		系统继电保护准确性	未结合现状和工程主接线形式提出相关线路保护、母线保护、母联（分段）保护、自动重合闸、备用电源自动投入装置、故障录波器、二次设备在线监视与分析子站、电能质量监测装置等设备的功能要求和配置方案。未提出对通信通道、电流互感器、电压互感器、过程层设备、电源等技术要求	一般	是	是	是	是	是	否		
7		远动系统准确性	未结合现状和相关需求，提出远动系统配置方案	一般	是	是	是	是	是	否		
8		电能量计量系统准确性	未提出工程计费、考核关口计量点及非关口计量点设置原则。未明确关口表、非关口表和电能量采集终端配置方案	一般	是	是	是	是	是	否		

序号	评价项目	评分标准	评分细则	问题属性	输变电工程	主变压器扩建、增容改造工程（含线路）	主变压器扩建、增容改造工程（不含线路）	间隔扩建工程	线路工程（含间隔扩建）	线路工程（不含间隔扩建）	扣分	扣分具体原因描述
9		调度数据网准确性	未提出工程调度数据通信网络接入设备配置、网络接入方案和通道配置要求	一般	是	是	是	是	是	否		
10		二次系统安全防护准确性	未提出二次系统安全防护设备、软件配置方案和电力监控系统等级保护及安全评估方案	一般	是	是	是	是	是	否		
11		一体化监控系统准确性	未描述变电站自动化系统的控制方式、采样方式。未提出变电站自动化系统构成、功能要求、组网方案和设备配置方案	一般	是	是	是	是	是	否		
12		元件保护配置准确性	未描述主变压器、出线、电容器、电抗器、接地变压器（站用变压器）等主要元件保护功能要求及配置方案	一般	是	是	是	是	是	否		
13	报告准确性	一体化电源系统准确性	未说明交直流一体化电源系统实施方案。未提出直流系统、交流不间断电源系统、通信电源部分、交流电源部分、一体化电源监控部分配置方案及总监控装置的监控范围、通信方式	一般	是	是	是	是	是	否		
14		时钟同步系统准确性	未说明全站时间同步系统功能要求、对时方式、同步状态监测及设备配置方案	一般	是	是	是	是	是	否		
15		其他二次系统准确性	未说明智能辅助控制系统、一次设备在线监测及光、电缆等的配置方案	一般	是	是	是	是	是	否		
16		二次设备组柜及布置方案准确性	未按站控层、间隔层、过程层、网络及其他二次设备分别论述二次设备组柜、布置方案	一般	是	是	是	是	是	否		
17		对侧变电站保护改造准确性	未结合现状描述对侧变电站本期工程系统继电保护、调度自动化、电气二次等部分的设计方案。未说明利旧的保护装置是否存在超期服役等影响运行的情况并提出解决措施	一般	是	是	是	是	是	否		

序号	评价项目	评分标准	评分细则	问题属性	输变电工程	主变压器扩建、增容改造工程（含线路）	主变压器扩建、增容改造工程（不含线路）	间隔扩建工程	线路工程（含间隔扩建）	线路工程（不含间隔扩建）	扣分	扣分具体原因描述
					评分细则适用性（若评价细则适用该类型工程选是，若不适用该类型工程选否）						专家打分	
18	报告准确性	材料计列准确性	材料表设备量、材料量不符合变电站规模。估算书中的设备量、材料量与材料表不一致	一般	是	是	是	是	是	否		
19		其他问题	不包含在上述问题中的其他问题，各级部门提出的新要求落实情况	一般	是	是	是	是	是	否		
20		特色亮点	根据工程实际情况，开展了多方案论证或技术方案比选，或开展了专题专项分析，经审查对可研质量提升有较大作用的，每项加1~5分	一般	是	是	是	是	是	是		
专业扣分												

第四节 变 电 土 建

变电土建可研报告质量评价细则见表3-6。

表3-6 变电土建可研报告质量评价细则

序号	评价项目	评分标准	评分细则	问题属性	输变电工程	主变压器扩建、增容改造工程（含线路）	主变压器扩建、增容改造工程（不含线路）	间隔扩建工程	线路工程（含间隔扩建）	线路工程（不含间隔扩建）	扣分	扣分具体原因描述
					评分细则适用性（若评价细则适用该类型工程选是，若不适用该类型工程选否）						专家打分	
1	资料完整性	报告、图纸完整性	说明书中土建专业部分不完整，缺少必要的章节	较大	是	是	是	是	是	否		
2			若涉及，缺少变电站地理位置图、站区总体规划图、总平面布置图	一般	是	是	是	否	否	否		

续表

序号	评价项目	评分标准	评分细则	问题属性	评分细则适用性（若评价细则适用该类型工程选是，若不适用该类型工程选否）						专家打分	
					输变电工程	主变压器扩建、增容改造工程（含线路）	主变压器扩建、增容改造工程（不含线路）	间隔扩建工程	线路工程（含间隔扩建）	线路工程（不含间隔扩建）	扣分	扣分具体原因描述
3	资料完整性	协议完整性	未取得规划、国土协议等必要协议（协议中未明确写明同意该工程选址，未有详细的站址位置描述）	重大	是	否	否	否	否	否		
4			如涉及，未取得林业（畜牧）、地矿、文物、环保、地震、水利（水电）、通信、文化、军事、航空、铁路、公路、供水、供电、油气管道等相关部门协议。未提供土地证	较大	是	否	否	否	否	否		
5			未提供地质勘察报告。勘测探测点布置未执行 DL/T 5170 的要求。用水采用深井水源时，地勘报告中未提供水位、水量、水质的相关描述。未提供水文勘察及暴雨洪水分析计算报告。水文报告中未明确 50 年一遇或 100 年一遇洪水位（或内涝水位）标高	较大	是	是	是	否	否	否		
6	报告准确性	站区总体规划的合理性	变电站周边建筑物如民房、学校、医院、办公楼、工厂等与变电站的安全距离不符合相应规范要求。变电站周边管线如燃气管线、输油管线、国防光缆等与变电站的安全距离不符合相应规范要求	重大	是	否	否	否	否	否		
7			未描述征地范围内地面附着物，未提供附着物赔偿依据	一般	是	否	否	否	否	否		
8			进站道路的布置及引接的道路宽度（220kV 小于 4.5m，110kV 小于 4.0m）不满足设备运输要求。进站道路的坡度设计过大，超过 6%	较大	是	否	否	否	否	否		

序号	评价项目	评分标准	评分细则	问题属性	输变电工程	主变压器扩建、增容改造工程（含线路）	主变压器扩建、增容改造工程（不含线路）	间隔扩建工程	线路工程（含间隔扩建）	线路工程（不含间隔扩建）	扣分	扣分具体原因描述
						评分细则适用性（若评价细则适用该类型工程选是，若不适用该类型工程选否）					专家打分	
9	报告准确性	总平面及竖向布置的合理性	采用通用设计方案时，围墙内用地面积突破方案中的面积且无突破依据。不采用通用设计方案时，本期和远期规模用地面积不合理，用地面积可优化。站区内建构筑物之间的距离不符合相关规范	较大	是	否	否	否	否	否		
10			站址标高未综合考虑洪水位及引接道路的标高影响，标高设计不合理。对于 220kV 及以上变电站、位于全省 16 条主干河流 500m 范围内的 110kV 及以下变电站未按照《国网山东省电力公司抗台防汛反事故措施》执行。当填土超过 1.2m 时未采用挡土墙方案。挡土墙工程量明显不合理	较大	是	否	否	否	否	否		
11		建筑方案的合理性	建筑物的规模、建设及装饰标准不符合通用设计且无依据。建筑物配置不合理，功能房间数量、大小不合理。建筑物的门窗布置不符合防火、消防等相关规范。建筑外墙等如有特殊建设需要，未提供依据	一般	是	是	是	否	否	否		
12		结构方案的合理性	建构筑物结构及基础方案不合理。抗震措施不符合相关规程规范	一般	是	是	是	否	否	否		
13			地基处理方案选择不经济、不合理。未提供地基处理方案专题论证。未描述防腐蚀措施或防腐蚀方案不合理。未描述地下降水措施或降水措施不合理	一般	是	是	是	否	否	否		

序号	评价项目	评分标准	评分细则	问题属性	评分细则适用性（若评价细则适用该类型工程选是，若不适用该类型工程选否）						专家打分	
					输变电工程	主变压器扩建、增容改造工程（含线路）	主变压器扩建、增容改造工程（不含线路）	间隔扩建工程	线路工程（含间隔扩建）	线路工程（不含间隔扩建）	扣分	扣分具体原因描述
14	结构方案的合理性		架构、设备支架等构筑物的布置不合理	一般	是	是	是	否	否	否		
15			主变压器、GIS 等基础远期土建预留不合理	一般	是	否	否	否	否	否		
16	供排水方案的合理性		当给水采用市政给水时未描述引接自来水的准确位置。当采用深井供水时，未描述深井直径及深度、未对水质、水量进行论述	一般	是	否	否	否	否	否		
17			场地排水方式、排水坡度不合理。未描述站内污水的去向	一般	是	否	否	否	否	否		
18	采暖通风方案合理性		未描述设备的型号及数量。空调或者电暖气的布置数量不合理。风机和百叶窗的布置数量不合理。配电室内空调未采用工业空调	一般	是	是	是	否	否	否		
19	报告准确性	消防设计方案的合理性	室内、外消防的设计方案不合理。消防用水量的选择不合理。消防蓄水池的容量选择不合理。主变压器及其他油浸设备消防方式选择不合理	一般	是	是	是	否	否	否		
20		图纸规范性	图纸未做到虚实分明（本期工程为虚线，其余为实线）、参数标注不准确。变电站地理位置图未包含与工程设计方案有关的规划电厂、变电站和线路等，未重点示意本变电站所处的地理位置及变电站出线走廊。站区总体规划图未包含地形、进站道路引接、进出线建设规划、技术经济指标。总平面布置图未表明主要建构筑物、道路及变电站设计标高	一般	是	是	是	否	否	否		

续表

序号	评价项目	评分标准	评分细则	问题属性	输变电工程	主变压器扩建、增容改造工程（含线路）	主变压器扩建、增容改造工程（不含线路）	间隔扩建工程	线路工程（含间隔扩建）	线路工程（不含间隔扩建）	扣分	扣分具体原因描述
			评分细则适用性（若评价细则适用该类型工程选是，若不适用该类型工程选否）								专家打分	
21	报告准确性	工程量准确性	110-A3-3 方案的钢柱、钢梁超过 100t。110-A2-4 方案的钢柱、钢梁超过 120t。无地基处理时，单台主变压器基础工程量超过 25m³。其他明显的工程量计算错误	一般	是	是	是	否	否	否		
22		其他问题	不包含在上述问题中的其他问题，描述不完整、不准确	一般	是	是	是	是	否	否		
23		特色亮点	根据工程实际情况，开展了多方案论证或技术方案比选，或开展了专题专项分析，经审查对可研质量提升有较大作用的，每项加 1~5 分	一般	是	是	是	是	是	是		
专业扣分												

第五节 通 信

通信可研报告质量评价细则见表 3-7。

表 3-7 通信可研报告质量评价细则

序号	评价项目	评分标准	评分细则	问题属性	输变电工程	主变压器扩建、增容改造工程（含线路）	主变压器扩建、增容改造工程（不含线路）	间隔扩建工程	线路工程（含间隔扩建）	线路工程（不含间隔扩建）	扣分	扣分具体原因描述
			评分细则适用性（若评价细则适用该类型工程选是，若不适用该类型工程选否）								专家打分	
1	资料完整性	报告完整性	说明书中通信专业部分不完整，缺少必要的章节	较大	是	是	是	是	是	是		

续表

序号	评价项目	评分标准	评分细则	问题属性	评分细则适用性（若评价细则适用该类型工程选是，若不适用该类型工程选否）						专家打分	
					输变电工程	主变压器扩建、增容改造工程（含线路）	主变压器扩建、增容改造工程（不含线路）	间隔扩建工程	线路工程（含间隔扩建）	线路工程（不含间隔扩建）	扣分	扣分具体原因描述
2	资料完整性	报告完整性	缺少相关区域光缆路由现状图、本期光缆路由建设示意图、远景光缆路由建设示意图、光通信系统 SDH 网络拓扑图、光通信系统 PTN 网络拓扑图	一般	是	是	是	是	是	是		
3		协议完整性	如涉及，未提供设备退役评估报告	较大	是	是	是	是	是	是		
4	报告准确性	系统通信现状准确性	未描述与工程相关的光缆、通信传输设备等的现状及存在的问题。未描述与工程相关的已立项或在建通信项目情况（相关光缆现状、相关站通信设备现状、站内设施现状列表）等	一般	是	是	是	是	是	是		
5		业务需求分析合理性	未根据各相关的电网通信规划，分析工程在通信各网络中的地位和作用。未分析各业务应用系统（包括保护、安全自动装置、信息系统）对通道数量和技术的要求。未填写通信业务需求表	一般	是	是	是	是	是	是		
6		系统通信方案、设备选型合理性	光缆路由不合理或未满足反措要求。光缆选型不正确。光缆芯数不满足要求。"三跨"同塔双回及以上（含单侧挂线）线路是否一次上齐双光缆。新建 110kV 及以上线路和35kV 单线路接入的末端站点不满足双光缆架设。光缆路径长度与线路长度不一致	一般	是	是	否	否	是	是		
7			系统通信不满足地区通信规划的要求。通信设备选择不符合技术要求。设备形式、数量不满足生产要求；传输设备组网不合理	一般	是	是	是	是	是	是		

续表

序号	评价项目	评分标准	评分细则	问题属性	评分细则适用性（若评价细则适用该类型工程选是，若不适用该类型工程选否）						专家打分	
					输变电工程	主变压器扩建、增容改造工程（含线路）	主变压器扩建、增容改造工程（不含线路）	间隔扩建工程	线路工程（含间隔扩建）	线路工程（不含间隔扩建）	扣分	扣分具体原因描述
8	报告准确性	系统通信方案、设备选型合理性	业务承载方式中工程数据通信网、调度交换网和行政交换网业务接入设备的配置方案（包括设备制式、设备数量、设备容量等情况）不满足要求	一般	是	是	是	是	是	是		
9			通道组织审查业务配置情况，保护通道、调度通道不合理或未满足反措要求	一般	是	是	是	是	是	是		
10			通信过渡方案未说明相关路由组织情况、光缆改造或改接对在运业务的影响。停电条件、铁塔荷载不满足要求	一般	是	是	是	是	是	是		
11			交直流电源系统配置方案、蓄电池组数和容量不符合要求。站内通信设备布置方式、屏位数量不满足要求。机房环境未合理优化	一般	是	是	是	是	是	是		
12		图纸规范性	光缆图应包括工程使用相关光缆的起讫点、型号、芯数、长度等，区分工程新建、已有、在建等光缆线路，并保持与报告文本的一致性。与工程相关的光缆现状错误、缺少相关内容或与文本不一致	一般	是	是	否	是	是	是		
13			SDH 网络拓扑图、PTN/SPN网络拓扑图应包括工程投产后通信通道系统连接，标明节点名称、传输速率等。要求图形比例准确，标注清晰。并保持与说明书文本的一致性。缺少相关内容或与文本不一致	一般	是	是	是	是	是	是		
14		材料计列准确性	材料表设备量、材料量不符合工程规模。估算书中的设备量、材料量与材料表不一致	一般	是	是	是	是	是	是		

续表

序号	评价项目	评分标准	评分细则	问题属性	评分细则适用性(若评价细则适用该类型工程选是,若不适用该类型工程选否)						专家打分	
					输变电工程	主变压器扩建、增容改造工程(含线路)	主变压器扩建、增容改造工程(不含线路)	间隔扩建工程	线路工程(含间隔扩建)	线路工程(不含间隔扩建)	扣分	扣分具体原因描述
15	报告准确性	其他问题	不包含在上述问题中的其他问题,描述不完整、不准确	一般	是	是	是	是	是	是		
16		特色亮点	根据工程实际情况,开展了多方案论证或技术方案比选,或开展了专题专项分析,经审查对可研质量提升有较大作用的,每项加1~5分	一般	是	是	是	是	是	是		
专业扣分												

第六节 线 路 电 气

线路电气可研报告质量评价细则见表3-8。

表3-8　　　　　　　　线路电气可研报告质量评价细则

序号	评价项目	评分标准	评分细则	问题属性	评分细则适用性(若评价细则适用该类型工程选是,若不适用该类型工程选否)						专家打分	
					输变电工程	主变压器扩建、增容改造工程(含线路)	主变压器扩建、增容改造工程(不含线路)	间隔扩建工程	线路工程(含间隔扩建)	线路工程(不含间隔扩建)	扣分	扣分具体原因描述
1	方案合理性	路径方案合理性	线路路径长度超过3km,且路径曲折系数超过1.4的架空线路,未做论证说明且未提前沟通汇报	重大	是	是	否	否	是	是		
2			线路路径涉及风景名胜区、自然保护区、一级水源地保护区、文物保护区、世界文化和自然遗产地等敏感地区,未取得相关协议	重大	是	是	否	否	是	是		

续表

序号	评价项目	评分标准	评分细则	问题属性	评分细则适用性（若评价细则适用该类型工程选是，若不适用该类型工程选否）						专家打分	
					输变电工程	主变压器扩建、增容改造工程（含线路）	主变压器扩建、增容改造工程（不含线路）	间隔扩建工程	线路工程（含间隔扩建）	线路工程（不含间隔扩建）	扣分	扣分具体原因描述
3	方案合理性	路径方案合理性	线路路径与取得的规划协议路径描述不一致的	重大	是	是	否	否	是	是		
4		设计方案合理性	超标准使用电缆、钢管杆，未做论证说明且未提前沟通汇报	重大	是	是	否	否	是	是		
5			存在"搭车"或拆分立项情况，如在可研中计列属于技改等非电网基建范畴的工程或为规避特殊电网项目评审而对项目进行拆分等	重大	是	是	否	否	是	是		
6	资料完整性	报告完整性	说明书中线路电气专业部分不完整，缺少必要的章节	较大	是	是	否	否	是		
7			线路路径长度超过 3km，且路径曲折系数超过 1.2 的架空线路，未做多路径方案技术经济比较	一般	是	是	否	否	是	是		
8			采用钢管杆未进行必要性分析	一般	是	是	否	否	是	是		
9			电缆钻越方案未进行电缆、架空方案技术经济比较	一般	是	是	否	否	是	是		
10			已有线路更换导线或完善挂线，未进行杆塔荷载校验	较大	是	是	否	否	是	是		
11			已有线路更换 OPGW 光缆，未进行杆塔荷载校验	较大	是	是	否	否	是	是		
12			缺少线路路径图（地形图版和卫片图版）、杆塔一览图、基础一览图等主要图纸	一般	是	是	否	否	是	是		
13		协议完整性	缺少自然资源和规划局、乡镇政府等重要协议，或协议超过有效期	重大	是	是	否	否	是	是		
14			缺少压覆矿、文物、人武部等主要协议	较大	是	是	否	否	是	是		

续表

| 序号 | 评价项目 | 评分标准 | 评分细则 | 问题属性 | 评分细则适用性（若评价细则适用该类型工程选是，若不适用该类型工程选否） | | | | | | 专家打分 | |
					输变电工程	主变压器扩建、增容改造工程（含线路）	主变压器扩建、增容改造工程（不含线路）	间隔扩建工程	线路工程（含间隔扩建）	线路工程（不含间隔扩建）	扣分	扣分具体原因描述
15	资料完整性	协议完整性	涉及却未取得高速公路、铁路、公路、民航、军事、水利、海事、林业（畜牧）、油气管道等协议	较大	是	是	否	否	是	是		
16			涉及却未取得设备退役报告、过生态红线不可避让报告	较大	是	是	否	否	是	是		
17	报告准确性	设计方案准确性	单项工程名称不符合工程命名规则	一般	是	是	否	否	是	是		
18			线路改、π、T 接方案不合理	一般	是	是	否	否	是	是		
19			三跨线路不符合相关三跨设计要求	较大	是	是	否	否	是	是		
20			导线一般采用节能导线，腐蚀地区可采用耐腐蚀类导线，但需进行必要的论证分析，导线选型不合理	一般	是	是	否	否	是	是		
21			地线选型不符合导、地线配合要求	一般	是	是	否	否	是	是		
22			通用设计塔型选择错误，与实际采用的导、地线型号或实际气象条件不匹配	较大	是	是	否	否	是	是		
23			绝缘配置、防舞动措施、防鸟害措施等超标准设计且未提供有力支撑材料	一般	是	是	否	否	是	是		
24			电缆选型不合理，如电缆型号不符合输送容量需求、防水、阻燃需求等	一般	是	是	否	否	是	是		
25		设计数据准确性	按照最新的污区、风区、冰区、舞动区等分布图确定相关设计参数，超标准设计未提供有力支撑材料	一般	是	是	否	否	是	是		
26			杆塔数量裕度过大，转角塔比例裕度过大，I 型塔比例小于 35%	一般	是	是	否	否	是	是		

续表

序号	评价项目	评分标准	评分细则	问题属性	输变电工程	主变压器扩建、增容改造工程（含线路）	主变压器扩建、增容改造工程（不含线路）	间隔扩建工程	线路工程（含间隔扩建）	线路工程（不含间隔扩建）	扣分	扣分具体原因描述
							评分细则适用性（若评价细则适用该类型工程选是，若不适用该类型工程选否）					专家打分
27	报告准确性	设计数据准确性	线路电气材料统计有误	一般	是	是	否	否	是	是		
28			清赔量过大，且未提供有力支撑材料	一般	是	是	否	否	是	是		
29			材料清册数量与估算书数量不一致	一般	是	是	否	否	是	是		
30		其他问题	不包含在上述问题中的其他问题，描述不完整、不准确	一般	是	是	否	否	是	是		
31		特色亮点	根据工程实际情况，可研方案合理，协议齐全，规模描述清晰，材料量统计准确，经审查对可研质量提升有较大作用的，每项加1~5分	一般	是	是	否	否	是	是		
专业扣分												

第七节 线 路 结 构

线路结构可研报告质量评价细则见表3-9。

表3-9　　　　　　　　线路结构可研报告质量评价细则

序号	评价项目	评分标准	评分细则	问题属性	输变电工程	主变压器扩建、增容改造工程（含线路）	主变压器扩建、增容改造工程（不含线路）	间隔扩建工程	线路工程（含间隔扩建）	线路工程（不含间隔扩建）	扣分	扣分具体原因描述
							评分细则适用性（若评价细则适用该类型工程选是，若不适用该类型工程选否）					专家打分
1	协议完整性	支撑性文件	缺少盖章版岩土工程勘察报告、水文勘测报告书	较大	是	是	否	否	是	是		

续表

序号	评价项目	评分标准	评分细则	问题属性	评分细则适用性（若评价细则适用该类型工程选是，若不适用该类型工程选否）						专家打分	
					输变电工程	主变压器扩建、增容改造工程（含线路）	主变压器扩建、增容改造工程（不含线路）	间隔扩建工程	线路工程（含间隔扩建）	线路工程（不含间隔扩建）	扣分	扣分具体原因描述
2	方案合理性	杆塔选型合理性	未根据气象条件，按《35~750kV线路杆塔通用设计模块》合理选用杆塔型式	较大	是	是	否	否	是	是		
3			线路"三跨"段杆塔选型，杆塔结构重要性系数低于1.1	一般	是	是	否	否	是	是		
4		基础选型合理性	未根据岩土工程勘察报告合理选择基础型式	一般	是	是	否	否	是	是		
5		材料规格合理性	杆塔材料、基础材料（混凝土、钢筋、地脚螺栓）选择正确不合规	一般	是	是	否	否	是	是		
6		措施完整性	未根据岩土工程勘察报告采用合理的防腐蚀措施。根据工程实际，无防腐措施或防腐措施不合理	一般	是	是	否	否	是	是		
7			未根据线路所处的舞动区段采取正确的防舞动、防松措施	一般	是	是	否	否	是	是		
8			缺少十八项反措执行情况	一般	是	是	否	否	是	是		
9	图纸准确性	杆塔一览图	未标注呼高、根开、塔头尺寸、杆塔全高。未附杆塔设计条件一览表。塔型数量、材料表与说明书不一致	一般	是	是	否	否	是	是		
10		基础一览图	未标注基础根开、尺寸、埋深、地脚螺栓材质、质量，基础钢筋质量。塔型数量、材料表与说明书不一致	一般	是	是	否	否	是	是		
11		材料表准确	材料表中规格型号、计量单位、数量不正确	一般	是	是	否	否	是	是		

续表

序号	评价项目	评分标准	评分细则	问题属性	评分细则适用性（若评价细则适用该类型工程选是，若不适用该类型工程选否）					专家打分	
					输变电工程	主变压器扩建、增容改造工程（含线路）	主变压器扩建、增容改造工程（不含线路）	间隔扩建工程	线路工程（含间隔扩建）	线路工程（不含间隔扩建）	扣分	扣分具体原因描述
12	图纸准确性	材料表准确	铁塔单公里指标，未参照通用造价指标及其他同类工程指标水平，塔材指标偏高或偏低	一般	是	是	否	否	是	是		
13			混凝土单公里指标，未结合耐张塔比例、跨树比例、特殊基础型式等综合考虑，基础指标偏大或偏小	一般	是	是	否	否	是	是		
14		其他问题	不包含在上述问题中的其他问题，描述不完整、不准确	一般	是	是	否	否	是	是		
15		特色亮点	根据工程实际情况，开展了多方案论证或技术方案比选，或开展了专题专项分析，经审查对可研质量提升有较大作用的，每项加1～5分	一般	是	是	否	否	是	是		
专业扣分												

第八节 变 电 技 经

变电技经可研报告质量评价细则见表3-10。

表3-10　　　　　　　　　变电技经可研报告质量评价细则

序号	评价项目	评分标准	评分细则	问题属性	评分细则适用性（若评价细则适用该类型工程选是，若不适用该类型工程选否）					专家打分	
					输变电工程	主变压器扩建、增容改造工程（含线路）	主变压器扩建、增容改造工程（不含线路）	间隔扩建工程	线路工程（含间隔扩建）	线路工程（不含间隔扩建）	扣分	扣分具体原因描述
1	资料完整性	估算书完整性	对于一笔性费用，未提供小估算做支撑	较大	是	是	是	是	是	否		
2			导出的估算书不符合评审要求，缺少勘察设计费等报表	一般	是	是	是	是	是	否		

序号	评价项目	评分标准	评分细则	问题属性	输变电工程	主变压器扩建、增容改造工程（含线路）	主变压器扩建、增容改造工程（不含线路）	间隔扩建工程	线路工程（含间隔扩建）	线路工程（不含间隔扩建）	扣分	扣分具体原因描述
						评分细则适用性（若评价细则适用该类型工程选是，若不适用该类型工程选否）					专家打分	
3	资料完整性	说明书完整性	说明书中技经部分，如工程投资、附表等存在描述错误或缺项漏项	一般	是	是	是	是	是	否		
4	财务合规性	费用合规性	投资估算内存在"搭车现象"	重大	是	是	是	是	是	否		
5			赔偿未提供相关依据、赔偿标准未按照当地政府相关文件	较大	是	是	是	是	是	否		
6			特殊的材料、设备未提供询价单	一般	是	是	是	是	是	否		
7		取费合规性	监理费、项目前期费等未执行相关文件规定	一般	是	是	是	是	是	否		
8			计列项目后评价费、总体设计费、环保监测验收费、管理车辆购置费等不合理费用	一般	是	是	是	是	是	否		
9			材料设备未区分甲乙供，设备材料性质划分不正确	一般	是	是	是	是	是	否		
10			资本金未按照20%计列	一般	是	是	是	是	是	否		
11	估算书准确性	工程量准确性	可研估算与可研报告工程量不一致、有缺项漏项	一般	是	是	是	是	是	否		
12		取费准确性	取费标准、定额未根据工程性质、工程实际进行准确选取，例如电缆、二次设备等调试的计取不准确，特殊调试未按文件执行	一般	是	是	是	是	是	否		
13			装置性材料、地材价格以及人工、材料、机械调整系数、建设期贷款利息未执行最新文件	一般	是	是	是	是	是	否		
14			电力电缆、控制电缆未按最新的协议库存价找价差	一般	是	是	是	是	是	否		
15		其他问题	不包含在上述问题中的其他问题，描述不完整、不准确	一般	是	是	否	否	是	是		

续表

序号	评价项目	评分标准	评分细则	问题属性	输变电工程	主变压器扩建、增容改造工程（含线路）	主变压器扩建、增容改造工程（不含线路）	间隔扩建工程	线路工程（含间隔扩建）	线路工程（不含间隔扩建）	扣分	扣分具体原因描述
			评分细则适用性（若评价细则适用该类型工程选是，若不适用该类型工程选否）								专家打分	
16	特色亮点		根据工程实际情况，开展了多方案论证或技术方案比选，或开展了专题专项分析，经审查对可研质量提升有较大作用的，每项加1～5分	一般	是	是	否	否	是	是		
专业扣分												

第九节 线 路 技 经

线路技经可研报告质量评价细则见表3-11。

表 3-11　　　　　　　　变电技经可研报告质量评价细则

序号	评价项目	评分标准	评分细则	问题属性	输变电工程	主变压器扩建、增容改造工程（含线路）	主变压器扩建、增容改造工程（不含线路）	间隔扩建工程	线路工程（含间隔扩建）	线路工程（不含间隔扩建）	扣分	扣分具体原因描述
			评分细则适用性（若评价细则适用该类型工程选是，若不适用该类型工程选否）								专家打分	
1	资料完整性	估算书完整性	对于一笔性费用，未提供小估算做支撑	较大	是	是	否	否	是	是		
2			导出的估算书不符合评审要求，缺少勘察设计费等报表	一般	是	是	否	否	是	是		
3		说明书完整性	说明书中技经部分，如工程投资、附表等存在描述错误或缺项漏项	一般	是	是	否	否	是	是		
4	财务合规性	费用合规性	存在搭车或拆分立项情况，如在可研中计列属于技改等非电网基建范畴的工程，或为规避特殊电网项目评审而对项目进行拆分等	重大	是	是	否	否	是	是		

续表

| 序号 | 评价项目 | 评分标准 | 评分细则 | 问题属性 | 评分细则适用性（若评价细则适用该类型工程选是，若不适用该类型工程选否） | | | | | | 专家打分 | |
					输变电工程	主变压器扩建、增容改造工程（含线路）	主变压器扩建、增容改造工程（不含线路）	间隔扩建工程	线路工程（含间隔扩建）	线路工程（不含间隔扩建）	扣分	扣分具体原因描述
5	财务合规性	费用合规性	赔偿未提供相关依据、赔偿标准未按照当地政府相关文件	较大	是	是	否	否	是	是		
6			特殊的材料、设备未提供询价单	一般	是	是	否	否	是	是		
7		取费合规性	监理费、项目前期费等未执行相关文件规定	一般	是	是	否	否	是	是		
8			计列项目后评价费、总体设计费、环保监测验收费、管理车辆购置费等不合理费用	一般	是	是	否	否	是	是		
9			材料设备未区分甲乙供，设备材料性质划分不正确	一般	是	是	否	否	是	是		
10			资本金未按照20%计列	一般	是	是	否	否	是	是		
11	估算书准确性	工程量准确性	可研估算与可研报告工程量不一致、有缺项漏项	一般	是	是	否	否	是	是		
12		取费准确性	取费标准、定额已执行相关文件，但未根据工程性质进行准确选取	一般	是	是	否	否	是	是		
13			装置性材料、地材价格以及人工、材料、机械调整系数、建设期贷款利息未执行最新文件	一般	是	是	否	否	是	是		
14		费用合理性	工程地形、地质、运距、勘察费等与工程实际不符	一般	是	是	否	否	是	是		
15		其他问题	不包含在上述问题中的其他问题，描述不完整、不准确	一般	是	是	否	否	是	是		
16		特色亮点	根据工程实际情况，开展了多方案论证或技术方案比选，或开展了专题专项分析，经审查对可研质量提升有较大作用的，每项加1~5分	一般	是	是	否	否	是	是		
专业扣分												

第四章

电网基建项目可研报告常见问题清册

第一节 系 统

系统可研报告常见问题清册见表 4-1。

表 4-1　　　　　　　　　系统可研报告常见问题清册

序号	专业子项	问题编号	问题名称	问题描述	原因及解决措施
1	电网现状	XT-XZ-01	电力系统现状未更新	2022 年的可研电力系统现状更新至 2021 年底数据	可研报告中的内容需及时更新调整。按照《220kV 及 110（66）kV 输变电工程可行性研究内容深度规定》《配电网规划设计技术导则》及 110（35）kV 电网项目可研评审要点清单等相关要求，深化可研内容
2	电网现状	XT-XZ-02	电网地理接线图不正确	核实现状、投产前、本期和远期地理接线图是否齐全、是否正确	地理接线图与电网规划须对应。逐图核对地理接线图中接入系统、投产年份等是否正确
3	电网现状	XT-XZ-03	电网现状描述不全	电网现状中缺少周边变电站负荷情况，缺少现状相关导线截面信息，缺少 10kV 配出及联络情况，以及区域 35kV 网架改接分析	须按可研模板完善相关电网现状。既要说明工程所在行政区域（县、区）的概况，还要说明工程主要供电区域的概况，输变电工程报告中除 35kV 地理接线示意图外，还须附该区域 10kV/电网地理接线示意图（10kV 电压等级）
4	负荷预测	XT-FH-01	负荷预测未更新	负荷预测以 2022 年为现状年，增加 2026 年、2030 年负荷预测及增速预测	可研报告中的内容须及时更新调整。按照 110（35）kV 电网项目可研评审要点清单等相关要求，负荷预测至少到项目投产后 3 年、展望到规划期末。深化可研内容
5	负荷预测	XT-FH-02	负荷预测内容不全	（1）供电片区负荷预测仅有用户报装表，缺少负荷分析。（2）补充给该区域供电的现状变电站的负载率情况（由区外变电站供电的也须补充）	可研报告中负荷预测内容不完整。负荷预测既要有工程所在行政区域（县、区）的负荷预测，还要有工程主要供电区域的负荷预测

续表

序号	专业子项	问题编号	问题名称	问题描述	原因及解决措施
6	负荷预测	XT-FH-03	负荷预测合理性不足	（1）与本地市负荷增长率平均水平相比过大的负荷增长率要有依据，需提供报装容量列表。且负荷增速与负荷数据无法对应，应核实。 （2）核实供电片区负荷及电量增长预测表数据的合理性。补充建设项目报装具体明细。 （3）根据变电站远期规划2台63MVA主变压器的依据，片区负荷增速0.23%，应核实是否准确	需确保负荷预测数据的合理。 过大的负荷增长率（与本地市负荷增长率平均水平相比）要有依据，如企业报装容量列表。对新增负荷项目要具体描述，如规划规模、一期规模及投产时间、报装容量、预计最大负荷等。负荷需求预测应能够支撑工程建设的必要性
7	建设必要性	XT-BY-01	工程建设必要性不充分	（1）补充建设必要性说明。 （2）完善建设必要性，可从主变压器 $N-1$ 情况论证。 （3）进一步梳理项目的建设必要性，以及与区域远期规划的衔接情况。 （4）变电站轻载，区东周边供电区域内的110kV整体容载比过高，应明确是否可以通过10kV改接提升整体设备利用率，完善建设必要性	需充分论证建设必要性。 按照《220kV及110（66）kV输变电工程可行性研究内容深度规定》《配电网规划设计技术导则》及110（35）kV电网项目可研评审要点清单等相关要求，深化可研内容
8	建设必要性	XT-BY-02	建设规模必要性不充分	（1）建设必要性中应提及用户站拟定的接入方案，对于间隔扩建必要性。 （2）补充扩建3号主变压器间隔的必要性。 （3）工程远期规划图中仍为2回进线，应补充变电站远期4回进线的必要性及相关线路去向说明。 （4）在导线截面选择中，应补充采用2×300双分裂导线的必要性内容	需充分论证建设必要性，避免项目搭车情况，避免超前建设、超规模建设
9	建设规模	XT-GM-01	建设规模描述不清	（1）导线截面选择未提供合理依据。 （2）建设规模中不涉及对侧间隔保护改造工程与系统二次配置四套保护不符。 （3）导线截面选择中未提及电缆选型	建设规模描述需清楚准确。 按照《220kV及110（66）kV输变电工程可行性研究内容深度规定》《配电网规划设计技术导则》及110（35）kV电网项目可研评审要点清单等相关要求，深化可研内容
10	建设规模	XT-GM-02	建设规模与规划不一致	（1）主变压器容量选择与规划项目建议表中不一致，应核实。 （2）可研投资超规划投资211%，应核实	建设规模应与规划相对应，如与电网规划方案有较大变动，及时履行规划变更手续

续表

序号	专业子项	问题编号	问题名称	问题描述	原因及解决措施
11	章节完整性	XT-ZJ-01	章节不完整	（1）缺少中性点接地方式选择章节。 （2）缺少电力系统平衡章节，建议补充	应严格按照可研编制模板编制可研；按照《220kV及110（66）kV输变电工程可行性研究内容深度规定》深化可研内容
12	电气计算	XT-JS-01	短路电流计算问题	（1）三相短路电流已越限，应分析说明原因及解决办法。 （2）短路电流计算应计算相关变电站各级电压母线上的三相及单相短路容量、短路电流，并校核已有断路器的适应性。 （3）短路电流计算应计算相关变电站各级电压母线上的三相及单相短路容量、短路电流，选择断路器的遮断容量（含10kV）	系统的短路电流宜限制在合理的水平。电气计算需准确，并以电气计算支撑本侧及相关变电站设备选型，对不满足要求设备应核实是否需要更换或采取相应措施保证系统短路电流水平
13	电气计算	XT-JS-01	短路电流计算内容不全	（1）补充短路电流计算边界条件。 （2）提供单相短路电流计算结果。 （3）短路电流水平应补充完善相关计算数据及对侧站开断电流	短路电流计算结果需齐全，根据电网规划水平年电网网架，按远景10年以上，系统最大运行方式下，计算本站的各级电压母线上的三相及单相短路容量、短路电流
14	电气计算	XT-JS-02	潮流计算问题	（1）潮流计算未描述故障运行方式。 （2）补充电气计算中潮流计算数据	可以省略潮流计算的条件：开环运行，可以通过地理接线图及运行方式推算出每条线路上流过的潮流。省略潮流计算时，也要说明正常运行方式及各种故障运行方式，包括变压器并列、分列运行方式。 除上述条件外必须进行潮流计算，进行潮流计算时，需要说明计算工具、计算水平年、计算边界条件、运行方式。 注意事项：校核正常方式及$N-1$情况下设备过负荷、线路过流情况，其中$N-1$情况下要考虑备自投装置动作后，负荷备投至其他变电站，是否会造成其他变电站设备过载
15	电气计算	XT-JS-03	无功计算问题	电抗器的配置应提供详细的依据	对于电缆使用较多区域，新建110kV变电站时，应专题论证是否需要配置感性无功
16	设计规范	XT-GF-01	设计规范未更新	《环境影响评价技术导则 声环境》（HJ 2.4—2009）、《环境影响评价技术导则 生态影响》（HJ 19—2011）等标准，应更新为最新版	规范及导则等可研编制依据不能套用前期类似工程。需及时更新规范，切实落实相关规范、标准等要求

续表

序号	专业子项	问题编号	问题名称	问题描述	原因及解决措施
17	协议	XT-XY-01	支撑文件不全	（1）停电过渡方案需要需取得运检、调度部门书面意见。 （2）缺少市公司评审会议纪要，各部门评审清单签字确认单。 （3）缺少拆除明细及废旧物资退役报告，缺少利旧线路情况说明。 （4）无调度命名文件。 （5）可研报告中未提供工程咨询单位资信证书	需及时拿取协议、意见等。 按照《220kV 及 110（66）kV 输变电工程可行性研究内容深度规定》《配电网规划设计技术导则》及 110（35）kV 电网项目可研评审要点清单等相关要求，深化可研内容

第二节 变 电 一 次

变电一次可研报告常见问题清册见表 4-2。

表 4-2　　　　　　　　　　变电一次可研报告常见问题清册

序号	专业子项	问题编号	问题名称	问题描述	原因及解决措施
1	主接线ZJX	YC-ZJX-01	未达到建设规模，超前建设双母线分段	220kV 出线 6 回，主变压器 3 台，未达到双母线双分段主接线的应用回路要求，直接采用。说明中也未提及采用双母线双分段的原因	未紧扣设计控制条件。应严格执行相关规程规范，根据出线和变压器等连接元件总数合理选择电气主接线。若系统需要，则应详细论述
2	主接线ZJX	YC-ZJX-02	无特殊理由超规模建设	远期 2 线 3 变扩大内桥接线，本期 2 线 2 变未采用内桥接线，而是采用扩大内桥接线，提前将第 2 个桥间隔和第 3 个主变压器间隔建设，且未说明原因。低压侧本期建设一段母线，但是把分段和隔离两面开关柜本期一并建设	未结合工程实际情况合理选择主接线，造成资源浪费。若工程实际需要，应做相应的专题论述
3	主接线ZJX	YC-ZJX-03	扩建改造工程主接线及总平面图深度不足	改扩建工程主接线及总平面中现状、本期及远景预留部分不能表达完整	内容深度不足。图纸应反映本期及远景接线（扩建工程还应反映现状接线）。对工程的现状、本期及远景预留部分应加以区分
4	主接线ZJX	YC-ZJX-04	GIS 备用出线间隔没有出线方向	220kV 变电站新建工程中，220、110kV GIS 出线间隔一次设备本期上齐，但没有出线方向，仅作备用间隔	设计深度不足

序号	专业子项	问题编号	问题名称	问题描述	原因及解决措施
5	主接线ZJX	YC-ZJX-05	变电站采用户内GIS方案,避雷器重复设置,增加工程设备投资	变电站采用户内GIS方案,110kV架空线路设置了线路避雷器,GIS母线也设置了避雷器,避雷器重复设置,增加工程设备投资	根据《交流电气装置的过电压保护和绝缘配合设计规范》(GB 50064),当金属氧化物避雷器至被保护设备的最大电气距满足要求时,可不设母线避雷器。设计需严格核实避雷器保护范围
6	主接线ZJX	YC-ZJX-06	3/2接线方式的选择	对3/2接线方式的变电站,当变压器两台及以下时,不得将主变压器直接接在母线上;当变压器超过两台时,其中两台进串,其他变压器可不进串,直接经断路器接母线	应加强学习严格执行《国家电网公司关于印发电网设备技术标准差异条款统一意见的通知》(国家电网科〔2017〕549号)的规定
7	主接线ZJX	YC-ZJX-07	主接线选择	(1)220kV及以上枢纽变电站和110kV及以下给重要用户供电变电站且联结元件总数为6回及以上时,应采用双母分段接线或3/2接线方式。(2)3/2接线方式下同一电源点的两回进线不能在同一串内,母线或任一出线检修时均不应出现变电站全停的情况	应加强学习严格执行《国家电网公司关于印发防止变电站全停十六项措施(试行)的通知》(国家电网运检〔2015〕376号)的规定
8	主接线ZJX	YC-ZJX-08	主接线选择	(1)根据电网系统容量及建设规模审查系统母线接线方式是否符合本期及远期运行要求。(2)根据方案的建设规模,合理选用单母线分段、两个独立的单母线和单母三分段接线方式,并根据出线、占地面积合理采用双列或单列布置	应加强学习严格执行《国家电网公司关于印发防止变电站全停十六项措施(试行)的通知》(国家电网运检〔2015〕376号)的规定
9	主接线ZJX	YC-ZJX-09	主接线方案未采用通用设计	35kV变电站35kV 2线3变,采用扩大内桥接线形式	根据进出线规模,依据通用设计可采用单母线分段接线形式
10	主接线ZJX	YC-ZJX-10	GIS母线避雷器和电压互感器装设隔离开关	为便于试验和检修,十八项反措规定:对于一个半断路器接线,GIS母线避雷器和电压互感器不应装设隔离开关,宜设置可拆卸导体作为隔离装置	应加强最新规程规范的学习,按照最新版十八项反措要求严格执行

序号	专业子项	问题编号	问题名称	问题描述	原因及解决措施
11	主接线ZJX	YC-ZJX-11	缺少对侧设备参数，未对现有设备进行校验	未描述对侧变电站配电装置参数（例如：远期、现状进出线规模、接线形式，断路器、互感器等主设备参数），未说明现有设备是否满足本期接入要求的校验结果	设计深度不足。收集工程前期资料，细化设计方案
12	主接线ZJX	YC-ZJX-12	缺少本期上远期110kV母线侧隔刀地刀必要性描述	本期上远期110kV母线侧隔刀地刀没有必要性描述	增加上远期110kV母线侧隔刀地刀必要性描述
13	总平面ZPM	YC-ZPM-01	主变压器应按通用设备尺寸布置	平面布置图中主变压器应按通用设备尺寸布置	应加强最新规程规范的学习，按照最新版通用设备要求严格执行
14	总平面ZPM	YC-ZPM-02	设备布置方式选择理由不充分	未根据周边环境及污区等级合理选择户内、户外布置	110～220kV智能变电站通用设计方案的选择：A1方案适用于城郊、经济技术开发区、高地震烈度地区、高海拔地区、污秽较严重地区等；A2方案适用于城市中心、腐蚀严重地区、重污秽地区、进出线均为电缆的工程、对噪声环境要求较高地区、人口密度高、土地昂贵的地区等；A3方案适用于城市近郊、城市开发区、受征地限制的地区、污秽较严重地区、架空出线条件困难的工程、对噪声环境要求较高的地区等；在A1、A3方案比选时，注意污秽条件不是区分两方案的理由，应从征地限制等方面考虑
15	总平面ZPM	YC-ZPM-03	通用设计方案选择理由不充分	新建工程未采用通用设计方案	原则上应全面采用《国家电网公司标准化成果（35～750kV输变电工程通用设计、通用设备）应用目录（2021年版）》中通用设计方案
16	总平面ZPM	YC-ZPM-04	设备尺寸未按照通用设备尺寸布置	平面布置图中的设备尺寸未按照通用设备尺寸要求布置	原则上应全面采用《国家电网公司标准化成果（35～750kV输变电工程通用设计、通用设备）应用目录（2021年版）》中通用设备尺寸要求
17	总平面ZPM	YC-ZPM-05	平面布置未满足规范要求	设备布置紧凑的情况下，没有校核安全净距、运行及检修通道尺寸是否满足规范要求	设备布置应满足规范要求的安全净距、运行及检修通道尺寸要求

序号	专业子项	问题编号	问题名称	问题描述	原因及解决措施
18	总平面ZPM	YC-ZPM-06	独立避雷针布置位置应合理	独立避雷针距离道路、电缆沟距离小于 3m，不满足设计规程要求	独立避雷针的设置尽量距离道路大于 3m。在独立避雷针距离道路无法大于 3m 的情况下，根据 GB/T 50064—2014 规定，独立避雷针及其集中接地装置距道路距离小于 3m 时应采取均压措施，或铺设砾石或沥青地面
19	总平面ZPM	YC-ZPM-07	全户内方案缺少规划图	全户内方案说明中缺少规划图	全户内方案说明中补充规划图
20	设备及导体SD	YC-SD-01	未采用通用设备	主变压器、开关柜或者敞开式设备中断路器、隔离开关的额定电流和额定短路开断电流（额定短时耐受电流）应与通用设备参数一致	原则上应全面采用《国家电网公司标准化成果（35～750kV 输变电工程通用设计、通用设备）应用目录（2021 年版）》中通用设备
21	设备及导体SD	YC-SD-02	设备及导体选择	增容、扩建工程未核实前期设备是否满足增容、扩建需求，未核实主变压器是否满足并列运行条件	主变压器增容、扩建工程需注意与已有工程的协调，校核现有电气设备及相关部分的适应性，核实前期设备是否满足额定电流、短路电流要求，并论述主变压器是否满足并列运行要求
22	设备及导体SD	YC-SD-03	短路电流计算	未说明计算依据和条件，包括水平年、接线形式、运行方式及系统容量等	短路电流计算应说明计算依据和条件，包括水平年、接线形式、运行方式及系统容量等
23	设备及导体SD	YC-SD-04	电容器串抗	电容器的串抗率配置未说明清楚，对系统中三次谐波、五次谐波等情况的收资不完善	当谐波为 5 次及以上时，电抗率宜取 5%；当谐波为 3 次及以上时，电抗率宜取 12%，也可采用 5%与 12%两种电抗率混装方式
24	设备及导体SD	YC-SD-05	消弧线圈容量选择有误	电容电流的计算范围不准确，影响消弧线圈及接地变压器成套装置的容量选择	每段母线消弧线圈容量配置根据相应出线回路数量及出线长度计算电容电流
25	设备及导体SD	YC-SD-06	电容器分组容量技术	缺少本期新增的电容器不等量分组分析计算依据	根据《电力系统无功补偿技术导则》（Q/GDW 10212—2019）要求，增加本期电容器不等量分组分析计算
26	设备及导体SD	YC-SD-07	高地震烈度地区变电站抗震设计深度不足	站址位于高地震烈度地区，抗震专题研究较为简单，主要抗震措施为电气设备加装隔震螺栓和隔震垫	设计单位未进行深入的专题抗震研究，充分调研各类设备的抗震试验情况。工程设计时，可研选址设计阶段应尽量避开 9 度地震区，如确实不能避免，则设计单位应进行深入的专题抗震研究，充分调研各类设备的抗震试验情况，取得详细的设备试验报告，并开展必要的多方案比较

序号	专业子项	问题编号	问题名称	问题描述	原因及解决措施
27	设备及导体SD	YC-SD-08	避雷器配置及布置	变电站采用户内 GIS 方案时，220、110kV 架空线路设置了线路避雷器，GIS 母线也设置了避雷器，避雷器重复设置了；主变压器进线开关柜避雷器设置在柜内，不符合十八项反措要求	220、110kV 架空线路设置了线路避雷器，GIS 母线不重复设置避雷器；主变压器中、低压侧进线避雷器不宜布置在进线开关柜内
28	设备及导体SD	YC-SD-09	同塔并架平行长线路缺少电磁感应、静电感应电流电压计算	220～750kV 同塔并架平行长线路未进行电磁感应、静电感应电流电压计算，仅凭经验对线路侧接地开关按 B 类选择，经补充计算，电磁感应电流超过B类接地开关的开合感应能力，调整为超 B 类。设备选择型号不匹配，可能危害设备及人身安全	变电专业与线路专业间协调完成相关资料，进行电磁感应、静电感应电流电压计算，依据《高压交流隔离开关和接地开关》（DL/T 486—2010）附录 C，选择符合要求的接地开关。设计文件中需提交计算结果，根据计算结果确定合理的选型方案
29	设备及导体SD	YC-SD-10	500kV 变电站220kV 侧单相接地短路电流超限值未采取相应措施	220kV 侧单相接地短路电流超限值未采取相应措施	根据《500kV 变压器中性点接地电抗器选用导则》（DL/T 1389—2014）规定，220kV 侧单相接地短路电流超限值时，可用中性点接地电抗器进行限制
30	设备及导体SD	YC-SD-11	间隔扩建、线路改接或升容改造工程缺少相关在运设备校核计算	针对间隔扩建、线路改接或升容改造工程，设备导体选型仅对本期扩建的相应间隔行短路电流、载流量计算，未根据系统提资对在运母线的穿越功率、母联间隔、分段间隔等设备及导线进行短路电流、载流量校核	设计单位应充分掌握初步设计内容深度规定，准确收资一期工程设备参数，严格校验在运相关设备是否满足扩建、改接或升容改造的需求，根据实际情况明确是否涉及设备、导体的改造及更换
31	设备及导体SD	YC-SD-12	主变压器并列条件未比较	主变压器扩建工程未对本期主变压器与前期主变压器并列运行条件进行详细说明	主变压器扩建工程应详细说明前期主变压器容量比、电压比、阻抗等参数，并与本期主变压器并列运行条件进行分析
32	设备及导体SD	YC-SD-13	缺少母线接地开关配置的计算	母线接地开关配置方案简单地照搬通用设计，未进行母线电磁感应电压的计算，母线接地刀随意配置	对母线电磁感应电压危害性认识不足。需按照《电力工程电气设计清册电气一次部分》进行母线电磁感应电压的计算，确定母线接地开关配置方案
33	设备及导体SD	YC-SD-14	扩建工程设计未核实 3/2 接线中断路器是否具备加装合闸电阻的条件	前期不完整串中断路器未设合闸电阻，后期扩建成完整串时，中断路器需要补充合闸电阻，需对前期的 HGIS (GIS) 中断路器整体更换	扩建工程设计需查实清楚原有系统、原有设备相关情况，若存在前期设备不满足本期工程接入要求的情况时，需提出合理的技术方案并计列相应的改造费用

续表

序号	专业子项	问题编号	问题名称	问题描述	原因及解决措施
34	设备及导体 SD	YC-SD-15	GIS 设备未预留扩建用过渡气室	220kV 新建变电站，远景 220kV 出线 6 回，3 台主变压器，本期建设 220kV 出线 4 回，2 台主变压器，本期预留了母线已上的 3 号主变压器间隔母线侧隔离开关，远景备用间隔在母线最两端，本期备用间隔的母线未上。设计未预留扩建用过渡气室，使得 GIS 扩建停电时间延长，造成不必要的停电损失	设计对 GIS 扩建过程不了解。应在 GIS 设备设计时对母线扩建端和预留备用间隔隔离开关设置相应的过渡气室
35	设备及导体 SD	YC-SD-16	间隔扩建、线路改接或升容改造工程缺少相关在运设备校核计算，存在安全隐患	针对间隔扩建、线路改接或升容改造工程，设备导体选型仅对本期扩建的相应间隔行短路电流、载流量计算，未根据系统提资对在运母线的穿越功率、母联间隔、分段间隔等设备及导线进行短路电流、载流量校核	设计单位应充分掌握初步设计内容深度规定，准确收资一期工程设备参数，严格校验在运相关设备是否满足扩建、改接或升容改造的需求，根据实际情况明确是否涉及设备、导体的改造及更换
36	设备及导体 SD	YC-SD-17	未按智能变电站通用设计原则配置 TA 绕组	500kV 智能变电站 220kV 配电装置采用 GIS 设备，出线间隔 TA 二次侧采用 5 次级，5P/5P/5P/0.5s/0.5s，而智能变电站通用设计 220kV 出线间隔的 TA 二次侧采用 4 次级，5P/5P/0.2s/0.2s，设计未按智能变电站的配置原则设置 TA 绕组，造成 TA 绕组配置不合理	设计未执行通用设计应按智能变电站通用设计原则优配置 TA 绕组
37	设备及导体 SD	YC-SD-18	高压并联电抗器出口隔离开关设置论证不足，造成技术方案不合理	330～750kV 变电站的线路高压电抗器，设计未对高压并联电抗器与线路是否需同投同退做充分论证，直接套用通用设计未设置高压电抗器回路隔离开关，造成高压电抗器检修不满足运维要求，或是简单根据经验设置高压电抗器回路隔离开关，造成不必要的设备投资及占地浪费	设计人员应根据系统情况，结合过电压计算、潜供电流计算充分论证，如线路高压电抗器与线路必须同时投退，建议取消隔离开关；如高压电抗器退出后线路具备单独运行的工况，则予以保留
38	设备及导体 SD	YC-SD-19	电容器出线断路器选型不满足要求	10kV 电容器容量 8Mvar，选真空断路器。设备不满足现场实际需求	根据《国网基建部关于进一步明确变电站通用设计开关柜选型技术原则的通知》对于电容器组电流大于 400A 的电容器回路时，建议配置 SF_6 断路器

序号	专业子项	问题编号	问题名称	问题描述	原因及解决措施
39	设备及导体SD	YC-SD-20	短路电流计算及设备选择结果不完整	短路电流计算及设备选择中未说明计算依据和条件（包括水平年，接线，运行方式及系统容量等），未体现主变压器不同并列运行情况下的短路电流计算结果，未体现主要电气设备选择结果	未按照《国家电网公司输变电工程初步设计内容深度规定》要求开展设计工作。短路电流计算及主要设备选择部分计算成果应包括短路电流计算阻抗图、短路电流计算结果表、主要电气设备选择结果表
40	设备及导体SD	YC-SD-21	缺少使用充气柜说明	缺少新建35kV开闭所使用充气柜必要性说明	补充使用充气柜必要性说明
41	设备及导体SD	YC-SD-22	开关柜主母线布置形式掌握不全面	工程扩建，对原开关柜主母线布置收资深度不足，导致施工阶段扩建柜体与前期母线无法对接	可研阶段应做好前期设备收资，鉴于开关柜均为密封设备，主母线位置不好现场判断，建议在一期工程施工图中，增加开关柜内部结构断面图，便于后期扩建收资
42	配电装置PD	YC-PD-01	缺少多方案比选，配电装置的形式选择不合理	新建220kV变电站远期主变压器3台、220kV出线4回、110kV出线12回。站址高差很大，土方工程量大，初设未进行多方案比较，直接采用AIS方案	站址条件差，仍按照工程惯例设计，未针对工程特点进行方案比选，优化设备选型。应补充专题论证，开展多方案比选，提出最优的设计方案
43	配电装置PD	YC-PD-02	隔离开关电气距离校验未考虑打开状态	主变压器中性点隔离开关打开时的方向，与防火墙的安全距离不满足要求；未考虑设备各种工况下运行需求，如刀闸分位时对架构爬梯的安全距离。危害设备及人身安全	GW13或GW4等向外打开的隔离开关设计时需校核打开状态电气安全距离
44	配电装置PD	YC-PD-03	高海拔地区未修正空气间隙	某新建工程，站址海拔2012m，330kV配电装置采用户外HGIS，需按高海拔修正间隔宽度。110kV配电装置采用户外GIS，间隔宽度15m，两回出线共用一跨出线构架，未按高海拔修正	安全性考虑不足，未对高海拔地区的外绝缘及空气间隙加以修正。110kV配电装置按高海拔修正，间隔宽度16m，两回出线共用一跨出线构架，满足安全可靠运行要求
45	配电装置PD	YC-PD-04	主变压器、线路增容工程相关校核缺漏项	主变压器、线路增容工程仅对相应间隔设备及导线进行载流量校核，未对母线、母联间隔、分段间隔设备及导线进行校核	主变压器、线路增容引起母线穿越功率增大，需校核相应的母线、母联、分段设备及导线的载流量是否满足工程扩建要求
46	站用电ZYD	YC-ZYD-01	站用变压器容量选择不合理	220kV变电站初步设计中无站用变容量估算表和计算过程，而是依据经验或照搬通用设计，配置630kVA站用变压器，容量偏大，造成不必要的浪费	站用电负荷统计不合理。应根据《220kV~500kV变电所所用电设计技术规程》（DL/T 5155—2002）附录B统计全站负荷，不考虑短时负荷，计算站用变容量，合理配置站用变压器

续表

序号	专业子项	问题编号	问题名称	问题描述	原因及解决措施
47	站用电 ZYD	YC-ZYD-02	变电站缺少站外电源设计	可研设计阶段缺少变电站站外电源具体设计方案，仅简单地估列一笔工程费用，不满足初步设计深度要求	忽视可研设计变电站站外电源设计。 应严格执行可研设计深度规定，提出详细的站外电源设计方案，包括线路及对侧变电站间隔扩建的内容，并按工程量计列费用
48	站用电 ZYD	YC-ZYD-03	站外电源设计深度不足，方案缺乏依据，造成可靠性偏低或投资调整	站外电源方案简单笼统可靠性论证不充分，体现在缺乏对侧电源站的收资、对侧电源站系统定位不清晰、沿线多回线路 T 接等现象；线路敷设方式、敷设路径不明确，凭经验估算长度造成站外电源单笔费用偏高或偏低	站外电源敷设方式、路径应进行实地踏勘从而确定合理的敷设方式、路径，避免因沿线踏勘收资不到位造成路径不明确进而影响投资。站外电源方案一般由变电站所在地的属地公司设计单位提供，方案设计应高度重视站外电源的可靠性论证和精准性投资；变电站本体工程设计单位应严格校验设计方案，避免校审不到位造成方案不合理；评审单位应严格把关站外电源设计深度，必要时要求提供专题论证
49	站用电 ZYD	YC-ZYD-04	500kV 变电站未安装应急电源接入箱	500kV 变电站未安装应急电源接入箱	根据《国家电网公司变电验收管理规定细则》，站用交流电源系统配置验收细则要求：330kV 及以上变电站应安装应急电源接入箱，400V 站用电系统设计时同时要求提供该回路
50	站用电 ZYD	YC-ZYD-05	一期单台主变压器工程，站外引接电源可靠未进行充分论证	一期仅建设单台主变压器的工程，变电站 2 号接地变压器引自站外电源，采用线路 T 接方式且无 10kV 系统图、路径图，外引电源可靠性未证实	针对一期只有 1 台主变压器的工程，站外电源推荐采用专线，以避免同回路其他负荷影响可靠性。若不具备专线引接的条件，应提供联络线系统图、路径图、充分论证可靠性
51	站用电 ZYD	YC-ZYD-06	站用变压器的高压电缆未进行热稳定校验	设计未按照热稳定要求校验站用变压器的高压电缆电缆截面，仅按载流量选取站用变高压电缆，造成电缆截面偏小，一旦该回路发生短路，可能烧毁站用变电源电缆	站用变压器的高压电缆选择应按载流量选取站用变高压电缆截面，并按照热稳定要求校验电缆截面

续表

序号	专业子项	问题编号	问题名称	问题描述	原因及解决措施
52	防雷接地FJ	YC-FJ-01	全站接地方案深度不足，未校验接触电势、跨步电压	在设计方案中，设计单位直接按照以往经验设计了碎石地面和均压带，用于提高接触电势、跨步电压允许值。未提供变电站土壤电阻率和腐蚀性情况，说明接地材料选择、使用年限、接地装置设计技术原则及接触电势和跨步电势计算结果，需要采取的降阻、防腐、隔离措施方案及其方案间的技术经济比较	设计接地设计时，应按照工程技术参数计算接地电阻，校验接触电势、跨步电势，当接触电势、跨步电势不满足要求时，需结合计算结果采取相对应的解决措施
53	防雷接地FJ	YC-FJ-02	接地材料选型错误，酸性土壤采用了铜材	变电站勘测报告中土壤呈酸性，具有腐蚀性，设计接地材料选用铜或铜覆钢，造成接地网加速腐蚀，危及电网运行安全	设计不了解接地材料电化学腐蚀原理，随意选择接地材料。设计应根据土壤性质（包括酸碱性、腐蚀性等）选择合适的接地材料
54	防雷接地FJ	YC-FJ-03	高土壤电阻率变电站接地设计方案深度不足	根据勘测报告，变电站表层土壤电阻率为600～800Ω·m，深层土壤电阻率为100～200Ω·m，设计考虑采用打深井的降阻方案，仅简单估列10口接地深井的降阻费用，没有具体的降阻方案	对变电站接地降阻的重要性认识不足。加强土壤电阻率勘测深度，高土壤电阻率变电站需采取特殊接地降阻措施，接地井的深度应达到低土壤电阻率区域，经过计算优化确定深井接地的方案，合理布置接地深井的位置，不能简单地计列深井降阻费用
55	防雷接地FJ	YC-FJ-04	接地材料选型	变电站主接地网采用铜排，垂直接地体采用角钢，应选用镀铜钢棒	变电站内接地装置宜采用同一种材料。当采用不同材料进行混连时，地下部分应采用同一种材料连接
56	防雷接地FJ	YC-FJ-05	土壤电阻率勘测深度不足	220kV变电站站区对角线长度为125m，勘测最大极间距仅70m。导致深层高土壤电阻率区域数据缺失，模拟结果与现场实际值偏差过大	根据《接地装置特性参数测量导则》（DL/T 475—2017），最大的极间距离a_{max}一般不宜小于拟建接地装置最大对角线。当布线空间路径有限时，可酌情减少，但至少应达到最大对角线的2/3
57	防雷接地FJ	YC-FJ-06	高土壤电阻率地区的接地网应采用完善的均压及隔离措施	对于高土壤电阻率地区的接地网，应采用有效的降阻措施，在接地阻抗难以满足要求时，应采用完善的均压及隔离措施，对弱电设备应有完善的隔离或限压措施	应严格执行《国家电网公司十八项电网重大反事故措施（修订版）》的规定

续表

序号	专业子项	问题编号	问题名称	问题描述	原因及解决措施
58	防雷接地 FJ	YC-FJ-07	降阻措施缺乏针对性	随着站址选择难度越来越大,很多站址位于山区、戈壁地区,地质条件、土壤电阻率特性复杂。存在降阻措施缺乏针对性的问题,如深层高土壤电阻率地区依然采取深井降阻措施	对于土壤电阻率特性复杂地区,应详细勘测各层土壤电阻率、地质条件、地下水系分布等内容,针对站址特点,有针对性地选择深井、换填、外引接地网等降阻措施,降阻确有困难或代价过大,优先采取通过地网均压措施,达到人身、设备安全的目的
59	防雷接地 FJ	YC-FJ-08	独立避雷针布置位置应合理	独立避雷针距离道路、电缆沟距离小于 3m,不满足设计规程要求	独立避雷针的设置尽量距离道路大于 3m。在独立避雷针距离道路无法大于 3m 的情况下,根据 GB/T 50064—2014 规定,独立避雷针及其集中接地装置距道路距离小于 3m 时应采取均压措施,或铺设砾石或沥青地面
60	防雷接地 FJ	YC-FJ-09	缺少地勘报告	站址土壤电阻率高,但是支撑文件中无相应的地勘报告作为支撑	提供土壤电阻率勘测报告
61	防雷接地 FJ	YC-FJ-10	缺少接地极截面选择的计算	缺少接地极截面选择的计算	补充接地极截面计算书
62	绝缘配合 JY	YC-JY-01	外绝缘配置	未采用最新的污区分布图,外绝缘配置不符合十八项反措要求	山东电力系统污区分布图最新为 2020 版;根据十八项反措要求,变电站设计时,c 级以下污区外绝缘按 c 级配置;c、d 级污区可根据环境情况适当提高配置;e 级污区可按照实际情况配置
63	绝缘配合 JY	YC-JY-02	不接地系统电容电流大于规定值未设置消弧线圈	10kV 侧未经详尽的电容电流计算,接地方式直接采用不接地,经后续补充计算,并严格遵守规程规范,接地方式调整为经消弧线圈接地	设计需提供详尽的容性电流计算书,并参照《G 交流电气装置的过电压保护和绝缘配合设计规范》(GB/T 50064—2014)规定,不直接连接发电机、由电缆线路构成的 6~20kV 系统,当单相接地故障电容电流不大于 10A 时,可采用中性点不接地方式;当大于 10A 又需在接地故障条件下运行时,宜采用中性点谐振接地方式
64	其他 QT	YC-QT-01	改扩建工程缺少现状图纸	部分改造工程缺少现状情况主接线、总平面等图纸,无法进行工程比较	设计深度不足。收集工程前期资料,细化设计方案,必要时进行多方案经济技术比较,完善施工过渡方案

序号	专业子项	问题编号	问题名称	问题描述	原因及解决措施
65	其他QT	YC-QT-02	停电施工过渡方案考虑不完善	一些扩建工程停电施工过渡方案考虑不周，有的甚至没有考虑停电施工过渡方案，造成后期实施困难，或工程估列费用不足	设计要征求调度、运行部门的意见，掌握电网运行方式，重点论述停电期间的负荷转供情况，明确过渡阶段施工实施方案
66	其他QT	YC-QT-03	未针对工程规模，合理选用通用设计方案	新建变电站远期主变压器4台、500kV出线6回、220kV出线14回，采用220kV瓷柱式断路器三列布置，选用500-C-2通用设计（主变压器3台，220kV出线16回，220kV瓷柱式断路器双列布置）。工程规模与500-C-2方案建设规模、配电装置型式有较大差异	未针对工程规模，合理选用通用设计方案。设计时，原则上应直接采用与工程规模、配电装置基本一致的500-C-4通用设计方案，当有特殊情况不能直接采用时，再考虑方案拼接
67	其他QT	YC-QT-04	未正确理解变电站通用设计应用要求，混淆"直接采用"和"合理拼接"	220kV变电站工程，变电站主变压器远期3台，选用通用设计220-A2-4方案（主变压器4台），与通用设计方案相比，增加1台主变压器，不符合直接采用通用设计方案的条件	未准确理解"直接采用"和"合理拼接"的含义。设计文件应说明通用设计方案调整、拼接情况，并分析工程指标的合理性
68	其他QT	YC-QT-05	缺少方案二总平面布置图	未按可研深度要求，应有两个总平面布置方案对比分析	按照可研深度要求补充方案二总平面布置图
69	其他QT	YC-QT-06	缺少扩建必要性说明	本站扩建新上2号主变压器间隔，是否有规划新上2号主变压器，需在可研报告中补充说明	在可研报告中补充本期工程扩建的必要性
70	其他QT	YC-QT-07	可研报告设计原则中可研深度规定不是最新款	可研报告设计原则中可研深度规定最新应为2022年版	可研报告设计原则中应该依据最新的可研深度规定文件
71	其他QT	YC-QT-08	技改项目缺少设备退运报告或设备健康状况描述不充分，更换必要性不足	更换断路器、TA、TV均为2000年设备，一次设备低于40年寿命周期退役且未见设备退役报告；健康状况描述不充分，更换必要性不足	所有的技改项目中退运的设备均需要提供设备退运报告及本期更换的必要性说明
72	其他QT	YC-QT-09	变电站户外照明采用金属卤素灯	金属卤素灯在断电后恢复照明有时间延迟（一般5~15min），在夜间异常处置时会影响现场抢修效率	根据省公司设备部意见，选用即开即亮的LED灯具

第三节　系统二次及变电二次

系统二次及变电二次可研报告常见问题清册见表4-3。

表4-3　　　　　　　　系统二次及变电二次可研报告常见问题清册

序号	专业子项	问题编号	问题名称	问题描述	原因及解决措施
1	其他	EC-QT-01	未根据变电站实际情况，合理应用基建新技术	生搬硬套基建新技术，如全户内变电站应用"变电站户外智能柜环境控制技术"，不符合工程实际	未合理考虑工程实际情况是否满足新技术的适用条件。应认真学习新技术推广应用实施目录中相关技术应用技术条件和适用范围，按照能用则用、用则用好的原则，合理应用新技术
2	系统继电保护及安全自动装置	EC-QT-02	线路两端保护选型不匹配	对于π接、改接线路，未明确两端线路保护是否需要更换及未明确更换原因。线路保护采用光纤差动保护时，未考虑整体线路长度（或将新建线路长度与整体线路长度混淆），导致光信号长距离传输时衰减	内容设计深度不足，应根据基建技术〔2019〕20号《国网基建部关于发布35～750kV输变电工程设计质量控制"一单一册"（2019版）的通知》的要求，充分了解对侧变电站保护配置情况，再确定对侧是否更换保护装置，并确定合理的保护改造或更换方案。明确整条线路长度，选配满足保护光纤通道传输要求的保护装置和通信方式
3	系统继电保护及安全自动装置	EC-QT-03	220kV及以上新建线路保护配置具备双通道接入能力的保护装置	线路保护的安全可靠运行高度依赖光纤通道，为进一步提高线路保护的可靠性，降低通信故障或检修对线路保护的影响，220kV及以上新建线路保护配置具备双通道接入能力的保护装置	根据《国调中心、国网信通部关于印发国家电网有限公司线路保护通信通道配置原则指导意见的通知》（国网调继〔2019〕6号）的要求，220kV及以上线路保护应具备双通道接入能力；220kV双通道线路保护所对应的四条通信通道应至少配置两条独立的通信路由，通道具备条件时，宜配置三条独立的通信路由
4	系统继电保护及安全自动装置	EC-QT-04	35～110kV新上线路保护均配置光差保护功能	为保证系统保护的速动性和可靠性，35～110kV新上线路保护均配置光差保护功能，避免由于保护动作时间长引起系统稳定问题	根据《山东10kV～110kV电网继电保护及安全自动装置功能配置标准》的要求，35～110kV新上线路保护均配置光差保护功能，且应落实通道情况，当线路为并网线、联络线或变电站有小电源接入时，光差保护须投入，其余情况通道不具备条件时可仅投入后备保护功能，并说明具体方案和保护通道情况
5	系统继电保护及安全自动装置	EC-QT-05	未配置110kV和35kV母线保护	对于单母线、单母分段、双母线接线方式，若无母线保护，母线故障后需要依靠线路后备保护隔离故障点，线路后备保护装置动作后，满足备自投装置动作逻辑，备自投装置动作将会合投到母线故障点，造成全站失电。全站分列运行后，母线故障仅会造成故障母线失电	根据《山东10kV～110kV电网继电保护及安全自动装置功能配置标准》的要求，220kV变电站的110kV母线和35kV母线应配置母线保护；110kV变电站采用双母双分段接线、双母线接线、双母单分段接线、单母线分段接线、单母三分段接线时应配置110kV母线保护

续表

序号	专业子项	问题编号	问题名称	问题描述	原因及解决措施
6	系统继电保护及安全自动装置	EC-QT-06	超出工程规模配置母线保护等公用保护	线路开断接入或线路改接工程，涉及变电站线路保护更换时，变电站母联保护、母线保护、保信子站等设备到期，省调控中心要求一并更换，因为主变压器增容工程、间隔扩建工程、保护改造工程有明确工程范围，不宜进行配置	对于规模以上工程，国家电网有限公司对于主变压器增容工程、间隔扩建工程、保护改造工程范围均有明确要求，不进行配置。对于规模以下工程，省公司下发相关文件要求，根据文件要求进行配置
7	系统继电保护及安全自动装置	EC-QT-07	故障录波器配置不满足二次系统通用设计要求	110kV 变电站未配置故障录波器。故障录波器的装置数量、屏柜数量，数字量、GOOSE 报文配置，对时方式等不满足二次系统通用设计要求	智能变电站故障录波按电压等级和过程层网络配置。110kV 每站配置 1 台故障录波；220kV 变电站的主变压器及 220kV 部分均双套配置故障录波，110kV 部分单套配置；500kV 变电站的故障录波 220kV 每两段母线双套配置，500kV 为模拟量采样，每两串配置 1 台，每两台主变压器配置 1 台。数字采样的故障录波每 2 台组 1 面柜，模拟量采样的故障录波每台组 1 面柜。根据《国网运检部关于印发公司生产技术改造和设备大修技改原则的通知》（国网运检计划〔2015〕60 号），对未配置故障录波器的 110kV 变电站，应增设故障录波器
8	系统继电保护及安全自动装置	EC-QT-08	35（10）kV 备自投装置未独立配置	为避免后期电网结构或运行方式调整，35～110kV 变电站高、中、低压三侧、220kV 变电站中、低压侧无论为何种运行方式，都要装设备自投装置	各电压等级备自投装置均独立配置。根据《电网安全稳定自动装置技术规范》（Q/GDW 421—2010），电网安全稳定自动装置需单独配置，具有独立的投入和退出回路。根据《山东电网备自投装置配置原则及动作逻辑技术规范（试行）》，备自投装置应采用独立式装置，不得与厂站计算机监控系统等设备混合配置使用
9	系统继电保护及安全自动装置	EC-QT-09	备自投配置方案与调度运行方式不匹配	未综合考虑调度运行方式要求，存在有源线路与主变压器进线备自投装置漏配的情况，不满足调度运行方式要求	未与调度核实有源线路及相应的备自投策略配置需求。设计应与调度部门核实调度运行方式，以明确备自投配置方案
10	系统继电保护及安全自动装置	EC-QT-10	备自投参考文件有误	说明书备自投参考文件有误	说明书备自投参考文件应该为调运〔2021〕10 号文

序号	专业子项	问题编号	问题名称	问题描述	原因及解决措施
11	系统继电保护及安全自动装置	EC-QT-11	未配置二次设备在线监视与分析系统	未配置二次设备在线监视与分析系统	110kV 及以上智能变电站设置 1 套二次设备在线监视与分析系统。根据十八项反措，建立和完善二次设备在线监视与分析系统，确保继电保护信息、故障录波等可靠上送。在线监视与分析系统应严格按照国家有关网络安全规定，做好有关安全防护。在改造、扩建工程中，新保护装置必须满足网络安全规定方可接入二次设备在线监视与分析系统
12	系统继电保护及安全自动装置	EC-QT-12	保护压板描述不正确	保护压板描述不正确	除检修压板可采用硬压板外，保护装置采用软压板，满足远方操作的要求。《线路保护及辅助装置标准化设计规范》（Q/GDW 1161—2014）中，明确了保护装置设置"远方操作" 硬压板
13	系统继电保护及安全自动装置	EC-QT-13	电流互感器二次绕组配置方案不正确，扩大事故停电范围	电流互感器二次绕组准确级排列顺序、极性位置不合理，造成保护范围缩小或极性错误，扩大了停电范围，存在安全隐患	《电流互感器和电压互感器选择及计算导则》（DL/T 866—2015)对保护用电流互感器的性能及类型进行了要求。《继电保护和安全自动装置技术规程》（GB/T 14285—2006）对电流互感器进行了规定：保护用电流互感器的配置及二次绕组的分配应尽量避免主保护出现死区。按近后备原则配置的两套主保护应分别接入互感器的不同二次绕组。《国家电网公司输变电工程通用设计》对电流互感器二次绕组准确级排列顺序、极性位置进行了规定。设计未按照相关规程规范执行，设计文件电流互感器二次绕组配置方案不合理，存在安全隐患。 严格执行相关技术规范及设计内容深度要求，并加强专业间设计配合，确保电网安全可靠运行
14	系统继电保护及安全自动装置	EC-QT-14	35（10）kV 线路保护未集成暂态原理选线功能	为减小停电范围、缩短停电时间，细化故障自愈研究，加强配网保护与配电自动化的功能配合。要求 35（10）kV 线路保护集成暂态原理选线功能	根据《国网山东省电力公司关于印发 2020 年山东配电网故障防御能力提升工作方案的通知》（鲁电调〔2020〕79 号），10kV 线路保护应集成暂态原理选线功能
15	系统继电保护及安全自动装置	EC-QT-15	未配置独立的小电流接地选线装置	未配置独立的小电流接地选线装置	按件《国网山东省电力公司运检部关于印发〈山东电网变电站小电流接地选线装置综合治理方案〉的通知》（运检〔2015〕26 号），本站 35kV 系统配置 1 套独立的小电流接地选线装置。小电流接地选线装置宜采用暂态原理或消弧线圈并电阻选线技术，应具有接地保护跳闸功能、故障录波功能

序号	专业子项	问题编号	问题名称	问题描述	原因及解决措施
16	系统继电保护及安全自动装置	EC-QT-16	智能变电站未采用一体化装置	智能变电站 110kV 及以下保护、测控、合并单元、智能终端采用单独装置，未采用一体化装置	应按照《国家电网公司办公厅关于印发智能变电站 110kV 保护测控装置集成和 110kV 合并单元智能终端装置集成技术要求的通知》（办基建〔2013〕3 号）及《国家电网公司关于发布输变电工程设计控制重点技术清单（2018 年版）的通知》（国家电网基建〔2018〕19 号）要求，110kV（包括 110kV 主变压器各侧）电压等级采用合并单元、智能终端一体化装置；应采用保护测控集成装置
17	系统继电保护及安全自动装置	EC-QT-17	系统保护配置不合理	新建或改扩建 110～35kV 线路具备以下条件时未配置光纤电流差动保护：有并网小电源、联络线、长度不足 5km 的线路	为保证系统保护的速动性和可靠性，对于两侧均有电源的情况应配置完整的光差保护，避免由于保护动作时间长引起系统稳定问题
18	系统继电保护及安全自动装置	EC-QT-18	110kV 主变压器保护配置原则错误	110kV 主变压器保护采用主后分开、单套配置方案配置	应遵循企业标准及设计规范的推荐方案，采用主后一体双套配置方案
19	系统继电保护及安全自动装置	EC-QT-19	合并单元、智能终端未采用一体化装置	110kV 及以下合并单元、智能终端采用单独装置，未采用一体化装置	《国家电网公司办公厅关于印发智能变电站 110kV 保护测控装置集成和 110kV 合并单元智能终端装置集成技术要求的通知》（办基建〔2013〕3 号）规定，智能变电站 110（66）kV 电压等级应按间隔采用合并单元智能终端装置集成，并就地布置
20	系统继电保护及安全自动装置	EC-QT-20	有并网小电源的线路未配置光纤电流差动保护	110kV 及以下有并网小电源的线路，未配置光纤电流差动保护	《国网运检部关于印发公司生产技术改造和设备大修技改原则的通知》（国网运检计划〔2015〕60 号）规定，110kV 线路接入新能源，形成双侧电源线路，若原线路未配置纵联保护，应改造为光纤差动保护。《山东电网继电保护配置原则（2016 版）》（鲁电调〔2016〕772 号）规定，110kV 线路应选用具备完整后备功能的纵联电流差动保护。当对侧无电源或通道条件不具备时，纵联电流差动保护功能可不投入
21	系统继电保护及安全自动装置	EC-QT-21	110kV 变电站未配置故障录波器	110kV 变电站未配置故障录波器	《国网运检部关于印发公司生产技术改造和设备大修技改原则的通知》（网运检计划〔2015〕60 号）规定，对未配置故障录波器的 110kV 变电站，应增设故障录波器

序号	专业子项	问题编号	问题名称	问题描述	原因及解决措施
22	系统继电保护及安全自动装置	EC-QT-22	电缆线路未配置过负荷保护功能	电缆线路未配置过负荷保护功能	《继电保护和安全自动装置技术规程》（GB/T 14285—2006）规定，电缆或电缆架空混合线路，应装设过负荷保护
23	系统继电保护及安全自动装置	EC-QT-23	未考虑涉及其他厂站的相关保护调整方案	未考虑涉及其他厂站的相关保护调整方案	开断、改接线路造成变电站接入系统变化的，应考虑保护配置的调整
24	系统继电保护及安全自动装置	EC-QT-24	五防、保信子站独立配置	根据智能变电站通用设计要求，"五防"、保信子站功能均应由计算机监控系统实现，不应配置独立的"五防"、保信子站	按照通用设计原则修改设计，取消独立的"五防"主机和保信子站，优化整合站控层设备，"五防"、保信子站功能改为由计算机监控系统实现
25	系统继电保护及安全自动装置	EC-QT-25	缺少 500、220kV 系统继电保护配置图	缺少 500、220kV 系统继电保护配置图，不满足初设深度的要求	补充缺少的 500、220kV 系统继电保护配置图
26	系统继电保护及安全自动装置	EC-QT-26	用户站侧保护配置在报告中未说明	荣信甲站和山能站为用户站，用户站侧保护如何配置应在报告中说明	根据《山东电力系统继电保护配置原则》的要求，110kV 线路应配置纵联电流差动保护，包含完整主保护和后备保护功能
27	系统继电保护及安全自动装置	EC-QT-27	10kV 保护配置不合理	10kV 电容器、接地变压器等保护应具备零序保护，接地变保护需满足联跳主变压器 10kV 侧断路器、闭锁 10kV 备自投等功能	10kV 电容器、接地变压器等保护应具备零序保护，接地变压器保护需满足联跳主变压器 10kV 侧断路器、闭锁 10kV 备自投等功能
28	系统继电保护及安全自动装置	EC-QT-28	智能站主变压器非电量保护配置不合理	智能站主变压器非电量保护配置不合理	智能站主变压器非电量保护应集成在主变压器本体智能终端
29	系统继电保护及安全自动装置	EC-QT-29	110kV 变电站未配置电能质量监测装置	110kV 变电站未配置电能质量监测装置	110kV 变电站应配置电能质量监测装置
30	系统继电保护及安全自动装置	EC-QT-30	10kV 间隔层交换机未按远期布置	10kV 间隔层交换机未按远期布置	10kV 间隔层交换机应按远景布置

续表

序号	专业子项	问题编号	问题名称	问题描述	原因及解决措施
31	系统继电保护及安全自动装置	EC-QT-31	时间同步系统装置描述不全	时间同步系统装置描述不全	添加时间同步系统，满足《电力系统时间同步及监测技术规范》（Q/GDW 11539）要求。时间同步装置应具备对被授时设备时间同步状态监测的功能
32	系统继电保护及安全自动装置	EC-QT-32	站控层配置不合理	缺少智能防误主机	增加站控层智能防误主机配置
33	系统继电保护及安全自动装置	EC-QT-33	220kV线路保护装置、测控装置分别组柜	根据智能变电站通用设计要求，220kV线路保护装置、测控装置按间隔统筹组柜，不应分别组柜	按照通用设计原则修改设计，取消单独的测控屏，将测控装置与本间隔保护装置统筹组柜
34	系统调度自动化	EC-QT-34	二次系统安全防护未配置网络安全监测装置	二次系统安全防护未配置网络安全监测装置	核实改扩建工程前期是否配置网络安全监测装置。根据《国家电公司关于加快推进电监控系统络安全管理平台建设的通知》（国家电网调〔2017〕1084号）的要求，在变电站电力监控系统部署网络安全监测装置，采集变电站站控层设备和安防设备自身感知的安全数据及网络安全事件，实现对网络安全事件的本地监视和管理，同时转发至调控机构网络安全监管平台的数据网关机
35	系统调度自动化	EC-QT-35	配置2套电能量远方终端	工程中配置2套电能量远方终端配置，与通用设计方案不符	通用设计方案为电能量远方终端单套配置。《220kV智能变电站模块化建设技术导则》规定，全站配置一套电能量远方终端。《110kV智能变电站模块化建设通用设计》规定，全站配置一套电能计量系统子站设备，包括电能计量表和电能量远方终端。可配置1套电能量远方终端，在施工图设计阶段预留另1套电能量远方终端装置位置及接线
36	系统调度自动化	EC-QT-36	智能站改扩建工程非计费关口电能表未按照数字式电能表配置	部分早期建设的智能变电站采用的是模拟量输入的多功能电能表，对于此类变电站的改扩建工程应按照符合 DL/T 645—2007 通信规约及 DL/T 860 标准的数字量输入的电能表配置	对于输变电工程及智能变电站改扩建工程，电能表均应按照符合 DL/T 645—2007 通信规约及 DL/T 860 标准的数字量输入的电能表配置
37	变电站自动化ZDH	EC-QT-37	已有公用设备不满足扩建工程接入需求	已有公用设备（对时、录波、状态监测、辅助控制系统、交直流系统等）预留接口数量或类型不满足扩建工程接入需求	扩建工程未核实已有公用设备接口的数量及类型是否满足扩建工程需求。（1）新建工程公用设备宜按终期规模预留接口。（2）工程扩建时应对站内已有公用设备进行收资

序号	专业子项	问题编号	问题名称	问题描述	原因及解决措施
38	变电站自动化系统	EC-QT-38	新下发文件的执行不到位	新文件的执行不到位，信息上传通道不准确，保留远动专线等情况，监控信息描述不完善	应贯彻落实最新文件：如《国调中心关于增补智能变电站设备监控典型信息的通知》（调监〔2014〕82号）、《国调中心关于印发750kV等4个电压等级变电站典型信息表的通知》（调监〔2013〕152号）、《变电站设备监控信息规范》（Q/GDW 11398—2015）、《变压器、高压并联电抗器和母线保护及辅助装置标准化设计规范》（Q/GDW 1175—2013）、《线路保护及辅助装置标准化设计规范》（Q/GDW 1161—2013）、《10kV～110（66）kV线路保护及辅助装置标准化设计规范》（Q/GDW 10766—2015）、《山东电网继电保护配置原则（2016版）》（鲁电调〔2016〕772号）、《山东配电网规划设计技术规范》（鲁电企管〔2017〕41号）等，并执行文件中要求如智能辅控系统信息及设备在线监测信息上传通道、保护"远方操作压板"、取消远动专线等问题
39	变电站自动化系统	EC-QT-39	一体化监控系统，35～110kV变电站站控层网络采用单网	35～110kV变电站站控层网络采用单网	考虑变电站对网络可靠性要求的提高，建议按照110kV（66kV）及以上智能变电站应采用双网，常规变电站和35kV变电站参照执行。《智能变电站一体化监控系统技术规范》（Q/GDW 10678—2018）规定，站控层网络应采用星型结构，110kV（66kV）及以上智能变电站应采用双网。《关于加强山东电网变电站自动化专业管理的工作意见（试行）》规定，35～500kV新建及改造变电站站控层、间隔层均应配置双以太网交换机，网络拓扑结构应采用星型
40	变电站自动化系统	EC-QT-40	一键顺控系统	顺控操作在国外已是成熟技术，在国内常规及特高压换流站也得到了广泛应用，运行二十余年来尚未发生操作失误。自2017年，公司系统开始一键顺控试点应用，经过试点工程检验，采用顺控操作可以减少60%的倒闸操作工作量，且大幅消除了误操作、漏操作等风险。	根据《国家电网有限公司关于印发十八项电网重大反事故措施（修订版）的通知》（国家电网设备〔2018〕979号）要求，顺控操作（程序化操作）应具备完善的防误闭锁功能，模拟预演和指令执行过程中应采用监控主机内置防误逻辑和独立智能防误主机双校核机制，且两套系统宜采用不同厂家配置。顺控操作因故停止，转常规倒闸操作时，仍应有完善的防误闭锁功能。

序号	专业子项	问题编号	问题名称	问题描述	原因及解决措施
40	变电站自动化系统	EC-QT-40	一键顺控系统	通过应用先进的自动控制技术、智能传感、物联网、自动识别和智能判别技术，通过操作项目软件预制、操作内容模块式搭建、设备状态自动判别、防误联锁智能校核、操作任务一键启动、操作过程自动顺序执行，将传统人工填写操作票为主的繁琐、重复、易误操作的倒闸操作模式转变为一键顺控操作模式，大幅减少无效劳动，大幅降低误操作风险，大幅提升效率和效益	变电站监控系统选用的通用设计、通用设备应具备一键顺控功能，Ⅰ区数据通信网关机应具备顺控远传功能，调控侧实现对站端设备的顺序控制；站控层应配置独立的智能防误系统（含独立主机）；变电站监控系统应接入断路器、隔离开关"双确认"遥信、遥测信息且自动完成设备位置状态"双确认"。隔离开关位置接入应具备"双确认"要求
41	变电站自动化	EC-QT-41	扩建工程对前期调度端设备收资深度不足	对调度端设备现状、子站配置及协议、上传至调度业务（电量/对时/录波/保信子站功能等）的设计深度不足，不满足调度主站端相关应用要求	收资不足，未掌握调度主站端相关应用需求。加强对调度主站端现状及应用需求的收资
42	变电站自动化	EC-QT-42	新增二次设备与原监控系统后台无法通信	新增的二次设备与原监控系统通信规约不一致，造成新增二次设备无法接入原二次系统	对原监控系统通信规约收资不足。应在初步设计、物资采购及设计联络会阶段做好设计方案，在设计中注意落实
43	变电站自动化ZDH	EC-QT-43	设置远动专线	配置的调度数据网通道已满足远动信息上传需求，不需另外保留远动专线	取消远动专线
44	变电站自动化ZDH	EC-QT-44	35kV变电站监控主机数量偏多	根据智能变电站通用设计要求，35kV变电站配置1台监控主机，部分工程配置2台	35kV变电站监控主机数量改为1台
45	变电站自动化ZDH	EC-QT-45	变电站35、10kV非关口计量点配置单独的电能表	根据智能变电站通用设计要求，变电站35、10kV非关口计量点计量功能由保护测控计量一体化装置实现，不配置单独的电能表，部分工程配置有单独的电能表	按照通用设计原则修改设计，取消35、10kV非关口计量点单独的电能表
46	变电站自动化ZDH	EC-QT-46	变电站低压侧电能表选择错误	变电站低压侧为经消弧线圈接地的系统时，但选用了三相三线电能表，不符合电测量规范要求	变电站低压侧为经消弧线圈接地的系统时，应选用三相四线电能表；若为不接地系统，可选用三相三线电能表

序号	专业子项	问题编号	问题名称	问题描述	原因及解决措施
47	变电站自动化ZDH	EC-QT-47	执行国家电网基建〔2022〕3号文执行不到位	说明书执行国家电网基建〔2022〕3号文，但辅控和并联直流电源未按照3号文执行	国家电网基建〔2022〕3号文要求： （1）按照《35～750kV变电站辅助设备智能监控系统设计方案》修订完善各方案辅助设备智能监控系统设计，优化系统结构，合理安全分区，完善各子系统功能及设备配置，相应完善站控层设备配置，调整自动化系统。 （2）直流电源系统优先选用并联型直流电源系统，依据《35kV～110kV变电站并联型直流电源系统设计原则及典型方案》修改相关内容，相应调整二次设备室设备布置及预制舱内屏位布置
48	变电站自动化ZDH	EC-QT-48	网络监控图中表述不准确	网络监控图中，二次设备在线监测装置应在Ⅰ区，Ⅲ/Ⅳ区网关机应为Ⅳ区网关机	网络监控图中，二次设备在线监测装置应在Ⅰ区，Ⅲ/Ⅳ区网关机改为Ⅳ区网关机
49	其他	EC-QT-49	二次设备布置及组屏方案不合理	配电装置户内布置的变电站，相应的二次设备未下放布置；单间隔的二次设备未按间隔进行统筹组屏。二次设备室检修通道不满足规程要求	按照节省占地面积、减少光电缆数量、方便运维的原则，结合总平面布局，合理布置二次设备，并满足检修通道的要求
50	其他	EC-QT-50	未根据变电站实际情况，合理应用基建新技术	生搬硬套基建新技术，如全户内变电站应用"变电站户外智能柜环境控制技术"，不符合工程实际	未合理考虑工程实际情况是否满足新技术的适用条件。应认真学习新技术推广应用实施目录中相关技术应用技术条件和适用范围，按照能用则用、用则用好的原则，合理应用新技术
51	其他	EC-QT-51	新文件的执行不到位	说明书中缺少对新文件的执行情况：如经常提到的《国调中心关于增补智能变电站设备监控典型信息的通知》（调监〔2014〕82号）、《国调中心关于印发750kV等4个电压等级变电站典型信息表的通知》（调监〔2013〕152号）	增加对文件的学习和宣贯力度，认真核实文件执行情况，在说明书中做详细的说明
52	其他	EC-QT-52	扩建工程对前期调度端设备收资深度不足	对于扩建工程现状描述不完整，如未说明现有监控信息；对于保护更换或者改造，未说明现有保护投运时间、设备运行现状、保护通道等信息	扩建工程中，不涉及的内容，不在说明书中体现，可以用一句话代替：本期不涉及说明。涉及改造或者更换的内容要详细说明设备现状、更换理由、更换方案等内容
53	其他	EC-QT-53	缺少部分初设二次图纸	部分工程，尤其是扩建工程缺少继电保护配置图、蓄电池室布置图或二次设备室屏位布置图等二次图纸	应按初设深度要求绘制各张图纸，扩建工程涉及的线路保护、屏位的增减应增加该部分图纸

序号	专业子项	问题编号	问题名称	问题描述	原因及解决措施
54	其他	EC-QT-54	说明书、材料表、图纸不一致	说明书中的描述、数量与材料表和图纸经常出现不一致的情况	应加强自校和校审质量，保证三者间的统一
55	其他	EC-QT-55	新建工程未按耐火和阻燃电缆分类	新建工程未按耐火和阻燃电缆分类，直流、UPS、消防相关应采用耐火电缆	1. 按照《火灾自动报警系统设计规范》（GB 50116—201）要求，火灾自动报警系统的供电线路、消防联动控制线路应采用耐火铜芯电线电缆，报警总线、消防应急广播和消防专用电话等传输线路应采用阻燃或阻燃耐火电线电缆。 2. 按照《电力工程电缆设计标准》（GB 50217—2018）要求，在外部火势作用一定时间内需要维持通电的下列场所或回路，明敷的电缆应实施防火分隔或采用耐火电缆； （1）消防、报警、应急照明、断路器操作直流电源和发电机组紧急停机的保安电源等重要回路； （2）计算机监控、双重化继电保护、保安电源、或应急电源等双回路合用同一电缆通道又未相互隔离时的其中一个回路
56	其他	EC-QT-56		补充"四统一四规范"内容	补充"四统一四规范"内容
57	交直流一体化电源系统	EC-QT-57	110kV 及以下变电站UPS双套配置	110kV 及以下变电站UPS 双套配置	110kV 及以下变电站UPS 单套配置。由于 110kV 及以下变电站直流蓄电池为单套配置，配置双套 UPS 时，当 UPS 设备自身或回路故障时提升一定可靠性，对于整体可靠性提高有限。根据《国家电网有限公司关于印发电网运行有关技术标准差异协调统一条款的通知》（国家电网科〔2020〕163 号）压器，针对上述问题的协调方案为 110kV 及以下电压等级变电站，宜配置 1 套 UPS
58	交直流一体化电源系统	EC-QT-58	电力工程直流电源系统设计技术规程执行不严	部分 110kV 智能变电站蓄电池未按要求组架安装并设置单独蓄电池室	DL/T 5044—2014 规定，阀控式密封铅酸蓄电池容量在 300Ah 及以上时，应设专用的蓄电池室。专用蓄电池室宜布置在 0m 层
59	交直流一体化电源系统	EC-QT-59	站用交直流一体化电源系统	站用交直流一体化电源系统蓄电池配置	应按变电站电压等级合理配置蓄电池组数： 1. 110kV 及以下变电站宜装设 1 组蓄电池，对于重要的 110kV 变电站可装设 2 组蓄电池； 2. 220～750kV 变电站应装设 2 组蓄电池； 《电力工程直流系统设计技术规程》（DL/T 5044—2014）

序号	专业子项	问题编号	问题名称	问题描述	原因及解决措施
60	交直流一体化电源系统	EC-QT-60	站用交直流一体化电源系统	站用交直流一体化电源系统蓄电池组数配置充电装置数量	应按变电站电压等级和蓄电池组数配置充电装置数量： （1）1 组蓄电池时，充电装置的配置：采用高频开关电源模块型充电装置时，宜配置 1 套充电装置，也可配置 2 套充电装置。 （2）2 组蓄电池时，充电装置的配置：采用高频开关电源模块型充电装置时，宜配置 2 套充电装置。 （3）330kV 及以上电压等级变电站及重要的 220kV 变电站应采用三台（套）充电装置
61	交直流一体化电源系统	EC-QT-61	直流蓄电池组容量选择不合理	直流负载统计不准确，导致蓄电池组容量配置不合理	直流系统计算不准确。初步设计阶段应根据相关规范详尽统计全站负荷，计算蓄电池组容量，确定直流系统配置方案
62	交直流一体化电源系统	EC-QT-62	35kV 变电站蓄电池容量选择偏大	35kV 变电站配置容量为 200Ah 蓄电池，根据智能变电站通用设计要求，容量为 100Ah	35kV 变电站蓄电池容量改为 100Ah

第四节　变 电 土 建

变电土建可研报告常见问题清册见表 4-4。

表 4-4　　　　　　　　　变电土建可研报告常见问题清册

序号	专业子项	问题编号	问题名称	问题描述	原因及解决措施
1	地基处理DJ	TJ-DJ-01	地基处理缺少方案比选	未对地基处理方案进行论证，简单采用可研报告方案，没有结合工程特点和地质情况进行多方案经济技术综合比选	根据《电力工程地基处理技术规程》，选择地基处理方案，应进行多方案经济技术比较，必要时应进行专题论证
2	地基处理DJ	TJ-DJ-02	地基处理方案不合理	在特殊地质条件下，选取的地基处理方案不合理，技术经济性条件不优，并有可能存在安全隐患	没有严格按照规范要求进行设计，采取的地基处理方案不合理。 设计时应认真学习相关规范规定，充分论证，必要时应进行专题论证，综合比选后选择合适的地基处理方案

序号	专业子项	问题编号	问题名称	问题描述	原因及解决措施
3	地基处理DJ	TJ-DJ-03	地质勘测资料深度不够，或未提供地勘资料	可研阶段勘测资料深度不够，未进行现场勘探或者简单引用相邻工程资料，容易造成施工工期及工程投资变动，并可能使变电站存在安全隐患	不重视工程勘测工作，技术质量管理不到位。应对地质报告的准确性切实负责，按照规程要求，合理布置勘探点、线、网，确定勘探点深度，形成合格的勘测报告，满足初步设计要求
4	基础JC	TJ-JC-01	基础缺少防腐蚀处理	未对存在弱腐蚀的地基进行基础防腐处理描述	存在易腐蚀的环境中，需要对基础采取防腐蚀措施：刷聚合物水泥浆两遍
5	给排水GPS	TJ-GPS-01	施工降水方案论证不充分	站区地下水位较高时，在概算中计列了施工降水费用，但技术部分未明确具体施工降水范围以及降水方式。容易出现降水方案不合理并引起投资费用变动	设计人员责任意识不强，未认真进行方案设计。加强责任意识，根据地下水位及场区实际情况，确定合理的施工降水方案，计算工程量并计取费用
6	给排水GPS	TJ-GPS-02	给排水接入资料不全	给排水点与城市管网连接时，未取得相关资料，未明确给水干管的方位、管径、水量、水压等；未明确排水排入点的标高、位置、检查井编号。容易造成消防用水存在隐患，影响生活用水，造成较大的投资变化	设计收资不到位，没有根据深度规定，收集相关资料，说明给排水点的相关情况。应加强与给排水管理部门联系，充分收资，满足工程设计要求
7	噪声防治ZY	TJ-ZY-01	未考虑噪声污染	城市中心区建站需要核实周边居民区是否需要降	城市中心区建站需要核实周边居民区是否需要降噪，若需要降噪，则需要考虑吸音墙等措施
8	建筑物JZ	TJ-JZ-01	特殊建筑外墙缺少建设依据	全站建筑外墙如有特殊建设需要，缺少建设依据	全站建筑外墙等如有特殊建设需要，应提供建设依据
9	建筑物JZ	TJ-JZ-02	建筑面积计算方法有误	建筑物的建筑面积通常按照轴线粗略计算，计算方法有误，不符合《建筑工程建筑面积计算规范》要求，影响工程技术经济指标的准确性，并导致工程投资偏差	对规范学习理解不够，在设计过程中未执行规范规定。应加强学习，按照国家规范规定的要求计算建筑面积，保证技术指标的准确性
10	建筑物JZ	TJ-JZ-03	配电装置楼辅助用房超标准	无人值守变电站未按照"两型三新一化"变电站要求，配电装置楼设置了过多的辅助生产用房，超标准建设，容易造成浪费，增加工程投资	没有深入学习公司管理规定，未执行有关建设标准。应加强学习，严格执行公司"两型三新一化"变电站建设标准
11	建筑物JZ	TJ-JZ-04	建筑物一层通向地下室的位置未采取完全分割的防火措施	根据《建筑设计防火规范》，建筑物一层通向地下室的位置未设置防火隔墙防火门等防火隔离措施	根据《建筑设计防火规范》，建筑的地下或半地下部分不应用楼梯间，确需共用时，应在首层采用耐火极限不低于2h的防火隔墙和乙级防火门将地下或半地下部分与地上部分的联通部位完全分割

序号	专业子项	问题编号	问题名称	问题描述	原因及解决措施
12	总平面（含竖向布置）ZPM	TJ-ZPM-01	站区总体规划图未全面反映隐蔽管线	站区总体规划图内容不完整，未反映出隐蔽管线与站址的相对位置关系，如国防光缆、石油天然气管线等，会引起站址移位及投资增加	现场踏勘不仔细，勘测深度不够，未把隐蔽管线情况反映出来。应按照初步设计深度规定要求，加强勘测质量管理，完善总体规划设计
13	总平面（含竖向布置）ZPM	TJ-ZPM-02	站区场地设计标高确定依据不充分	设计标高的确定较随意，未根据自然地形、土方平衡、道路引接和管道标高、排水等综合考虑，会导致工程量增加	收资不足，论证不充分，没有综合考虑多种因素进行场地竖向设计。应加强总图专业知识学习，全面收集现场资料，充分论证，确定场地设计标高
14	总平面（含竖向布置）ZPM	TJ-ZPM-03	土方工程量不准确	基础资料不翔实，土方工程量计算不准确；参与土方平衡的项目不合适，或者存在遗漏。导致土方工程量会出现较大偏差，进而影响工程造价	土方计算时方格网选择较大，或者站区的标高信息较少，影响土方计算精度；土方平衡概念不清楚。设计时应仔细收资，选择合适方格网，综合各方面因素进行土方平衡
15	总平面（含竖向布置）ZPM	TJ-ZPM-04	站区征地面积超常规缺支撑材料	站区征地面积超常规，比如征地边界随意加大、计列代征地面积等缺少技术支撑依据和相关支撑性材料	对于站区围墙外征地范围应根据站区地形、站内外高差及挡土墙形式综合确定；站区征地含带征地的要附土地部门的证明文件
16	总平面（含竖向布置）ZPM	TJ-ZPM-05	站址总体规划图存在问题	新建工程缺少地形测量图，或测量图比例过大，信息不足。测量图作为站址规划图、土方图等的依据，必不可少	应表示站址位置与城镇的相对位置关系、进站道路及引接点、进出线方向、取排水点和给排水管线，对改造或还建道路、沟渠等设施的规划方案图。应表示站址范围内已有地物及需拆除的地物；测量坐标网，坐标值，场地范围的控制点测量坐标，站区围墙控制点坐标；指北针或风玫瑰图；进站道路及站区征地范围，规划容量的站区用地范围，本期工程的征地面积指标表
17	其他QT	TJ-QT-01	主变压器扩建工程未校验原事故油池容量	主变压器扩建工程，未根据新上主变压器容量，对原有的事故油池进行校验，容易出现事故油池不能满足主变压器扩建要求的现象	未根据规定校验事故油池容量。设计应根据扩建工程主变压器容量，说明原事故油池情况，校验是否满足扩建要求
18	其他QT	TJ-QT-02	扩建工程地质资料不全	围墙内扩建工程可研资料中没有说明工程地质情况，导致扩建工程地基及基础设计出现偏差，并影响工程投资	设计未认真收资，没有按照深度规定要求说明工程地质情况。应加强收资工作，根据深度满足要求的地质资料进行设计
19	其他QT	TJ-QT-03	大件运输方案深度不够	设计资料缺少大件运输方案或者大件运输方案不详细，不满足深度规定要求，可能造成大件运输措施费不准确，引起投资偏差	未认真收资，实地踏勘，编制大件运输方案，没有说明需要采取的措施。设计时应全面收资，说明大件运输方案，详细论述需要发生大件运输措施费的设施情况及加固改造方案

序号	专业子项	问题编号	问题名称	问题描述	原因及解决措施
20	其他QT	TJ-QT-04	站址协议不完善	站址协议不全，或协议已超过有效期，给工程建设带来极大的不确定性	设计单位前期工作不到位，未取得相关协议或工程协议已超期未重新获取相关协议。应根据相关要求提供必要的、有效的国土、规划等部门协议
21	其他QT	TJ-QT-05	深基坑支护方案深度不够	深基坑开挖工程缺少基坑支护方案或者方案不细，缺少稳定性验算和地下水控制内容，影响支护施工，存在施工安全隐患	设计对深基坑支护认识不足，重视不够，没有进行相应的设计。应加强质量安全方面的学习，按照规程规范要求，选用合适的支护结构型式，并进行详细方案设计，确保施工安全
22	其他QT	TJ-QT-06	工程量计算偏差较大	建筑物工程量计算偏差较大，工程量严重超量、重复列现象较普遍，影响工程造价	设计人员与技经人员应仔细核对工程量
23	其他QT	TJ-QT-07	扩建工程说明书编写不规范	扩建工程建设范围、规模表述不清	对于改扩建工程应适当删除与本期无关的内容，在保留模板基本条目框架的前提下，力求明确简洁，着重对本期改扩建内容进行说明

第五节　通　　　信

通信可研报告常见问题清册见表 4-5。

表 4-5　　　　　　　　　　通信可研报告常见问题清册

序号	专业子项	问题编号	问题名称	问题描述	原因及解决措施
1	通信	TX-TX-01	新建变电站配置 PCM 接入设备	可研设计阶段，新建变电站配置 PCM 接入设备	结合全省 IMS 行政交换网的建设和实施进度，根据鲁电科信〔2016〕119 号文相关要求，新建变电站不再配置 PCM 接入设备。新建变电站配置 1 套 IAD 设备，通过站内数据通信网交换机接入省公司 IMS 核心网
2	通信	TX-TX-02	缺少进站光缆双路由设计	可研设计阶段，缺少进站光缆双路由设计	根据十八项反措及鲁电科信〔2016〕119 号文相关要求，通信光缆进站应具备至少两条相互独立的路由，且不能同沟道、共竖井进入通信设备机房，土建专业应配合提供电缆沟道及竖井的双路由条件。应提供必要的说明或图纸
3	通信	TX-TX-03	缺少进站 OPGW 光缆接地设计	可研设计阶段，缺少进站 OPGW 光缆接地设计	（1）对于户外变电站，进站 OPGW 光缆引下采用接续盒方式时，应在架构顶端、最下端固定点（余缆前）和光缆末端分别通过专用接地线与架构进行可靠的电气连接。（2）采用落地式光缆接续箱时，应在架构顶端和穿入钢管之前分别通过专用接地线与架构进行可靠的电气连接。

序号	专业子项	问题编号	问题名称	问题描述	原因及解决措施
3	通信	TX-TX-03	缺少进站OPGW光缆接地设计	可研设计阶段，缺少进站OPGW光缆接地设计	（3）对于户内变电站，OPGW光缆在女儿墙内侧应通过专用接地线与墙上的环形接地扁铁可靠连接。应提供必要的说明或图纸
4	通信	TX-TX-04	有10kV配出线路的新建变电站未考虑配网通信设备	可研设计阶段，有10kV配出线路的新建变电站未考虑配电网通信设备	根据配电网规划及鲁电科信〔2016〕119号文，A+、A、B、C类供电区域有10kV配出线路的新建变电站应配置配网通信光线路终端（OLT）设备和独立的配网光纤配线柜，实现配电网自动化业务的汇聚和上传。OLT设备和光纤配线柜总容量应满足远期规模，OLT设备板卡和光纤配线模块应满足本期规模
5	通信	TX-TX-05	变电站接入系统方案未描述	变电站接入系统方案缺少描述或描述不全	内容深度不足。根据国家电网光纤通信工程可研设计内容深度规定，可研设计说明书"2.1电力系统概况"章节应对变电站接入系统概况（各电压等级出线方向及回路数）、线路改跨接情况进行描述，对应图纸应为投产年相关区域电网地理接线图，如有必要应增加5～10年电网规划地理接线图
6	通信	TX-TX-06	引用标准未采用最新标准	引用标准未采用最新标准	引用规范如：《SDH长途光缆传输系统工程设计规范》（YD/T 5095—2005）已过期，需改为《同步数字体系（SDH）光纤传输系统工程设计规范》（YD 5095—2014）
7	通信	TX-TX-07	光缆通信工程建设规模、材料量与线路专业不统一	由于通信通道与线路专业设计未统筹考虑，造成在光缆长度和选型上存在差异，影响项目实施	通信专业与线路专业在设计中相互提资、配合不足，易造成两个专业在光缆长度设计和材料选型上不一致。应加强专业间设计配合的规范性
8	通信	TX-TX-08	光缆改造期间通信过渡方案缺失	光缆设计时未充分考虑光缆改造或改接对在运业务的影响，通信过渡方案设计深度不足，在项目实施阶段可能会产生在运业务中断的风险	收资不充分、通信过渡方案设计深度不足。应加强设计收资的深度与质量，严格依据国网初设深度规定进行光缆路由图的设计，补充完善通信过渡方案
9	通信	TX-TX-09	配置通信设备但不开通光路	配置通信设备但不开通光路	若存在配置通信设备不开通光路的情况应在初设中有必要性描述，若无重要理由则不允许发生此类现象
10	通信	TX-TX-10	缺少光缆路径描述与路径图	可研设计缺少光缆路径描述与路径图	工程本期增加新建光缆路径图，增加接续点与接续方式描述，增加线路路径长度描述
11	通信	TX-TX-11	导引光缆敷设图纸过于简单	增加导引光缆敷设图标识描述	对于导引光缆敷设进通信机房的路由要着重标明，中间的转弯、进入机房的方式应描述清楚

第六节 线 路 电 气

线路电气可研报告常见问题清册见表 4-6。

表 4-6　　　　　　　　　　线路电气可研报告常见问题清册

序号	专业子项	问题编号	问题名称	问题描述	原因及解决措施
1	路径 LJ	XL-DX-01	支持性文件不完善	协议办理过程中，协议漏取或内容不完整、表达不清晰、缺少必要附件以及协议无效。批复文件、评估报告等文件不全。造成局部或整体路径方案不成立，引起改线，投资增加	原因：遗漏协议单位；对协议相关要素辨识不足。措施：（1）明确应取得协议单位的范围，规划、国土等关键协议必须取得，根据工程情况收取其他重要协议。（2）协议中应包含明确的意见、公章、时效性、相关附件、人员的签字等要素。（3）梳理、落实重要协议要求，形成闭环
2	路径 LJ	XL-DX-02	通道清理内容不完整、依据不充分	未说明走廊清理原则、未采用合理技术手段统计清理工程量或走廊清理漏项，重大障碍物拆迁赔偿依据不足，造成走廊清理内容与实际不符、费用有偏差	原因：（1）未掌握相关法律、法规和政策文件、环评报告和批复、规程规范的要求。（2）勘查手段单一。措施：（1）及时收集并掌握相关政策、法规等支撑性文件。（2）升级勘测技术
3	路径 LJ	XL-DX-03	重要交叉跨越遗漏及考虑不足	遗漏地上、地下重要交叉跨越物或跨越高度取值不准确，电缆线路重要交叉跨越竖井、地下管线交叉跨越安全距离等设计不合理，导致工程量与实际有偏差或实施困难	原因：（1）路径信息掌握不全面，沿线障碍物、林木分布等调查不准确。（2）对交叉跨越物内涵辨识不明。措施：（1）加强内部质量体系管控。（2）学习并掌握交叉跨越内涵及处理措施
4	路径 LJ	XL-DX-04	线路通道障碍物遗漏或考虑不足	收资不全面，未合理控制线路与铁路、高速公路、机场、军事设施、油气管道设施、炸药库、采石场等各类障碍物之间的安全距离，造成局部或整体路径方案不成立，引起方案变化，投资增加	原因：（1）路径信息掌握不全面，未能从宏观层面把握线路路径与重要设施之间的关系。（2）对重要设施如何影响路径辨识不明。措施：（1）关注并收集影响路径方案的重要设施资料。（2）掌握相关法律、法规和规程规范的要求。（3）加强与相关行业主管单位的沟通
5	路径 LJ	XL-DX-05	路径规划不合理，未能远近结合	与前期规划未能有效衔接，未综合考虑变电站进出线布置、兼顾已有和拟建线路的关系，造成线路改造或重复跨越	原因：（1）未能充分考虑城市发展、电网建设等的规划进行路径选择。（2）未兼顾其他线路的建设需求。措施：与前期规划有效衔接，路径选择中综合考虑本期线路、远期线路建设情况后布线

序号	专业子项	问题编号	问题名称	问题描述	原因及解决措施
6	路径LJ	XL-DX-06	较长线路路径未开展多方案比选	路径长度较长时，未按照可研深度管理要求提出多个可选路径开展方案比选	措施：对线路路径进行多方案技术经济比较，推荐合理路径并取得相关协议
7	路径LJ	XL-DX-07	局部、重点路径未充分优化比较	关键路径、重要交叉跨越位置选择考虑不周，导致后期施工、运行困难	原因： （1）关键路径信息掌握不全面。 （2）设计人员对关键方案的重要性认识不足。 措施： （1）局部实测并附线路走廊拥挤地带平面图进行路径优化。 （2）路径、塔位选择时考虑青苗赔偿、施工运行难度，做到环境友好
8	导地线（含选型、防振、相序）DX	XL-DX-08	导地线选型不当	在线路设计过程中，未根据工程条件进行必要计算分析或计算方法不当。造成导地线电气、机械性能不满足工程要求，全寿命周期下经济性较差，线路不能正常运行或投资增加	原因： （1）未按严格规程规范要求，计算分析过程中漏项。 （2）未掌握相关计算方法。 措施：严格按规程规范要求，采用相关软件进行分析计算，满足可研深度要求
9	导地线（含选型、防振、相序）DX	XL-DX-09	未核实原线路的设计条件，导致导地线选型不当	在改造工程中，未核实旧线路铁塔的原始设计条件和实际使用情况，在导地线选型过程中所选型号超出原铁塔设计使用条件，造成电气间隙不足或超出铁塔原设计强度	原因：旧线路原始资料收集力度不足。 措施：多渠道收集原始资料，包括原设计文件、线路台账、现场收资等
10	导地线（含选型、防振、相序）DX	XL-DX-10	相序错误	在线路设计过程中，未核实变电站、旧线路既有相序。最终因相序错误无法按时投产	原因： （1）缺少正式专业提资或版本不正确。 （2）对旧线路相序的现场调查或收资不准确。 措施： （1）专业提资应及时、有效、规范。 （2）调查旧线路相序时应同时采用收资、现场调查两种手段
11	导地线（含选型、防振、相序）DX	XL-DX-11	相导线换位设计不合理	未根据线路长度，论证换位的必要性，或多回路出线时忽略换位问题。造成线路不平衡电流和电压不满足要求	措施： （1）严格执行规范规定，根据实际情况进行换位设计。 （2）计算线路不平衡度
12	防舞FW	XL-DX-12	防舞设计方案不当	未充分收集路径沿线已建线路的运行资料，对微地形微气象的现场收资深度不足，在易发生舞动地区对防舞分析不充分，未采取相应措施。致使线路舞动，造成短路或断线故障，影响线路的安全运行	原因： （1）舞动区域等级划分不当。 （2）对现有线路舞动情况、防舞措施和治理成果调研不足、分析不透彻。 （3）防舞措施不当。 措施：严格执行规范要求，充分收集资料，分析防舞措施及其效果，确定防舞措施

序号	专业子项	问题编号	问题名称	问题描述	原因及解决措施
13	绝缘（含绝缘配置和绝缘子选型）JY	XL-DX-13	绝缘配置与实际污区不相符	污区调查未结合当地最新污区分布图或对污染源调查不细致，或简单提高污秒等级未进行充分的说明，导致绝缘配置与实际污区不相符，绝缘配置等级不够，或绝缘配置盲目提高线路投资	原因： （1）收资不全面。 （2）设计现场调查不细致，未能收集到有效的污区资料。 措施：结合当地最新的污区分布图以及对沿线的污染源调查，并考虑发展趋势，进行合理的绝缘配置，并适当留有裕度
14	绝缘（含绝缘配置和绝缘子选型）JY	XL-DX-14	旧线路改造使用标准不合理	改造工程中未对旧塔进行电气间隙校验或计算原则选取不当，影响工程的投资估算，影响工程下一阶段的实施	原因：旧线路资料调查不细致。 措施： （1）原则上验算应按旧线旧标准，新线新标准进行。 （2）采取现场勘察与收集台账相结合的方法收资，严格执行对应规程、规范中对空气间隙的要求对旧线路进行塔头间隙的验算
15	杆塔设计 GT	XL-DX-15	杆塔规划不合理，与工程实际不配合	（1）杆塔规划不合理，档距利用率偏小。 （2）可研阶段杆塔规划，对经济档距、经济呼高的规划使用不符合工程实际。 （3）新设计塔型规划使用条件说明不清	未从工程实际条件开展铁塔规划设计。应根据建设区域的气象、地形情况，采用或参照通用设计的设计原则，在现场勘查的基础上，进一步优化杆塔的规划条件
16	电缆（含选型、附件）DL	XL-DX-16	电缆选型不合理	电缆选型时未考虑电缆敷设方式、环境条件（土壤、地下水、温度、场合等）、电缆和架空混合线路匹配问题的影响，造成电缆在特殊敷设方式下运行存在安全隐患	原因： （1）忽视电缆敷设方式、环境条件对电缆选型的影响。 （2）对特殊条件的辨识不足。 措施：严格执行规程规定，针对特殊敷设方式、环境条件、连接方式选择合适的电缆型号
17	电缆（含选型、附件）DL	XL-DX-17	电缆电气计算不全面	可研过程中，未计算电缆载流量、感应电压、工频过电压或热稳定校验等，线路实际输送容量论证不充分，电缆截面偏大，投资增加，或截面偏小，不满足系统输送容量的要求。电缆计算未考虑电缆敷设方式、特殊敷设环境以及多回路同路径敷设的影响	原因：遗漏电缆选型计算项目、电缆敷设方式及环境条件对电缆计算的影响。 措施：严格执行规程规定，完善电缆计算
18	电缆（含选型、附件）DL	XL-DX-18	电缆接头选型不合理或配置不正确	在电缆接头选型时，未核实既有线路电缆型式（含金属芯材质），未考虑电缆终端塔结构尺寸和电气距离，导致存在安全隐患。电缆中间接头的配置不正确、电缆金属层接地方式不合理，造成电缆线路护层感应电压不满足规程要求	措施： （1）设计要综合考虑既有线路电缆型式和铁塔结构尺寸、海拔来进行电缆接头的选型，满足运维检修时的安全距离要求。 （2）对既有电缆线路资料应采取收资和现场调查相结合的方式。 （3）合理配置电缆中间接头、选择正确的电缆金属层接地方式

续表

序号	专业子项	问题编号	问题名称	问题描述	原因及解决措施
19	电缆附属设施（含排水、照明、通风、消防、防盗等）FS	XL-DX-19	电缆附属设施设计方案不详细	（1）电缆辅助设施设计深度不够。（2）说明中未包含配电装置的布置及设备选型。（3）说明中未包含通风方式、设备选型、控制要求；排水量情况及事故照明的设置及电源	（1）应说明工作/备用电源的引接及用电接线方案。（2）说明中应包含配电装置的布置及设备选型。（3）说明中应包含通风方式、设备选型、控制要求；排水量情况及事故照明的设置及电源
20	电缆附属设施（含排水、照明、通风、消防、防盗等）FS	XL-DX-20	通风设计深度不足	（1）通风井尺寸设计未考虑现场实际情况。（2）通风亭的结构尺寸、位置和数量不明确	（1）通风井尺寸应根据外部管线情况逐个设计。（2）根据工程实际情况选择自然通风或机械通风方式。应明确通风亭的结构尺寸、位置和数量等。（3）采用机械通风方式时，明确隧道通风设计布置方案及设备选型
21	电缆附属设施（含排水、照明、通风、消防、防盗等）FS	XL-DX-21	消防设计深度不足	（1）针对低压电缆和控制电缆未设置防火槽盒。（2）缺少电缆防火封堵方案，或相关说明不到位	（1）针对低压电缆和控制电缆应设置防火槽盒。（2）针对电缆防火封堵方案应有相关说明
22	电缆附属设施（含排水、照明、通风、消防、防盗等）FS	XL-DX-22	照明设计深度不足	（1）照明电源及接线方案及配电装置选型描述简单。（2）部分工程附属设施电源设计深度不足，仅估计费用	（1）应说明隧道的照明及其控制方式。（2）工程附属设施电源设计深度应满足相关要求
23	电缆构筑物GZW	XL-DX-23	电缆工井数量不足、尺寸不够优化	电缆工井数量不足、尺寸不够优化，导致施工、检修不便	电缆工井数量、尺寸应根据施工、检修相关要求以及现场实际情况进行优化设计
24	电缆敷设方式DLFS	XL-DX-24	电缆敷设方式未充分比选，选择不合理	在可研阶段，未根据电缆型号、环境特点等情况对电缆敷设方式和排列位置进行比选论证，或未根据敷设条件选择电缆蛇形敷设的设计参数，导致电缆敷设方式不合理，电能损耗和安全风险增加	措施：（1）设计应结合工程条件、环境特点、电缆类型等因素进行电缆敷设方式的比选。（2）对电缆蛇形敷设位置和参数的论证要充分

序号	专业子项	问题编号	问题名称	问题描述	原因及解决措施
25	监测 JC	XL-DX-25	电缆在线监测设备设置不合理	设计缺乏对在线监测设备安装原则、要求及作用的理解，盲目设置监测系统，或电缆综合监控系统只列投资而方案缺失，或监测装置配置不统一，导致已安装的监测设备未起到应有的效果	措施： （1）按照"有规划、分区域、有重点"的原则安装在线监测设备。 （2）在线监测装置在可研阶段应按照相关依据进行单独设计。 （3）对工程加装在线监测系统的必要性、可靠性以及功能应进行充分论证
26	其他 QT	XL-DX-26	多专业、多单位间配合不到位，造成设计方案改变	电气、结构、系统、通信、技经等专业间存在设计原则和依据标准的版本不统一；或设计与业主、市政、电厂等单位未及时沟通。造成出线交叉、走廊紧张、方案改变，引起投资增加，工期延长	措施： （1）设计单位项目经理应对工程涉及各专业统一设计原则和依据标准的版本，及时通报工程的最新进展和变化。 （2）业主单位对于涉及市政管沟、电厂送出等工程或同一工程多家设计单位时，要及时组织相关参建单位明确工作范围
27	其他 QT	XL-DX-27	缺少停电迁改中的通信组织、临时过渡等方案	在工程设计的老旧线路改造、间隔倒接等情况下，缺少临时过渡方案、停电计划或交叉跨越情况及跨越方式不明确，未分析停电施工对系统造成的影响及时间等问题，造成最终方案无法实施	措施：在工程项目设计中应充分考虑停电时间、过渡方案、施工可行等要素，编制切实可行、内容具体的设计方案并计列相关的措施费用，同时征求运行、调度、施工部门（单位）的意见
28	其他 QT	XL-DX-28	可研资料内容缺失，深度不足	可研未进行必要的方案比选，未按相关要求提供杆塔间隙圆、导地线机械特性、绝缘子机械特性、交叉跨越、电缆敷设布置方案等图纸	原因： （1）设计经验不足，简单套用图纸。 （2）设计质量把关不严。 措施：严格按照《国家电网公司输变电工程可研内容深度规定》的要求执行
29	其他 QT	XL-DX-29	拆旧建新的必要性论证不足	增容、间隔调整、拥挤地段改造等工程中存在对旧线路是否需要拆旧建新的必要性，未进行充分的论证和阐述，导致审查工作无法顺利进行	措施：对旧线路拆旧建新的必要性提出充分的论述，并提供相应的证明材料
30	其他 QT	XL-DX-30	内审流程执行不到位	未按照省公司规定执行内审流程，内审中业主单位内部未达成一致意见，或可研未落实内审修改意见，导致可研审查缺乏效率	措施： （1）加强内审流程管理。 （2）合理安排设计周期
31	其他 QT	XL-DX-31	基建新技术使用不当	线路工程符合使用基建新技术的条件，但未采用；或不符合使用条件时，强行使用；或使用时简单罗列新技术名称，未具体分析方案及费用	原因： （1）对基建新技术掌握不全面、理解不透彻，不能结合工程实际情况进行分析使用。 （2）为满足审查要求盲目使用新技术。 措施： （1）积极了解基建新技术发展动态，并定期培训学习。 （2）在使用过程中应详细论述应用方案并列支合理费用

续表

序号	专业子项	问题编号	问题名称	问题描述	原因及解决措施
32	其他QT	XL-DX-32	跨越树木自然生长高度选择不正确	在可研阶段，跨越树种不准确，树木自然生长高度选择不正确，导致线路按照高跨设计后仍需要对线路通道进行砍伐	措施：树木生长高度按照《关于架空送电线路跨越树木设计有关要求的通知》（鲁电集团基建〔2007〕456号）执行
33	其他QT	XL-DX-33	未针对高跨（交叉跨越）提供设计方案或设计方案不详细	（1）未跟进现场实际情况对高跨段建设实施的可行性进行评估。（2）未填写《交叉跨越方案表》，无关业务部门填写意见及盖章。（3）高跨设计方案无技术经济比较。（4）PPT汇报材料相关内容缺失	原因：（1）设计单位对现场实际不了解。（2）内审把关不严。措施：（1）按照《关于在工程初步设计中进一步细化输电线路高跨设计深度的通知》（国网山东省电力公司建设部通知〔2016〕186号）要求，填写《交叉跨越方案表》并盖章。（2）建设管理单位对于输电线路的高跨设计要进行详细审查，并在内审纪要中专题说明。（3）在输电线路初步设计说明书第九章增加线路跨越章节，并提供相应的初步设计图纸

第七节　线　路　结　构

线路结构可研报告常见问题清册见表4-7。

表4-7　　　　　　　　　　线路结构可研报告常见问题清册

序号	专业子项	问题编号	问题名称	问题描述	原因及解决措施
1	杆塔设计GT	XL-JG-01	通用设计应用出现以大代小、设计裕度过大等问题	部分塔型未采用通用设计。在设计条件与通用设计模块相差较小时，简单以大代小，未分析折算使用情况。部分工程中使用的国网通用设计铁塔，使用条件不符合工程实际条件，折算后使用档距不经济。完全套用通用设计杆塔，未针对工程特点进行相应优化，杆塔校验深度不够，对超条件铁塔不验算，以大代小。未针对现场实际地形选择杆塔型式，如山地塔用于平地段等	应从工程实际条件开展通用设计模块比选。若通用设计模块与工程实际条件差异较小时，设计单位应根据风速覆冰等条件开展杆塔使用条件折算，核算塔材工程量；差异较大时，则应依据通用设计原则重新设计杆塔
2	杆塔设计GT	XL-JG-02	杆塔利旧时未校核杆塔强度	在线路改造时，未对原杆塔强度校核，造成工程存在安全隐患	设计人员需根据工程具体情况对利旧杆塔进行校核

序号	专业子项	问题编号	问题名称	问题描述	原因及解决措施
3	杆塔基础JC	XL-JG-03	基础防腐方案不合理	地基土及地下水腐蚀性评价依据不充分；未根据腐蚀介质的性质有针对性地采取防腐措施；未针对不同基础型式采取针对性防腐措施	加强勘测工作深度，腐蚀性地基评价应有土工化验数据做依据。在总结已有线路工程建设和运行经验的基础上，按照混凝土耐久性等相关设计标准提出合理的防腐方案。针对不同基础型式制定相应防腐方案
4	杆塔基础JC	XL-JG-04	基础选型不合理，与工程实际不配合	基础选型未进行多方案比选，基础选型不够合理，基础工程量偏大。基础形式单一，不符合现场实际。基础的选型未与地质条件的配合，缺少相关地质资料描述。基础选型深度不够，只有笼统的基础说明，没有提供基础型式一览表	应根据工程地质、水文、土壤冻结深度、地震烈度、施工条件等因素选择合适的基础类型。对建设区域内的不良地质（盐渍土、冻土、沙漠及戈壁等）进行调查，并针对不良地质分布情况，评价避让的可行性及经济性，论证选用基础的合理性，提出适宜的基础型式及地基处理措施，并计列合理的处理费用。特殊基础的选择应给出选择原则。加强技术人员业务学习，提升设计能力
5	杆塔基础JC	XL-JG-05	鱼塘围堰、施工便道等工程量估算不准	对于河网、湖区、水塘等需修筑临时道路的塔位，可研仅出了临时道路工程量，但与初设、施工图阶段的工程量相差较大	路径选择时，设计人员应到达关键点塔位现场，充分了解塔位地形情况，同时拍照记录，选择塔位时应尽可能避开鱼塘等不利地段，同时在现场要充分了解塔位施工的交通状况及施工条件，对鱼塘围堰、施工便道等对投资影响较大的施工方案应在可研中进行详细论述，多方案比选，以控制工程量和工程投资
6	杆塔基础JC	XL-JG-06	Ⅷ度及以上地震设防烈度区，液化地基处理不合理	勘测报告未对Ⅷ度及以上地震设防烈度区可能存在液化的地基未进行液化判别；耐张塔基础消除液化的措施未进行方案比较；采用灌注桩消除液化的方案中荷载组合采用正常运行工况的最大作用力计算，基础工程量较大	加强勘测工作深度，对于Ⅷ度及以上地震设防烈度区可能存在液化的地基应进行液化可能性及其等级的判别；需采取液化地基处理的塔基础应结合地基条件对消除液化的措施进行多方案比选；液化地基处理方案中应采用地震工况荷载组合的基础作用力参与计算

续表

序号	专业子项	问题编号	问题名称	问题描述	原因及解决措施
7	杆塔基础 JC	XL-JG-07	护坡、排水沟等塔位附属设施设计考虑不周	基础护坡、排水沟等防护设施未考虑,后期增加引起投资增加	提高可研阶段线路路径的选择,对于需设置基础护坡、排水沟等附属设施的关键塔位需进行实际踏勘,并予以计列相关工程量
8	杆塔基础 JC	XL-JG-08	弃土堆放原则设计漏项	弃土堆放原则未提及,后续设计阶段增加余土外运工程量,造成投资增加	可研设计阶段明确工程弃土方案,对需余土外运的工程量应予以计列,同时应满足环保水保相关要求
9	杆塔基础 JC	XL-JG-09	未按照地脚螺栓管控有关要求采用地脚螺栓规格	工程中使用的地螺规格不满足国家电网基建〔2018〕387号文有关要求	地螺规格及加工要求应按国家电网基建〔2018〕387号文执行。调整地脚螺栓规格后,应校核塔脚板上的地脚螺栓孔径、孔间距、孔边距、塔座板厚度等尺寸
10	勘测（侧重水文、地质）KC	XL-JG-10	估算书土质类型与现场实际不一致	估算书未包含岩石基坑开挖的工程量,导致初步设计阶段发生投资增加	勘测资料的深度对设计成品的质量起着绝对支撑作用,应着力加强勘测各专业的勘察深度,加强对线路塔基地质的勘察,提高线路路径的可行性
11	勘测（侧重水文、地质）KC	XL-JG-11	矿藏等勘察不详细,资料不准确	地下矿藏详细情况不准确,导致初步设计阶段线路路径发生重大变化	勘测资料的深度对设计成品的质量起着绝对支撑作用,应着力加强勘测各专业的勘察深度,加强对线路沿线矿产分布情况的勘察、调查,提高线路路径的可行性
12	勘测（侧重水文、地质）KC	XL-JG-12	地下管线或障碍物不准或不详细	地下管线勘测不准确、未做地下勘查、地下障碍物资料收资不全等,导致初步设计阶段发生重大方案变更或投资增加	勘测资料的深度对设计的质量起着绝对支撑作用,应着力加强勘测各专业的勘察深度,避免出现因地下管线、障碍物而引起工程方案出现重大变化

第八节 变 电 技 经

变电技经可研报告常见问题清册见表4-8。

表 4-8 变电技经可研报告常见问题清册

序号	专业子项	问题编号	问题名称	问题描述	原因及解决措施
1	建筑工程JZ	JZ-01	深井工程量与地勘报告不符	深井工程量与地勘报告中地下水位的实际情况不相符	原因：设计未结合地勘报告，与地下水位实际情况不相符。 措施：应结合地勘报告，根据地下水位的实际情况确定打井深度，避免打井过深增加投资，或者井深不足不满足用水需求
2	建筑工程JZ	JZ-02	钢筋用量偏高	钢筋用量由博微软件自动统计，较实际用量偏高	原因：依赖软件自动统计。 措施：可参照近期同区域、同类型已完成结算工程的钢筋用量，核减工程钢筋用量
3	建筑工程JZ	JZ-03	消耗性材料未按照市场价调差	消耗性材料未按照当地最新市场价进行调差	原因：未及时获取当地最新地材价。 措施：消耗性材料按预算价计入概算，与市场价差距较大，需及时获取当地最新地材价格，进行调差
4	建筑工程JZ	JZ-04	配电装置室用钢量偏高	模块化设计配电装置室，用钢量偏大	原因：工程设计用钢量偏大。 措施：可参照近期同区域、同类型已完成结算工程的钢结构用量，核减工程用钢量
5	建筑工程JZ	JZ-05	建筑物内照明配电箱费用性质划分有误	建筑物内照明配电箱费用计入安装工程费	原因：未参照预规计列费用。 措施：应依据《电网工程建设预算编制与计算规定（2018年版）》建设预算费用性质划分中规定，建筑物的照明设施（含照明配电箱）计入建筑工程费中
6	建筑工程JZ	JZ-06	蓄水池定额与工程量计算	蓄水池定额套用错误，工程量计算规则错误	原因：未按照定额使用指南计列费用。 措施：蓄水池超过 500 方，要套用第九章水池定额，计算规则相应改变，不再是按照水池的容积计算工程量，要按照混凝土体积计算，包括水池底板，水池壁、顶板、隔墙、支柱、集水坑、支墩、设备基础体积。水池的土方开挖、池顶保温、爬梯与栏杆制作安装等执行相应定额
7	建筑工程JZ	JZ-07	临时电源方案不详细	部分工程临时电源造价高，且仅计列一次性费用，没有对具体施工方案的描述	原因：未按照预规使用指南计列费用。 措施：临时电源的费用不能只简单地计列一次性费用，需要提供详细的估算书作为支持性文件。临时电源应只计列估算书中的本体工程费，加建设场地征用及清理费；估算书中国其他费用、基本预备费和利息已随变电站工程计列，不再重复计列
8	建筑工程JZ	JZ-08	生产综合楼地面定额套用错误	地面定额套用普通地面，或套用复杂地面，但设备基础与生产性沟道工程量重复计列	原因：未按照定额使用指南计列费用。 措施：复杂地面的认定是根据地面下是否有设备基础或生产性沟道，有则是复杂地面，否则是普通地面。生产沟道是指室内非照明、给排水、消防沟道。变电站主要建筑物应执行复杂地面。室内 GIS 室地面，执行配电室的地下设施定额子目

续表

序号	专业子项	问题编号	问题名称	问题描述	原因及解决措施
9	建筑工程JZ	JZ-09	加固费用等一般性费用不规范	老站改造等加固费用报价不规范	原因：未按照文件计列费用。 措施： （1）可提供多于三家加固咨询单位报价单，可直接一笔性费用计入。 （2）按照土建概预算定额组价计列。 （3）参考最新版技改大修定额组价计列
10	建筑工程JZ	JZ-10	重复计列费用	石膏板隔断墙包含乳胶漆材料，不再重复计列	原因：未按照定额使用指南计列费用。 措施：内墙乳胶漆定额中已包含两侧乳胶漆涂刷，不再单独计列
11	建筑工程JZ	JZ-11	费用计列错误	YT 12—105 金属面钢结构喷锌未执行《关于预算 8 批输变电工程模块化变电站钢结构材料集中采购涉及的造价问题处理建议》-（主控楼、水泵房、消防器材、警卫室）定额系数×0.3，成品钢结构按含税价 9600/t	原因：未按照文件计列费用。 措施：钢结构及内外墙板安装等按照《20200728 关于预算 8 批输变电工程模块化变电站钢结构材料集中采购涉及的造价问题处理建议》计列；钢结构单价按照近期中标价计列
12	建筑工程JZ	JZ-12	费用计列错误	市政接口费用（排水接口费）计列重复	原因：未按照文件计列费用。 措施：根据最新的文件，不再计列各种接口费用
13	安装工程AZ	AZ-01	设备价格未按照国网最新招标信息价计列	设备价格未按照最新招标信息价计列。	原因：未参考最新招标价。 措施：设备价格应参照最新招标信息价及协议库存计列，不足部分可参考中标 ERP 物料价格
14	安装工程AZ	AZ-02	电缆防火费用过高	电缆防火材料凭空计量导致电缆防火费用过高	原因：设计深度不够。 措施：应根据实际需要计列电缆防火材料用量
15	安装工程AZ	AZ-03	设备运杂费率计列有误	未正确区分主要设备和普通设备	原因：未参照预规计列费用。 措施：应依据《电网工程建设预算编制与计算规定（2013 年版）》，主要设备包括主变压器、换流变压器、高压电抗器及平波电抗器、组合电器。供货商直接供货到现场的，只计取卸车费及保管费，主要设备按设备费的 0.5%计算，普通设备按设备费的 0.7%计算
16	安装工程AZ	AZ-04	设备材料划分错误	未按照预规划分设备材料	原因：未按照预规使用指南计列费用。 措施：按照预规使用指南区分设备材料，设备与材料的划分需要注意的是：封闭、共箱、管形、软母线、绝缘子、金具、电缆、接线盒属于材料；35kV 及以上的穿墙套管属于设备
17	安装工程AZ	AZ-05	智能终端、合并单元调试漏记	未计列智能终端与合并单元的单体调试	原因：未按照定额使用指南计列费用。 措施：主变压器、GIS 设备价格中均包括智能终端和合并单元；智能终端与合并单元等安装及调试发生时，执行预算定额（2018 年版）电气设备安装工程相应定额

序号	专业子项	问题编号	问题名称	问题描述	原因及解决措施
18	安装工程 AZ	AZ-06	电缆局部放电试验漏记	电缆局部放电试验漏记	原因：未按照定额使用指南计列费用。 措施：110kV 及以上电缆终端增加局放试验，按电缆接头及终端以"只"为计量单位；35kV 及以上电缆增加局部放电试验，按电缆回路数以"回路"为计量单位
19	安装工程 AZ	AZ-07	GIS 充气式防尘棚费用漏记	未计列 GIS 充气式防尘棚费用	原因：未按照公司文计列费用 措施：按照建设质量〔2020〕20 号文计列费用
20	其他费用 QT	QT-01	项目建设技术服务费计列错误	未取消项目后评价费	原因：未执行相关造价管控文件。 措施：依据国家电网基建〔2013〕1434 号文《国家电网公司关于印发加强输变电工程其他费用管理意见的通知》，项目后评价费根据项目法人提出的要求，履行审批程序后计列，批复中未计列的，原则上后续实施工程中不得再开支费用。初设概算中一般不计列项目后评价费
21	其他费用 QT	QT-02	生产准备费计列错误	无人值守变电站计列工器具及办公家具购置费；无人值守变电站、变电站扩建工程、电缆线路工程计列生产职工培训及提前进场费	原因：未执行相关造价管控文件。 措施： （1）依据《国家电网公司关于印发加强输变电工程其他费用管理意见的通知》（国家电网基建〔2013〕1434 号），原则上不计列管理车辆购置费。 （2）无人值守变电站、变电站扩建工程、电缆线路工程、系统通信工程原则上不计列生产职工培训及提前进场费。 （3）工器具及办公家具购置费按照基建技经〔2019〕29 号执行
22	其他费用 QT	QT-03	生产准备费"工器具及办公家具购置费"未足额计列	个别 110kV 新建工程生产准备费不足支付标示牌、警示牌、模拟屏等费用；站内设备 RTV 喷涂、办公桌椅、资料柜、挡鼠板购置等无资金	原因：不清楚现场生产准备实际需求。 措施：按照国网公司最新文件要求计列工器具及办公家具购置费
23	其他费用 QT	QT-04	勘察设计费计列有误	勘察设计费未按照合同价计列	原因：未执行相关文件。 措施：可研阶段设计费原则按照国家电网电定〔2014〕19 号，勘察费原则按照《国家电网公司办公厅转发中电联关于落实〈国家发改委关于进一步放开建设项目专业服务价格的通知〉的指导意见的通知》（办基建〔2015〕100 号）
24	其他费用 QT	QT-05	取费依据不充分、不翔实、不准确	其他费用中的建设场地征用及清理费，特别是大额费用列支，未能提供充分有效的依据	原因：未按照标准计列费用。 措施：严格落实当地政府或部门下发的赔偿、拆迁、征收等相关依据，或相应类似工程、工程所属地、近期结算发票，或与被征收或占用障碍物所有者签署的协议作为支撑，否则不予以计列。对于大额赔偿必须提供数码影像资料

序号	专业子项	问题编号	问题名称	问题描述	原因及解决措施
25	其他费用 QT	QT-06	招标费用计列错误	其他费用中招标费只计取招标代理费，未计列相关编制审查技术规范书、最高投标限价、标底、工程量清单等所需费用	原因：未按照标准计列费用。 措施：应按照预规（2018年版）相关规定计列费用
26	其他费用 QT	QT-07	防洪评价费用计列错误	在其他费用中计列防洪评价费用	原因：未按照标准计列费用。 措施：预规（2018年版）规定，前期费用中增加了防洪影响评价，不应该在其他费用中再单独计列
27	其他费用 QT	QT-08	环境监测验收费、水土保持项目验收、水土保持补偿费用计列错误	多计列了环境监测验收费、水土保持项目验收费用；漏计水土保持补偿费用	原因：未按照标准计列费用。 措施： （1）根据《国家电网有限公司关于印发〈国家电网有限公司资金管理办法〉等9项通用制度的通》（国家电网企管〔2019〕427号）中《国家电网有限公司工程财务管理办法》相关规定对于项目法人管理费中的车辆购置费和生产准备费中的管理车辆购置费原则上不在工程成本中支出，确有需要时，按公司固定资产零购管理程序纳入公司年度综合计划和预算。对工程完工后还不能确定和发生的项目后评价费、工程建设检测费中的环境监测验收费、水土保持及监测验收费，不在工程成本中安排，实际发生时纳入当年的生产成本预算管理。 （2）项目水土保持补偿费在建设场地征用及清理费中计列，计列依据参考山东省内相关规定，1.2元/m²
28	其他费用 QT	QT-09	电力线路改迁方案不详细	电力线路迁改费用计列一次性费用	原因：未按照预规使用指南计列费用。 措施：涉及站址征地范围内的线路工程迁移的费用，应单独编制该部分的估算作为该费用支撑，不可只计列一笔性费用；也可按照迁移工程的项目法人单位出具费用文件计列
29	其他费用 QT	QT-10	大件运输费用计列错误	大件运输费用按一笔性费用计列，未提供详细技术方案	原因：未按照预规使用指南计列费用。 措施：220kV及以下变电站工程原则不计取大件运输费，但如果在运输过程中确实需要发生了道路、桥梁加固和改造，以及障碍物迁移等费用，要在可研报告中描述具体技术方案，以及提供费用的计列依据
30	其他费用 QT	QT-11	贷款利息计列错误	贷款利息计列错误	原因：未按照文件计列费用。 措施：可研阶段资本金比例按照20%，贷款利率按照已公布的近期LPR利率折算
31	其他费用 QT	QT-12	桩基检测费的计取不合理	桩基检测费的计取不合理	原因：未按照文件计列费用。 措施：按照地基检测国标及国家电网公司文件计列桩基检测费

序号	专业子项	问题编号	问题名称	问题描述	原因及解决措施
32	其他费用 QT	QT-13	费用计列错误	施工过程造价咨询及竣工结算审核费费用低于3000时，按照3000元计列	原因：未按照预规使用指南计列费用。措施：施工过程造价咨询及竣工结算审核费用低于3000时，按照3000元计列；多于3000元的按照预规费率计列
33	综合 ZH	ZH-01	投资分析深度不够	投资分析时，对初步设计概算与可行性研究估算及通用造价进行简要的投资比较，未阐述其增减的原因	措施：按照初步设计深度规定，与可行性研究估算投资进行对比分析，阐述其增减原因，较可行性研究有规模变化的应当另行论述；与通用造价对比分析，阐述并分析造价指标差异的原因
34	综合 ZH	ZH-02	与通用造价对比分析不完善	未写明所选用的通用造价模块编号，选用多个模块时如何调整不明确	措施：根据工程实际选择相应的典型方案，按所占比例计算参考造价。架空线路通用造价为单一模块、单一地形的单位长度造价，实际工程应用通用造价时，应按工程条件选择对应的典型方案造价，按地形比例加权计算相应的参考造价。需写明所选模块的编号
35	综合 ZH	ZH-03	可研估算书工程量问题	工程量与可研报告、设计图纸等不一致，存在较大出入	原因：未严格按照设计工程量计列费用。措施：可研编制单位应要求估算编制完成，需设计校核工程量，确认无误提交可研估算数据
36	综合 ZH	ZH-04	间隔扩建工程取费费率错误	间隔扩建工程取费费率错误	原因：未按照标准计列费用。措施：间隔扩建工程的取费费率按照本站的最高电压等级套用。比如500kV××变电站220kV间隔扩建工程，应用500kV费率

第九节　线　路　技　经

线路技经可研报告常见问题清册见表4-9。

表4-9　　　　　　　　　线路技经可研报告常见问题清册

序号	专业子项	问题编号	问题名称	问题描述	原因及解决措施
1	基础工程 JC	JC-01	地脚螺栓套用定额	地脚螺栓应只计列主材费用	原因：未按照定额使用指南计列费用。措施：地脚螺栓安装费已包含在基础浇制定额中，不再单独计列安装费，只计列主材费
2	基础工程 JC	JC-02	灌注桩钢筋笼定额套用错误	灌注桩钢筋笼定额套用"一般钢筋加工及制作"	原因：未按照定额使用指南计列费用。措施：灌注桩钢筋笼定额套用"钢筋笼加工及制作"

续表

序号	专业子项	问题编号	问题名称	问题描述	原因及解决措施
3	基础工程JC	JC-03	人力运输	在可研阶段，不能确定杆塔位置，不能提供翔实的道路修筑工程量，可考虑机械化施工又增加计取人工费	原因：未按照定额使用指南计列费用。 措施：与线路设计沟通，看是否能够提供翔实施工道路修筑工程量，确定是否计取人工费。如果能够确定杆塔位置，并且能够提供翔实的道路修筑工程量，考虑机械化施工，不再计取人工费。否则计列人工费，不考虑施工道路修筑
4	基础工程JC	JC-04	地形地质	地形、地质与可研报告、地勘水文报告不符	原因：未按照定额使用指南计列费用。 措施：严格按照可研报告和地勘水文报告相应的地形、地质进行取费
5	基础工程JC	JC-05	施工降水	既计列井点降水费用，又按照水坑套用定额	原因：未按照定额使用指南计列费用。 措施：采用井点降水施工的土方量，按照普通土计算费用，井点降水费另计。不能兼顾水坑和井点降水施工
6	基础工程JC	JC-06	汽车运距	一般汽车运距不超线路长度一半左右	原因：未按照定额使用指南计列费用。 措施：按照设计提供计列材料站位置计算汽运；设计无说明时，按照定额使用指南计列材料站
7	基础工程JC	JC-07	人力运输重复计列	计列施工道路修筑费，不应或者应减少人力运输费用	原因：未按照定额使用指南计列费用。 措施：计列了路床整形、施工道路修筑费用，则可认为已考虑机械化施工，不应或者应减少人力运输费用
8	杆塔工程GT	GT-01	防鸟刺费用计列错误	防鸟刺费用计入其他费用	原因：未按照定额使用指南计列费用。 措施：防鸟刺按主材计入杆塔工程，套用放鸟刺安装定额，计取运输
9	杆塔工程GT	GT-02	杆塔杆号牌计列错误	未计列杆号牌安装	原因：未按照定额使用指南计列费用。 措施：按照号牌数量计列安装费，本期新建杆塔的杆号牌材料费包含在生产准备中，原有线路杆号牌的材料费需单独按照设计提资计列
10	接地工程JD	JD-01	接地体加工及制作定额工程量计列错误	"接地体加工及制作"定额工程量中包含接地模块质量、铜覆钢	原因：未按照定额使用指南计列费用。 措施："接地体加工及制作"定额工程量仅包含接地圆钢、接地镀锌圆钢
11	架线工程JX	JX-01	OPGW架设定额工程量错误	OPGW架设定额工程量按材料长度计列	原因：未按照定额使用指南计列费用。 措施：OPGW架设定额工程量应按路径长度计列
12	架线工程JX	JX-02	牵张场地建设定额重复计列	"牵、张场地建设 场地平整""牵、张场地建设 钢板铺设"重复计列	原因：未按照定额使用指南计列费用。 措施："牵、张场地建设 场地平整""牵、张场地建设 钢板铺设"应根据工程实际情况分别计列，计列"牵、张场地建设 钢板铺设"的，不应再计列"牵、张场地建设 场地平整"

序号	专业子项	问题编号	问题名称	问题描述	原因及解决措施
13	架线工程JX	JX-03	牵张场	牵张场导线与地线重复计列，或者计列过多	原因：未按照定额使用指南计列费用。 措施：牵张场场地数量按照设计要求计算，如果设计没有要求，一般情况按照导线6km 1处，OPGW按4km 1处
14	架线工程JX	JX-04	费用计列错误	跨35kV线路不应计列带电跨越定额	原因：未按照定额使用指南计列费用。 措施：按照实际施工情况，跨越35kV及以上线路时需停电施工，不计列带电跨越定额
15	架线工程JX	JX-05	定额计列错误	光缆金具串安装已在架设定额中包含	原因：未按照定额使用指南计列费用。 措施：光缆金具串安装已在架设定额中包含，不再单独计列光缆金具串安装
16	电缆DL	DL-01	电缆敷设长度错误	电缆敷设长度按路径长度计算	原因：未按照定额使用指南计列费用。 措施：三芯电缆敷设长度按电缆长度计算，单芯电缆敷设长度按电缆长度除相数计算
17	电缆DL	DL-02	电缆构筑物	在估算中不能清晰划分隧道与电缆沟界面，套用定额错误	原因：未按照定额使用指南计列费用。 措施：原则根据定义电缆沟为封闭不通行、盖板可开启的电缆构筑物；隧道是指容纳较多电缆数量、有供安装和巡视通道、全封闭的地下电缆构筑物
18	电缆DL	DL-03	顶管隧道	顶管隧道费用计列问题	原因：未按照定额使用指南计列费用。 措施：顶管隧道定额18版定额未涉及，如果设计提出顶管隧道，需提供两个及以上施工单位的询价单，或者类似工程结算文件，或者参考市政定额
19	电缆DL	DL-04	电缆支架	原有电缆构筑物敷设电缆，电缆支架漏记或者重复计列	原因：未按照定额使用指南计列费用。 措施：在可研阶段未建设完成的电缆构筑物，与电缆构筑物设计单位沟通，是否考虑电缆支架设计
20	附件工程FJ	FJ-01	跳线悬垂串安装定额漏计	跳线悬垂串安装定额漏计	原因：未按照定额使用指南计列费用。 措施：软件中勾选"绝缘子悬挂"
21	附件工程FJ	FJ-02	跳线线夹安装定额漏计	跳线线夹安装定额漏计	原因：未按照定额使用指南计列费用。 措施：软件中选择"缠绕铝包带"或"缠绕预绞丝"
22	附件工程FJ	FJ-03	直线塔悬垂串安装定额未区分单串、双串	直线塔悬垂串安装定额全部套用单串或者双串	原因：未按照定额使用指南计列费用。 措施：应按照设计提资，单串悬垂串套用单串定额，双串套用双串定额
23	附件工程FJ	FJ-04	跳线制作及安装定额工程量错误	计列时，只根据跳线悬垂串数量确定跳线制作及安装定额工程量，导致工程量较实际减少	原因：未按照定额使用指南计列费用。 措施：跳线数量=耐张塔数量×回路数×3+门型架个数×回路数×3；特殊接线方式跳线数量应与设计核实

序号	专业子项	问题编号	问题名称	问题描述	原因及解决措施
24	附件工程 FJ	FJ-05	耐张线夹探伤	耐张线夹探伤工程量计列错误，如果全线计列等	原因：未按照定额使用指南计列费用。 措施：按照定额使用指南计列耐张线夹 X 射线探伤。按照基为单位，指单回路每基单侧，双回路按照相应系数调整
25	附件工程 FJ	FJ-05	均压屏蔽环安装费	与复合绝缘子同时安装的均压屏蔽环重复计取费用	原因：未按照定额使用指南计列费用。 措施：与复合绝缘子同时安装的均压屏蔽环不能计取费用，不再单独计列安装费
26	其他费用 QT	QT-01	未计价材料价格不准确	地材（砂、石、水泥、钢筋）价格过高；塔材、导线未按最新招标价找差	原因：未按照定额使用指南计列费用。 措施：装置性材料按照装材本价格进本体。地材（砂、石、水泥、钢筋）应当地最新信息价计列；塔材、导线市场价应参照最新招标信息价计列
27	其他费用 QT	QT-02	桩基检测费漏计	采用灌注桩基础时，灌注桩桩基检测费漏计	原因：未按照定额使用指南计列费用。 措施：每根灌注桩都需进行小应变试验；大应变试验根数按总根数的 1%，且不少于 3 根
28	其他费用 QT	QT-03	跨越费用	涉及三跨等重要障碍物，跨越物的咨询、监护等费用过高，且不能提供有效的依据或者与跨越物产权部门的相关协议	原因：未按照预规使用指南计列费用。 措施：涉及三跨等重要障碍物，跨越架搭设不包括被跨越物产权部门提出的咨询、监护等费用，其费用放到其他费用中
29	其他费用 QT	QT-04	大额费用计列不规范	建厂费内走廊占用费等大额费用计列无相应的支撑文件	原因：未按照预规使用指南计列费用。 措施：不计列无依据费用，所有的大额补偿、赔偿等费用需要有价格支撑依据
30	其他费用 QT	QT-05	跨越铁路费用等计列不规范	跨越铁路费用等计列不规范	原因：未按照预规使用指南计列费用。 措施：跨越铁路费用按照预规指南计列到相应位置，不计列无依据费用，所有的大额补偿、赔偿等费用需要有价格支撑依据
31	其他费用 QT	QT-06	重复计列防洪评估费用等费用	重复计列防洪评估费用等费用	原因：未按照预规使用指南计列费用。 措施：预规（2018 版）规定，前期费用中增加了防洪影响评价，不应该在其他费用中再单独计列
32	其他费用 QT	QT-07	塔基占地价	塔基占地价未执行山东省征地区片综合地价	原因：未按照预规使用指南计列费用。 措施：塔基占地价原则执行山东省征地区片综合地价（最新版）
33	其他费用 QT	QT-08	其他费用计列错误	勘察费及监理费，多个不足 5km 的单体应按总长度计列，监理费、评审费未按预规标准计列	原因：未按照预规使用指南计列费用。 措施：勘察费及监理费，多个不足 5km 的单体应按总长度计列；监理费、评审费等按预规标准计列

附录 A

山东电网输变电工程可行性研究内容深度规定

目　　录

前　　言

为规范山东电网可研工作深度，保障可行性研究工作高质量开展，满足项目核准和工程建设要求，在国家电网有限公司《220kV 及 110（66）kV 输变电工程可行性研究内容深度规定》（Q/GDW 10270—2017）及《330kV 及以上输变电工程可行性研究内容深度规定》（Q/GDW 10269—2017）的基础上，结合山东电网实际及可研设计一体化管理有关要求，制定本标准。

与 Q/GDW 10270—2017 相比，主要技术性差异如下：

—根据国家电网公司新的要求和电网建设环境变化，增加安全校核分析和电缆工程部分内容。

—根据可研设计一体化要求，明确了站址和线路可研阶段勘察深度。

—结合山东电网实际，调整了系统、变电、线路、通信、二次、土建、技经等专业的深度要求。

本标准由国网山东省电力公司发展策划部提出并解释。

本标准起草单位：国网山东省电力公司经济技术研究院。

本标准主要起草人：王艳，臧宏志，李利生，李素雯，王羽田，张凯伦，张震，魏鑫，崔灿，石冰珂，毕晓伟，路翎。

本标准 2023 年 5 月首次发布。

本标准在执行过程中的意见或建议反馈至国网山东省电力公司发展策划部。

1 范围

本标准规定了山东电网输变电工程可行性研究内容深度的要求。

本标准适用于 500、220kV 及 110（35）kV 新建、扩建、改建交流输变电工程可行性研究工作。

2 规范性引用文件

下列文件对于本文件的应用是必不可少的。凡是注日期的引用文件，仅注日期的版本适用于本文件。

凡是不注日期的引用文件，其最新版本（包括所有的修改单）适用于本文件。

Q/GDW 10269—2017　330kV 及以上输变电工程可行性研究内容深度规定

Q/GDW 10270—2017　220kV 及 110（66）kV 输变电工程可行性研究内容深度规定

Q/GDW 11616　　配电网规划标准化图纸绘制规范

DL/T 5056　　　变电站总布置设计技术规程

DL/T 5170　　　变电站岩土工程勘测技术规程

DL/T 5469　　　输变电工程可行性研究投资估算编制导则

DL/T 5467　　　输变电工程初步设计概算编制导则

3 总的要求

3.1　本标准是编制、评审输变电工程可行性研究报告的重要依据。

3.2　输变电工程可行性研究应依据相关法律、法规、规章，贯彻国家的技术政策和产业政策，执行各专业的有关设计规程和规定。

3.3　对于城乡规划区内的输变电工程，应及早将电网规划内的站址和输电走廊通道纳入城乡经济社会发展规划，并将工作成果作为工程可行性研究的基础。

3.4　编制可行性研究报告应以审定的电网规划为基础。

3.5　电网工程设计应采用通用设计方案、通用设备及通用造价，对不能采用的应进行专题论述。贯彻差异化设计原则，推进资源节约型、环境友好型电网建设。积极采用电网新技术、新设备、新工艺，提高电网技术水平，注重环境保护，促进节地、节能、节材、节水，提高电网设备利用率，降低输电成本，控制工程造价。

3.6　编制可行性研究报告时，设计单位应完整、准确、充分地掌握设计原始资料和基础数据。

3.7　可行性研究包含电力系统一次、电力系统二次、变电站站址选择及工程设想、输电线路路径选择及工程设想、节能分析、社会稳定分析、防灾减灾措施分析、安全校核分析、环境保护和水土保持、投资估算及财务评价等内容。

3.8　可行性研究报告应满足以下要求：

a）在电网规划的基础上，应对工程的必要性、系统方案及投产年进行充分的论证分析，提出项目接入系统方案、远期规模和本期规模。

b）提出影响工程规模、技术方案和投资估算的重要参数要求。

c）提出二次系统的总体方案。

d）新建变电站应有两个及以上可行的站址方案，开展必要的调查、收资、现场踏勘、勘测和试验工作，进行全面技术经济比较，提出推荐意见。对因地方规划等条件限制的唯一站址方案，应在报告中专门说明并附地方规划书面意见或相关书面证明。

e）新建线路应有两个及以上可行的路径方案，开展必要的调查、收资、现场踏勘、勘测和试验工作，进行全面技术经济比较，提出推荐意见。对因地方规划等条件限制的唯一路径方案，应在报告中专门说明并附地方规划书面意见或相关书面证明。大跨越工程还应结合一般段线路路径方案进行综合技术经济比较。严格控制线路曲折系数，对于5km及以上的线路，线路曲折系数不宜超过1.2。

f）改造、扩建工程应包括停电过渡方案编制及相应措施费用。

g）投资估算应满足控制工程投资要求，并与多维立体参考价或限额指标进行对比分析。

h）财务评价采用的原始数据应真实可靠，测算的指标应合理可信。

i）应取得县（区）级及以上的规划、国土等方面协议。视工程具体情况落实文物、矿业、军事、环保、交通航运、水利、海事、林业（畜牧）、通信、电力、油气管道、旅游、地震等主管部门的相关协议。

j）设计方案应符合国家环境保护和水土保持的相关法律法规要求。选择的站址、路径涉及自然保护区、世界文化和自然遗产地、风景名胜区、饮用水水源保护区等生态敏感区时，应取得相应主管部门的协议文件，因法律法规规定无法在可研阶段取得的，应进行专门论述，并提出针对性措施。如已明确不涉及，宜在自然资源和规划局协议中明确说明。

k）可行性研究报告应包含方案的节能分析及防灾减灾分析等相关内容，包括系统设计、变电设计及线路设计的节能分析以及变电站、线路的防灾减灾设计要求。

l）严格按照国家电网有限公司要求甄别特殊项目，对特殊项目的类型及原因作出说明。

m）提供站址及输电线路水文气象报告和地勘报告。

n）电源送出、用户接入工程应有接入系统、供电方案评审纪要。

o）原址范围内改建、扩建变电站等项目应出具原址土地证。

p）涉及拆除或退运已有的变电、线路设备，应取得设备退运、退役评估报告，退运、退役的设备应注明去处。对于更换导线或地线，需在说明书中单独章节描述，并作杆塔结构强度校验计算，满足条件方可更换。

q）新建输变电工程需提供调度部门出具的正式命名文件（盖章）版，项目命名应符合《项目命名及编码规范》（Q/GDW 11771—2017）。

r）停电过渡方案应取得相应级别调控、建设、运检等专业书面确认意见，涉及客户停电的应取得客户停电协议回函。

s）对侧涉及用户站、电厂扩建、改造工程的，投资不计入输变电工程。应取得对侧用户、电厂同意扩建、改造的函。

4 工程概述

4.1 设计依据

可行性研究报告的主要设计依据应包括以下内容：

a）说明工作任务的依据，经批准或上报的前期工作审查文件或指导性文件。

b）与本工程有关的其他重要文件。

c）与委托方签订的可行性研究委托合同、委托函或者中标通知书。

4.2 工程概况

工程概况应包含以下内容：

a）简述工程概况，电网规划情况及前期工作情况。对扩建、改造工程，应简述先期工程情况。

b）说明变电站在电网中的地位作用；说明变电站地理位置，变电站进出线位置、方向、与已建和拟建线路的相互关系；说明变电站本期、远期工程规模。

c）简述近期电力网络结构，明确与本工程相连的线路起迄点及中间点的位置、输电容量、电压等级、回路数、线路长度、导线截面及是否需要预留其他线路通道等。

d）说明线路所经过地区的行政区划。

e）简述光缆建设方案及传输设备建设方案。

f）说明工程总体投资情况。

4.3　设计水平年

根据电网规划合理选定工程设计水平年及远景水平年。远景水平年用于校核分析，500kV 和 220kV 宜取设计水平年后 10～15 年的某一年；110（35）kV 宜取设计水平年后 5～10 年的某一年。

4.4　主要设计原则

主要设计原则及边界条件的内容应包括：

a）根据电力发展规划的要求，结合工程建设条件等提出本项目的设计特点和相应的措施。

b）新技术采用情况分析。

c）简述各专业的主要设计原则和设计指导思想。

d）说明工程设计的主要边界条件。

4.5　设计范围及配合分工

应在报告中说明以下内容：

a）说明本设计应包括的内容和范围。

b）说明与外部协作项目，以及设计的分工界限。

c）对扩建、改造工程，说明原有工程情况与本期建设的衔接及过渡配合；因工程引起的拆除需明确设备范围及处理方式。

5　电力系统一次

5.1　电力系统概况

5.1.1　系统现况

应概述与本工程有关电网的区域范围；全社会、全网（或统调）口径的发电设备总规模、电源结构、发电量；全社会、全网（或统调）口径用电量、最高负荷及负荷特性；电网输变电设备总规模；与周边电网的送受电情况；供需形势；主网架结构、与周边电网的联系及其主要特点。

应说明本工程所在地区同一电压等级所接入的发电容量、电网的变电容量、下网负荷、主变负载率，本电压等级的容载比；电网运行方式，电网存在的主要问题；主要在建发输变电工程的容量、投产进度等情况。

系统现况数据应为截至可研报告编制年前一年年底的最新数据，数据资料应准确详实。

5.1.2 负荷预测

5.1.2.1 应以年度滚动规划报告下发的电力需求预测水平推荐方案为基础，结合最新情况介绍与本工程有关的电力（或电网）发展规划的负荷预测结果，根据目前经济发展形势、用电增长情况以及储能设施的接入情况，提出与本工程有关电网规划水平年的全社会、全网（或统调）负荷预测水平,包括相关地区（供电区或行政区）过去 5 年、规划期内逐年（或水平年）、展望至远景水平年的电量及电力负荷，分析提出与本工程有关电网设计水平年及远景水平年的负荷特性。

5.1.2.2 负荷预测结果应能够支撑工程建设的必要性，并能够判断工程本期、远景建设规模及合理建设时机。必要时应给出区域大型企业报装容量列表，包括新增企业建设规模及负荷需求、企业扩建情况及负荷需求等。

5.1.2.3 若负荷预测数据与年度滚动规划报告推荐方案数据偏差较大，工程所在供电区域与本省（市、县）平均负荷增长率偏差较大，需详细说明。

5.1.3 电源建设安排及电力电量平衡

应说明与本工程有关电网设计水平年内和远景规划期内的装机安排，列出规划期内电源名称、装机规模、装机进度和机组退役计划表，计算工程所在地区的逐年电力、电量平衡；若本工程为大规模新能源送出工程，应根据新能源规划、年度开发计划及项目实际进展情况，确定本输变电工程设计水平年及规划期内的新能源装机安排，必要时需对新能源不同出力情况进行电力电量平衡计算以及相关电网的调峰能力分析。确定与工程有关的各供电区间电力流向及同一供电区内各电压等级间交换的电力；对规划有抽水蓄能、新型储能电站的区域，应进行敏感性分析，考虑其分布及规模对电力平衡结果的影响。

5.1.4 电网规划

应说明与本工程有关的电网规划,逐一列出与本工程相关的在建及规划项目,明确本工程与相关在建及规划项目的相互关系(包括建设时序和设计范围划分),并落实到电网地理接线示意图中。

5.2 工程建设必要性

根据本工程周边区域负荷及电网发展现状、结合电网规划、电力平衡、变电容量需求分析、关键断面输电能力分析等,分析当前电网存在的问题,根据每个输变电工程不同的特点,从满足负荷增长需求、提高电网供电可靠性、满足电源及用户接入需求等方面论述工程(含电网新技术应用)建设必要性、节能降耗的效益及其在电力系统中的地位和作用,分析工程合理投产时序。

a)对于电网互联项目,应结合联网效益分析,分析扩大和加强联网的必要性,分析工程合理投产时序。

b)对于新(扩)建输变电工程,应详细说明现状区域周边各变电站最大负荷情况、区域新增负荷情况以及工程投产后的负荷接带能力,明确中、低压配出规划方案,避免出现新建设备轻载低效。

c)严格控制容载比,需对项目所在供电区域规划投产年的容载比进行测算。测算时除基地式新能源开发对应的升压变压器外,其余主变压器容量均应计入。

5.3 系统方案

5.3.1 系统方案论证

根据现状网络特点、电网发展规划、负荷预测、断面输电能力、先进适用新技术应用的可能性等情况,新建输变电工程原则上均应提出两个及以上系统方案,进行多方案安全、技术、经济比选,提出推荐方案。确定变电站本期、远期规模,包括主变压器规模、各电压等级出线回路数和连接点的选择,必要时应包含与本工程有关的上下级电压等级的电网研究以及对远景水平年系统方案的展望。如仅提出一个方案必须进行适应性论证。若推荐接入系统方案与规划方案不一致,应详细进行方案比选,确需调整应严格履行规划调整手续。

a)220kV 电网接线考虑区域特点和负荷特性,适时在 2~3 座 500kV 变电站(4~6 台主变压器)之间形成沟通,保持各供电区域间 220kV 线路联络,在保证供电能力和可靠性的前提下为规划供电区解环创造条件。同时,针对提高区域电网抵御事故能力以及解决 500kV 变电站 220kV 一段母线故障后的安全供电等问题，重点加强相邻区域、相邻 500kV 变电站之间的 220kV 沟通，有效提高区域间事故支援和转供负荷的能力。

b）110（35）kV 电网以双侧电源单链、双链结构为目标，采用以 220kV 变电站为中心分片供电模式，并在相邻 220kV 变电站间通过 110kV 变电站建立 1～2 回 110（35）kV 通道，实现故障时负荷有序转移和相互支援。

5.3.2　地理接线示意图

应提供现状、投产前、本期和远景电网地理接线示意图，变电站站址、线路相对位置应与实际相符，输电网图纸的内容、深度和要求应符合《关于规范山东电网规划图集绘制要求的通知》要求，配电网图纸的内容、深度和要求应符合 Q/GDW 11616 配电网规划标准化图纸绘制规范。

5.4　电气计算

应明确电气计算的主要原则，说明电气计算的各水平年，网架边界条件及需考虑的各种运行方式等。

5.4.1　潮流稳定计算

根据电力系统有关规定，进行正常运行方式、故障及严重故障的潮流稳定计算分析，校核推荐方案的潮流稳定和网络结构的合理性及适应性，必要时进行安全稳定专题计算。若本工程为大规模新能源送出工程，需对新能源不同出力情况进行电气校验。电气计算结果可为选择送电线路导线截面和变电设备的参数提供依据。

5.4.1.1　为更好校核工程周边网架结构的合理性和适应性，应选取工程设计水平年（投产年）及工程投产后 2～3 年进行潮流计算。

5.4.1.2　计算需明确边界条件，220kV 及以上项目应包括所在区域内部 220kV 及以上电网的开合环情况、与周边区域电网的开合环情况、500kV 变电站变电容量及站内 220kV 母线运行情况、统调电厂开停机情况、计算负荷等。原则上，对于工程设计水平年的计算，边界条件应与地区年度运行方式或 2～3 年方式校核保持一致；投产后 2～3 年的计算原则上与区域滚动规划保持一致，不一致时应与规划专业沟通并在报告中进行说明。

5.4.1.3　潮流计算的方式应根据计算分析的目的，针对系统运行中实际可能出现的情况选取。具体包括正常方式、故障方式和特殊方式。

a）正常方式包括计划检修方式和按照负荷曲线以及季节变化出现的火电大

发、最大或最小负荷、最小开机和抽水蓄能及储能运行工况、新能源发电最大或最小等可能出现的运行方式。

b）故障方式包括电力系统故障消除后，在恢复到正常运行方式前所出现的短期稳态运行方式，至少应涵盖与本工程相关的主变压器及线路的 $N-1$、$N-2$ 故障。

c）特殊方式包括节假日运行方式，主干线路、变压器或其他系统重要元器件、设备计划外检修和设备启动及电网主要安全稳定控制装置退出等较为严重的方式。

5.4.1.4 基础运行方式应满足关键断面潮流合理，线路和变压器均不过载，并满足 $N-1$ 静态安全要求；无功功率分布合理，满足分层分区平衡原则；各枢纽点电压在正常范围内；各发电厂的开机方式具有代表性且出力合适。

5.4.1.5 不同方式下潮流计算存在问题应包括线路电流越限、输电断面潮流越限、变压器潮流越限和母线电压越限。应按照设备过载、越限程度进行排序，并给出合理的解决措施。

5.4.1.6 对于主要承担新能源送出功能的输变电工程，需着重进行大负荷新能源大发、平峰新能源大发等不同方式下的潮流分析。由于新能源出力存在随机性，在潮流计算中需要考虑新能源不同出力场景下，系统常规机组的出力约束和调峰能力情况；新能源出力应按照所在区域实际运行状况选取。新能源大出力场景对于系统电压水平提出了更高的要求，需要关注系统无功需求及配置情况。

5.4.1.7 潮流图范围不宜过小，500kV 输变电工程至少包含设计水平年、远景年山东电网全网正常方式潮流图，220kV 输变电工程原则上应全部展现本工程所在电网分区的潮流图，潮流图上应能展现电网的开合环情况、电源的出力情况、变电站的负荷情况、线路的潮流、变电站的各级母线电压等。

5.4.1.8 对于 500kV 及以上输变电工程，稳定计算应选取工程近区电网与直流输电工程以及同步互联电网范围内主要网架及省际联络线的故障来进行充分校核。如重要枢纽变电站或重要线路，应进行严重故障方式下的稳定校核。如稳定水平较低或有问题时，应从网架结构、工程建设方案上提出提高电网稳定水平或应对稳定问题的措施。

5.4.2 短路电流计算

5.4.2.1 说明短路电流计算的依据和条件，原则上与潮流计算边界条件保持一致。选取工程设计水平年（投产年）及远景水平年（投产后 5～10 年）分别计算与本工程有关的各主要站点最大三相和单相短路电流，对短路电流问题突出的电网，应对工程投产前后系统的短路电流水平进行分析以确定合理方案，选择新增设备的遮断容量，校核已有设备的适应性。

5.4.2.2 系统短路电流应控制在合理范围。若系统短路电流水平过高应优先采取改变电网结构的措施，并针对新的电网结构进行潮流、稳定等电气计算。必要时开展限制短路电流措施专题研究，提出限制短路电流的措施和要求。对220kV及以上电网的短路电流计算结果，应与年度运行方式及电网滚动规划报告进行比对，若存在差异，应进一步校核计算参数等。

5.4.3 无功补偿及系统电压计算

对设计水平年推荐方案进行无功平衡计算，研究大、小负荷运行方式下的无功平衡，确定本期、远期无功补偿设备的型式、组数、分组容量及安装地点，选择变压器的调压方式。当电缆出线较多时，应计及电缆出线的充电功率，补偿容量应经过分析计算后确定。必要时应增加如下计算：

a）无功电压专题分析。

b）如需加装动态无功补偿装置、调相机、线路高抗等设备，应对加装的必要性进行论述，并进行必要的电气计算和论证。

c）对于500kV以上架空长线路及110kV以上电缆长线路，应进行过电压专题计算，分析高抗的必要性。

5.5 电气主接线

应结合变电站接入系统方案及分期建设情况，提出系统对变电站电气主接线的要求，明确各电压等级本期、远期电气主接线方案。如系统对电气主接线有特殊要求时，需对其必要性进行论证，必要时进行相关计算。说明备用间隔的出线方向。

a）变电站电气主接线型式的选择应充分考虑变电站功能定位、出线回路数、站内主设备情况、负荷性质及重要程度等因素。同时，需明确各电压等级本期及远期电气主接线方案。

b）原则电气主接线型式的选择应满足规程规范及国家电网有限公司通用设计导则要求，在满足供电安全可靠、方便运维的前提下，尽量简化接线。

c）对新建输变电工程、新建线路工程，应描述系统对相关变电站进出线间隔排列的要求，做好与变电、线路专业的衔接。说明分段位置、备用间隔的出线方向，其中本期安装设备的预留间隔要有明确的对侧站点名称及投运时序，若在本工程投运 2～3 后投运，则应详细论证分析本期安装设备的原因；若间隔为远景预留，尽量明确对侧站点名称或出线方向。

5.6　主变压器选择

根据分层分区电力平衡结果，结合系统潮流、工程供电范围内负荷及负荷增长情况、电源接入情况和周边电网发展情况，合理确定本工程变压器单台容量、变比、本期建设的台数和终期建设的台数。原则上要满足投产年及投产后 3 年不扩建的要求。

5.7　中性点接地方式选择

论证各级电压中性点接地方式选择。

a）500kV 系统中变压器中性点推荐采用经小电抗接地方式，需结合系统需求、变电土建方案等确定具体论证。对于扩建工程，可结合本期工程对已有主变加装小电抗。

b）110～220kV 系统中变压器高压侧中性点推荐采用直接接地方式，具备不直接接地运行条件。低压侧中性点接地方式应根据低压回路电容电流，统筹考虑负荷特点、设备绝缘水平以及电缆化率、地理环境、线路故障特性等因素进行选择，并考虑电网 5～10 年的发展，避免或减少未来改造工作量；同一变电站不同母线段的中性点接地方式应尽量相同，扩建母线采用低电阻的变电站，应同步改造前期母线的中性点接地方式。

5.8　线路型式及导线截面选择

根据正常运行方式和事故运行方式下的最大输送容量，考虑到电网发展、饱和负荷状况以及线路全寿命周期等因素，对线路型式、导线截面以及线路架设方式提出要求，必要时对不同导线型式及截面、网损等进行技术经济比较。

5.8.1　导线截面选择

导线截面的选取应符合下述要求：

a）宜综合饱和负荷状况、线路全寿命周期选定。

b）输电网线路按经济电流密度选取，以安全裕度校核。

c）配电网线路应与电网结构、变压器容量和台数相匹配，按照安全电流裕度选取，并以经济载荷范围校核。

d）新能源送出线路导线截面按照满足新能源机组满发的送出需要选择。

e）电缆截面的选取应保证输送容量与架空线路相匹配。

5.8.2　线路型式选择

线路型式的选择需兼顾近、中期及远景年目标网架发展需要和廊道情况。本期工程中考虑远景线路选择同塔四回、同塔双回或同塔双回单侧挂线等方式超前架设，应详细论证分析本期架设的原因，明确线路走向、接入站点、投产时序等。

5.9　系统对有关电气参数的要求

5.9.1　主变压器参数

结合潮流、短路电流、无功补偿及系统电压计算，确定变压器的额定主抽头、阻抗、调压方式等。扩建主变压器若与前期主变并列运行，参数应满足主变压器并列运行条件。

对于短路电流问题突出的地区，需重点核实区域网架的短路电流水平，在变压器阻抗选择上予以重点考虑。500kV 变电站一般选用高-中侧阻抗为 20%的主变压器，220kV 变电站一般选用高-中侧阻抗为 14%的主变压器，110kV 变电站一般选用高压-低压侧阻抗为 17%的主变压器。

5.9.2　其他参数要求

电气设备选择应结合变电站高、中低压母线侧短路电流水平及通用设备要求；应结合系统要求，对变电站母线通流容量、电气设备额定电流提出要求。

5.9.3　无功补偿容量

按变电站规划规模和本期规模，根据分层分区无功平衡结果，结合调相调压及短路电流计算，分别计算提出远期和本期低压无功补偿装置容量需求，并确定分组数量、分组容量。

5.9.3.1　对于感性无功配置，若变电站出线对侧为变电站，两侧变电站各补偿线路充电功率的 1/2。变电站出线对侧为换流站、电厂，补偿线路全部充电功率。若装设有线路高抗，则对侧变电站补偿该线路充电功率与线路高抗有效容量的差值。

5.9.3.2　对于容性无功配置，220kV 及以上一般取主变压器容量的 10%～25%，110（35）kV 一般取主变容量的 15%～30%。

5.9.3.3　对于新能源汇集站需进行无功专题分析以确定是否安装动态无功补偿装置。

5.10　停电过渡方案

对涉及停电的工程，需结合停电方案进行相关潮流、短路等电气校核计算；重点落实停电过程中否需要临时过渡方案，并进行相关电气校核计算。

a）停电过渡方案需明确施工时间周期（精确到月）。负荷一般按照该时段高峰负荷的 75% 考虑，特殊情况可按照 70% 考虑。

b）停电过渡方案中涉及多个停电需求时，尽量同一时间段停电。必要时进行检修方式下电气校核计算。故障校核范围包括：停电区域的一级断面上的 $N{-}1$ 和 $N{-}2$ 故障；重要断面上可能引发五级电网事件的故障，给出负荷转供方案及负荷损失情况，应量化说明。

c）涉及 220kV 及以上配电装置、线路停运，应在分析相关变电站是否有电源供电的基础上，增加对相关主变压器容量、网架的校核；若存在薄弱环节，应提出避免或降低安全风险的措施、实施时机。

d）涉及 500kV 设备的停电过渡方案需取得省公司调控中心、建设公司、超高压公司等出具的书面确认意见；220kV 及以下设备的停电过渡方案需取得市公司调控中心、建设部、运检部等出具的书面确认意见。

6　电力系统二次

6.1　系统继电保护及安全自动装置

6.1.1　一次系统概况

应简单描述一次系统的概况、特点和稳定计算等结论。

6.1.2　现状和存在的问题

应说明与本工程有关的系统继电保护现状，涵盖配置、通道使用情况、运行动作情况、运行年限等内容，并对存在的问题进行分析，包括本工程的接入对周边系统继电保护的影响以及周边系统可能对本工程继电保护的影响，保护设备是否符合九统一要求。

6.1.3　系统继电保护及安全自动装置配置方案

分析一次系统对继电保护配置的特殊要求，论述系统继电保护配置原则。提出与本工程相关线路保护（含过电压保护）、母线保护、母联（分段）保护、自动重合闸、断路器保护、短引线保护、远方跳闸保护、故障录波器及专用故障测距等的配置方案。

6.1.4　二次设备在线监视与分析子站

简要描述二次设备在线监视与分析子站的技术方案和功能。

6.1.5　对通信通道的技术要求

提出保护对通信通道的技术要求，包括传输时延、带宽、接口方式等。

6.1.6　对相关专业的技术要求

对相关专业的要求如下：

a）对通信通道的技术要求：保护对通信通道的技术要求，包括通道组织、传输时延、带宽、接口方式等。

b）提出对电流及电压互感器、断路器、直流电源等的技术要求，当采用电子式互感器时，应论述保护对不同类型互感器的适应性及其解决方案。

c）提出继电保护对过程层设备的配置和接口要求。

d）提出对合并单元、智能终端、信息交互、网络及其设备、保护压板的技术要求。

e）智能变电站保护装置的检修压板、远方操作压板、智能终端跳合闸出口回路应采用硬压板。

6.2　安全稳定控制装置

简要描述与本工程有关的安全稳定控制装置现状，包括配置、通道使用情况、运行动作情况，并对存在的问题进行分析。

必要时，以一次系统的潮流、稳定计算为基础，进行相应的补充校核计算，对系统进行稳定分析，提出是否需配置安全稳定控制装置。如需配置安全稳定控制装置应提出与本工程相关的初步配置要求及投资估算。确定本工程是否需要进一步开展安全稳定控制系统专题研究。

6.3　调度自动化

6.3.1　现状及存在的问题

概述与本工程相关的调度端能量管理系统、调度数据网络等的现状及存在问题。

6.3.2　远动系统

根据调度关系及远动信息采集需求，提出远动系统（含同步相量测量装置）配置方案，明确技术要求及远动信息采集和传输要求。

6.3.3　相关调度端系统

结合本工程建设需求，提出相关调度端改造完善建设方案和投资估算。

6.4　电能计量装置及电能量远方终端

6.4.1　现状及存在的问题

应简要描述与本工程有关的电能量计量（费）系统现状及存在的问题。

6.4.2　电能计量装置及电能量远方终端配置

根据电网电能量计量（费）建设要求，提出本工程计费、考核关口计量点及非关口计量点设置原则，明确关口表和电能量采集处理终端配置方案，提出电能量信息传送及通道配置要求。明确电能表接口类型，提出计量关口点对互感器的要求，当采用电子式互感器时，应论述计费关口表适应性及精度要求。当采用数字接口电能表时，提出过程层 SV 数据传输要求。

基建工程中应明确，电能量远方采集终端只可配置一台，可预留另一套电能量远方采集终端的位置供营销专业自行采购。

6.5　调度数据通信网络接入设备

根据相关调度端调度数据通信网络总体方案要求，分析本工程在网络中的作用和地位，提出本工程调度数据通信网络接入设备配置要求、网络接入方案和通道配置要求。

6.6　二次系统安全防护

根据相关调度端和变电站二次系统安全防护要求，分析本工程各应用系统与网络信息交换、信息传输、安全隔离和安全监测的要求，提出二次系统安全防护及安全监测方案、设备配置要求及示意图，明确服务器、工作站、网关机、交换机等的网络安全监测要求。明确智能变电站典型监测对象表。

6.7　系统通信

6.7.1　系统概况

简要说明与本工程建设方案相关的电力系统概况，包括相关电网现状及发展规划、新建（改、扩建）输变电工程建设规模、变电站接入系统概况（各电压等级出线方向及回路数）、相关站内倒间隔和线路改跨接情况等。

6.7.2　现状及存在的问题

概述与本工程相关的通信传输网络、调度/行政交换网、数据通信网、频率同步网等的现状及存在的问题，与本工程相关的已立项或在建通信项目情况等。其中，光缆现状应表述起止点、所在线路名称和电压等级、光缆类型、光缆芯数、纤芯类型、投运年限等；设备现状应表述站点名称、设备名称、设备型号、线路侧方向和容量、设备现有扩容条件、投运年限等；设施现状应表述站点名称、通信设备布置区域、屏位预留情况、设备供电方式、电源系统配置和容量、配电端子预留条件等。

对于有老旧光缆改造需求的线路，应对原光缆性能、杆塔荷载情况及承载业务等进行描述。

说明退役设备情况及原因,设备情况需包括设备名称、设备型号、投运年限、运行情况等，并取得技术鉴定报告。

6.7.3 需求分析

根据各相关的电网通信规划，分析本工程在通信各网络中的地位和作用，分析各业务应用系统对通道数量和技术的要求，包括调度自动化、调度数据网、安全稳定装置、调度/行政交换网、数据通信网、线路保护等。

6.7.4 建设必要性

从电力通信业务需求、加强相关地区通信网络、相关电力通信规划等方面需求，概述本工程建设的必要性。对于因电网智能化要求引起的工程内容，应增加其必要性的简述。对工程中所应用的新技术、新工艺、新材料内容，应增加其必要性简述。

6.7.5 系统通信方案

根据需求分析，提出本工程系统通信建设方案，包括光缆建设方案、光通信电路建设方案、组网方案等，对于220kV及以上变电站，应提出光缆双沟道建设方案。

存在多个备选方案时，应进行技术经济比较和方案推荐。

6.7.5.1 光缆建设方案

详述各条光缆依附的输电线路名称、线路电压等级、架设方式、缆路起讫点、中间起落点、站距、线路（光缆）总长度、光缆类型、光纤芯数和规格、与相关光缆连接点位置及引接方式。提出本工程各站光缆进站引入方案，确定引入光缆型式、敷设方式、芯数。

6.7.5.2 传输设备建设方案

提出本工程传输设备建设方案。详述本工程传输网建设和组织方案，包括设备制式、传输容量、光链路方向、保护方式、重要部件和板件配置原则等。对于已有设备扩容，应对扩容条件和扩容方案进行描述。对于有 10kV 配出的新建变电站，应同步考虑配网传输设备建设方案。

6.7.6 数据通信网

根据相关电网数据通信网络总体方案要求，分析本工程在网络中的作用和地位及各应用系统接入要求，提出本工程数据通信网络设备配置要求、网络接入方案和通道配置要求。

6.7.7 调度交换网

提出变电站调度电话的解决方案及相应的设备配置方案。

6.7.8 行政交换网

提出变电站行政电话的解决方案及相应的设备配置方案。

6.7.9 通道组织

提出推荐通信方案的通道组织。

6.7.10 频率同步网

论述变电站通信设备的频率同步方案，提出频率同步设备具体配置要求或定时链路调整方案。

6.7.11 通信机房、电源

提出通信机房、电源、屏位、机房动力环境监视系统等的设计原则及方案，明确电源整流模块容量配置、蓄电池容量配置、动环监控内容、蓄电池室防火隔离要求等。

6.7.12 通信过渡方案

对于线路 π 接或改接引起光缆临时中断以及设备更换改造时的，应对原承载业务情况进行描述，并提供相关业务临时过渡方案。

过渡方案可分为业务临时割接与光缆路由迂回两种情况。具备利用现有通信系统对业务进行临时割接条件的，应进行方案说明；对于不具备业务临时割接条件的，应通过迂回路由组织或加装临时通信设备、架设临时光缆、租用运营商通道等方式对过渡方案进行表述。

7 变电站站址选择

7.1 基本标准

应结合系统论证，进行工程选站工作，并概述工程所在地区经济社会发展规划及站址选择过程。

应充分考虑站址周边发展规划、进出线条件、土地用途、土地性质、地震地质、交通运输、站用水源、站外电源、环境影响等多种因素，重点解决站址的可行性问题，避免出现颠覆性因素。

7.2 站址区域概况

站址区域概况描述应包含以下内容：

a）站址所在位置的省、市、县、乡镇、村落名称。站址距主要城镇的距离及相互位置关系，应明确站址四角坐标。

b）站址地理状况描述：站址的自然地形、地貌、海拔、自然高差、植被、农作物种类及分布情况。

c）站址土地使用状况：说明目前土地使用权，土地用途（建设用地、农用地、未利用地），地区人均耕地情况。

d）交通情况：说明站址附近公路、铁路、水路的现状和与站址位置关系，进站道路引接公路的名称、路况及等级。

e）与城乡规划的关系及可利用的公共服务设施。

f）矿产资源：站址区域矿产资源及开采情况，对站址安全稳定的影响。

g）历史文物：文化遗址、地下文物、古墓等的描述。

h）邻近设施：站址附近军事设施、通信设施、飞机场、导航台、输油和天然气等管线、环境敏感目标（风景名胜区和自然保护区、饮用水水源保护区、生态红线、民房、医院、学校、工厂、办公楼等）与变电站的相互影响，站址附近易燃易爆源（油库、炸药库等）与变电站的安全距离。

i）附各站址的现场照片，包括但不限于基准点参照物、接引道路、站址概貌等，必要时应注明照片拍摄方位。

7.3 站址的拆迁赔偿情况

应说明站址范围内已有设施和拆迁赔偿情况。

7.4 进出线条件

按本工程最终规模出线回路数，规划出线走廊及排列次序。根据本工程近区出线条件，研究确定按终期规模建设或本期规模建设变电站出口线路的必要性和具体长度，明确是否存在拆迁赔偿，线路走廊通道资源等。

7.5　站址水文气象条件

7.5.1　水位

按照 DL/T 5056 中竖向布置的相关要求，对洪水水位或历史最高内涝水位进行分析论述。

7.5.2　气象资料

列出气温、湿度、气压、风速及风向、降水量、冰雪、冻结深度等气象条件。

7.5.3　防洪涝及排水情况

应说明站区防洪涝及排水情况。

7.6　水文地质及水源条件

应说明水源、水质、水量情况；同时说明水文地质条件、地下水位情况以及地下水、土壤对基础、钢结构的影响。

7.7　站址工程地质

工程地质应说明以下内容：

a）说明站址区域地质、区域构造和地震活动情况，确定地震动参数及相应的抗震设防烈度。

b）查明站址的地形、地貌特征，地层结构、时代、成因类型、分布及各岩土层的主要设计参数、场地土类别、地震液化评价、地下水类型、埋藏条件及变化规律，确定地基类型。

c）查明站址是否存在活动断裂以及危害站址的不良地质现象，判断危害程度和发展趋势，提出防治意见。对于可能导致地质灾害发生或位于地质灾害易发区的站址，应由有资质的单位进行地质灾害危险性评估，提出场地稳定性和适宜性的评价意见。

d）建议地基处理方案及工程量预估。

e）应取得正式的工程地质勘察报告（各级签字、执业资格印章签盖齐全），作为可研报告的附件。

7.8　土石方情况

说明土质结构比，预估土石方工程量，预估护坡或挡土墙工程量。说明取土土源、弃土地点等情况。

7.9　进站道路和交通运输

7.9.1　进站道路

说明进站道路的引接方案，需新建道路和改造道路等的工程量。论述接引路的运输条件，改造道路需论述拟采用的改造技术方案。

7.9.2 交通运输

说明大件运输的条件并根据水路、陆路、铁路等情况综合比较运输方案，运输条件困难地区应做大件运输专题报告。

7.10 站外电源

说明站外电源的引接方案及工程量并提供相关协议。

7.11 站址环境

说明站址所在区域环境情况，初步分析主要污染源及污染特性，提出站址区域污秽等级。

7.12 施工条件

说明站址的施工条件。

7.13 其他需要说明的问题

描述其他需要特殊说明的问题。

7.14 站址方案技术经济比较应包括以下方面内容

站址方案技术经济比较应包括以下内容：地理位置、系统条件、出线条件、本期和远期的出线工程量及分期建设情况、防洪涝及排水、土地性质、地形地貌、土石方工程量、边坡挡土墙工程量、工程地质、水源条件、进站道路、大件运输条件、地基处理、站外电源、拆迁赔偿情况、对通信设施影响、运行管理、环境情况、施工条件等。

7.15 推荐站址方案

对各站址方案建设条件和建设投资、运行条件进行综合经济技术比较，提出推荐站址方案，并对推荐理由作简要论述。站址推荐方案应综合各专业技术经济条件综合确定，推荐理由应充分。

7.16 收集资料情况和必要的协议

说明与有关单位收集资料和协商的情况，包括规划、国土、林业（畜牧）、地矿、文物、环保、地震、水利（水电）、通信、文化、军事、航空、铁路、公路、供水、供电、油气管道等部门。

规划、国土协议为必要协议。当站址位于矿产资源区、历史文物保护区、自然保护区、风景名胜区、饮用水水源保护区等敏感区域内时，须同时取得相关主管部门的协议，因法律法规规定无法在可研阶段取得的，应进行专门论述，并提出针对性措施。协议应作为附件列入可行性研究报告。

协议中应明确站址位置、线路路径、办理日期、协议有效期等关键信息，并取得相应主管部门的明确书面意见。

7.17 勘测要求

勘测探测点布置执行 DL/T 5170 的要求；站址方案地形图测量比例不宜低于 1∶2000。

7.17.1 勘测点、线的布置应符合下列要求：

勘测点线的布置应控制站址范围，并兼顾总平面布置。

应按场地复杂程度布置勘测点，简单场地宜按网格布置，中等复杂场地及复杂场地宜按地质单元布置。

7.17.2 勘测线间距和勘测点间距宜符合表 7.17.2 的规定：

表 7.17.2　　　　　　　　　　勘测线间距和勘测点间距　　　　　　　　　（m）

场地复杂等级	勘测线间距	勘测点间距
简单场地	80～200	70～120
中等复杂场地	75～150	50～100
复杂场地	50～100	≤60

7.17.3 勘测点深度宜按表 7.17.3 的规定确定：

表 7.17.3　　　　　　　　　　　　勘测点深度　　　　　　　　　　　　（m）

电压等级	一般性勘测点	控制性勘测点
220kV 以下	8～10	10～15
220～500kV	10～15	15～20

对全（半）地下变电站，应收集站址范围及周边各种地下管线的路径和埋深、地表水体和暗沟（塘）、地下构筑物、邻近建（构）筑物的基础范围及埋深等资料。兼顾基坑勘测的内容与要求，查明邻近建筑物和地下设施的分布现状、特性，对施工振动、位移的承受能力，以及施工降水对其的影响，并对必要的保护措施提出建议；分析评价基坑开挖的可行性，初步提出基坑支护方案和必要的地下水控制措施；分析论证地基类型，当需要进行地基处理或采用桩基础时，应对方案进行论证，并提出建议方案。

7.18 扩建工程

说明站址地理位置、建成投运时间、总平面布置出线方向、前期工程已征地面积、围墙内占地面积、本期工程扩建规模、占地面积是否需要新征土地等。如需征地，应取得新征用地规划、国土等部门的协议。

8 变电站工程设想

8.1 系统概况

应简要描述工程所在地近远期电力网络结构、变电站变电容量、各级电压出线回路数、无功补偿等。改扩建工程应分别说明工程远期、前期和本期建设规模。

8.2 电气主接线及主要电气设备选择

8.2.1 电气主接线

根据变电站规模、线路出线方向、近远期情况、系统中位置、站址具体情况和短路电流水平、中性点接地方式等，在进行综合分析比较的基础上，对变电站的电气主接线的选择提出初步意见，主接线优化应进行详细论证。

扩建、增容、改造工程需重点关注原有接线型式能否满足要求，本期工程接线是否需要调整，间隔排列是否需要调整，停电方案是否合理可行。

8.2.2 短路电流计算及主要设备选择

根据系统条件、变电站自然条件、环境状况、污秽等级、地震烈度等进行主要电气设备的选择。对新技术的采用进行简要分析。对采用紧凑型设备和大容量电气设备方案，需进行技术经济比较，提出推荐意见。

改、扩建工程应校验原设备参数。对于扩建变压器、间隔设备工程，需注意与已有工程的协调，校核现有电气设备及相关部分的适应性，有无改造搬迁工程量。对涉及拟拆除的一、二次设备进行设备寿命评估和状态评价，列举拟拆除设备清单并提出拟拆除设备处置意见。应针对断路器、隔离开关等设备进行额定电流、短路开断能力等参数的校核，对管母线及其支柱绝缘子进行力学校验。

8.3 电气布置

8.3.1 电气总平面布置及配电装置

说明各级电压出线走廊规划、站区自然环境因素等对电气总布置的影响。电气总平面布置及配电装置选型应根据变电站负荷性质、环境条件、运行维护要求，结合工程特点和建设规模，优先选用资源节约，占地节省的设备和布置方案。

新建变电站应提供2个以上的全站电气总平面布置方案；说明电气总平面布置方案。

变电站增容、改造、扩建工程，应充分利用前期设备、构支架、基础等，尽可能避免原有电缆沟的破坏、减少电缆沟修复和电缆敷设的工程量。避免"大拆大建"，结合工程现场，优化电气设备布置方案。

8.3.2 过电压保护与绝缘配合

论述各级电压电气设备的绝缘配合，说明避雷器选型及其配置情况，必要时专题论述。说明电气设备外绝缘的爬电比距。

8.3.3 站用电及照明

应说明站用电源方案，说明站用负荷计算及站用变压器选择结果。简要说明站用配电装置的布置及设备选型。

说明工作照明、应急照明、检修电源和消防电源等的供电方式，并说明主要场所的照明及其控制方式。当选用清洁能源作为照明电源时，应说明供电方式，论证其必要性及经济技术合理性。

8.3.4 防雷接地

根据变电站总平面布置型式及地区雷电活动强度等，选取变电站的防直击雷保护方式。

提供变电站土壤电阻率和腐蚀性情况，说明接地材料选择、使用年限、接地装置设计技术原则及接触电位差和跨步电位差计算结果，需要采取的降阻、防腐、隔离措施方案及方案间的技术经济比较。高土壤电阻率地区需要补充有资质单位出具的土壤电阻率测试报告，宜进行专题论证。说明二次设备的接地要求。

改、扩建工程应对原有地网进行校验。

8.4 电气二次

电气二次设计应包含以下内容：

a) 简述变电站自动化系统的控制方式的选择，简述依据一次系统稳定计算结论确定的采样方式，提出变电站自动化系统的构成、系统网络和设备配置方案。对需结合本工程改造的自动化系统，应提出设计方案，说明必要性、可行性，提出改造方案和投资估算。

b) 简述主变压器、电容器、电抗器、站用变等主要元件保护配置原则。

c) 存在新能源、电铁及用户接入的变电站，应根据接入系统阶段电能质量评估等要求相应配置电能质量监测装置。

d) 简述直流电源系统电压选择，提出直流电源系统、交流不停电电源（UPS）

装置、直流变换电源装置等配置方案，直流系统应该按照最终规模统计直流负荷和 UPS 负荷，明确蓄电池、充电模块、UPS 容量等具体方案。简要说明全站时间同步系统、智能辅助控制系统、一次设备在线监测及光、电缆等的配置原则。

e）简要说明二次设备室、二次设备预制舱、继电器小室等二次设备布置及组柜的主要设计方案。

f）详细说明主变压器低压侧中性点接地方式的选取，计算过程应在报告中列出。

g）变电站站内、站外出线间隔成套开关设备均应明确配置独立零序 TA。

8.5 站区总体规划和总布置

8.5.1 站区总体规划

说明站区总体规划的特点，进出线方向和布置，进站道路的引接技术方案，对站区总平面布置方案和竖向布置方式的设想，场地设计标高的选择，站区的排水方案设想，站区防洪防涝措施的规划。预估站区围墙内占地面积和本工程总征地面积。

8.5.2 站区总平面布置方案

站区总平面布置方案要贯彻执行"两型三新一化"变电站建设设计导则的原则，说明站内主要生产建筑物的布置，各级配电装置及主变压器的布置方位、出线方向。

8.5.3 站区竖向布置

站区竖向布置应说明竖向设计的依据（如自然地形、洪涝水位、山洪流量、土方平衡、道路引接和管道的标高、排水条件等情况）。提供站区防洪、防涝、排洪措施。说明采用的竖向布置型式（平坡式、阶梯式），站内主要生产建筑室内地坪和各配电装置场地的设计标高、场地设计坡度的确定等，必要时进行专题论证。

8.5.4 其他

站区的边坡（挡土墙、护坡）设计方案和工程量，必要时进行专题论证。对需要高边坡支护、深基坑开挖、大体量土石方爆破等对岩土工程要求严格的技术方案需增加专题论证。

8.6 变电站用地分析

应分析工程本期和远期规模用地面积的合理性。

8.7 建筑及结构

应说明全站主要建（构）筑物的设想，预估全站总建筑面积；同时简述主要建（构）筑物的结构型式的设想及地基处理方案的设想。

外观融合变电站应说明外观融合的必要性和技术方案。

8.8 给排水系统

应说明变电站供、排水的设想和设计原则。

8.9 采暖、通风和空气调节系统

应说明站区采暖、通风和空气调节系统的设想和设计原则。

8.10 火灾探测报警与消防系统

应说明站区主要建、构筑物的消防设想和设计原则。

新建工程优先选用水喷雾灭火系统；扩建工程应"一站一议"，在具备条件情况下优先选用水喷雾灭火系统。明确主变固定式灭火方式消防用水量与水压，消防水源、储水池及消防水泵的选择。

8.11 其他

对于全（半）地下变电站等特殊工程，应针对辅助系统、施工工序、基础及结构形式、基坑支护、降水等方面重点开展研究工作，提出可行方案。

9 输电线路路径选择及工程设想

9.1 系统概况

9.1.1 系统概况

说明现状、投产期、本期和远期电力网络结构，明确本线路在电网中的地位，说明线路起迄点及中间落点的位置、输电容量、电压等级、回路数、导线截面、曲折系数及是否需要预留其他线路通道等。根据电网规划，线路路径要兼顾远期落点。

9.1.2 变电站进出线

说明变电站（升压站、开关站）本期和远期间隔排列及形式、进出线位置和方向、与已建和拟建线路的相互关系、与已建和拟建线路的相互关系、远近期过渡方案。新建变电站应结合近、远期电网规划论述各电压等级进出线规划方案，同步对其配套送出工程出线进行确认。

9.2 线路路径方案

线路路径方案应考虑以下方面：

a）输电线路路径选择应重点解决线路路径的可行性问题，避免出现颠覆性因素。特别注意考虑生态红线、国家一级公益林地、矿产资源区、不良地质带和采

动影响区等。

b）根据室内选线、现场勘察、收集资料和协议情况，原则上应提出两个及以上可行的线路路径，并提出推荐路径方案。受路径协议、沿线障碍等限制，只有一个可行的路径方案时，应有专门论述并应取得明确的协议支撑。

c）明确线路进出线位置、方向，与已有和拟建线路的相互关系，重点了解与现有线路的交叉关系。应结合近、远期电网规划论述各电压等级进出线规划方案，重点了解配套送出工程线路与本工程线路的关系，明确是否考虑同塔多回预留。

d）应优化线路路径，尽量避让环境敏感区、重覆冰区、易舞动区、山火易发区、不良地质地带和采动影响区，减少对铁路、高速公路和重要输电线路等的跨（钻）越次数。

e）路径方案概述包括各方案所经市、县（区）名称，沿线自然条件（海拔高程、地形地貌）、水文气象条件（含河流、湖泊、水源保护区、滞洪区等水文，包括雷电活动，微气象条件）、地质条件（含矿产分布）、交通条件、城镇规划、重要设施（含军事设施）、自然保护区、环境特点和重要交叉跨越等。

f）说明与工程相关单位收集资料和协商情况，包括规划、国土、乡镇政府、林业、地矿、文物、环保、地震、水利（水电）、通信、军事、航空、铁路、公路等部门。其中规划、国土、乡镇政府为必要协议，且规划、乡镇政府应在《路径图》上盖章。当线路位于矿产资源区、历史文物保护区、自然保护区、风景名胜区、饮用水水源保护区等敏感区域内时，应同时取得相关行业主管部门的协议，因法律法规规定无法在可研阶段取得的，应进行专门论述，并提出针对性措施。

g）说明各方案对电信线路和无线电台站的影响分析。

h）进行技术经济比较时，说明各方案路径长度、地形比例、曲折系数、走廊清理量、节能降耗效益等技术条件、主要材料耗量、投资差额等，并列表比较后提出推荐方案。

i）对于路径长度超过5km且线路曲折系数超过1.2，以及因规划或走廊限制必须采用电缆、钢管杆的线路，应综合考虑技术、经济、环保、施工和运维等因素，进行专题论证说明。

j）应合理控制线路路径长度裕度、转角杆塔数量。

k）线路经过成片林区时，宜采用高跨方案，在重冰区、限高区等特殊地段需要砍伐时应进行经济技术比较，明确砍伐范围。高跨时应明确树木自然生长高度，跨越苗圃、经济林、公益林时应提供相关赔偿依据。

l）110kV及以上电压等级输电线路与"三跨"、电气化铁路、等级公路、"南水北调"干渠等设施交叉时，优先采用架空线路进行跨越设计。因通道受限或交叉技术方案特别复杂时，应进行多方案技术经济比选后确定交叉钻跨越方案。

m）应提供线路转角点坐标，并对转角杆塔逐基打点进行详勘。对路径复杂及涉及重要交叉跨越区段应进行详勘，并提供平断面图。应提供相关地勘作业照片。

n）路径复杂、重要交叉跨越位置、开断点位置或走廊清理量较大的区段宜采用全数字摄影测量技术、无人机航拍技术等技术手段进行路径方案选择与优化，必要时应提出比选方案。

o）依据系统规划和线路走廊情况，论证新建同塔多回线路预留横担或挂线的必要性，明确预留起止点、预留去向和规划建设时间。

p）应提供走廊清理明细和交叉跨越明细。应对拟跨越、拆除、迁移或存在相互影响的地上地下设施、资源等进行收资，采用无人机航拍照片、高分卫星遥感照片等手段，分类统计走廊清理量和交叉跨越量。费用较高或通道清理规模较大时，应作技术经济比选，进行专题论证说明。

q）应明确工程引起的拆除及利旧情况，注明线路现状和去处。对于拆除、退运已建线路应提供线路退役、退运报告。

r）线路改造应满足全寿命周期要求，充分论证改造的必要性和方案的合理性。

s）当线路跨越已有线路需停电时，应提供停电过渡方案。

9.3　工程设想

9.3.1　推荐路径方案主要设计气象条件

根据沿线气象台站资料，结合附近已建线路的设计及运行经验，参考公司发布的冰区、风区、舞动等分布图，提出推荐的设计基本风速、覆冰情况。应在最新版冰区、风区、舞动区分布图标明线路相对位置。

对特殊气象区应较详细调查、论证。

9.3.2　线路导地线型式

导地线型式应包括以下内容：

a）根根据系统要求的输送容量，结合沿线地形、海拔、气象、大气腐蚀、电磁环境影响及施工运维等要求，通过综合技术经济比较，推荐导线型式。新建线路推荐选用高导电率钢芯铝绞线。

b）根据导地线配合、地线热稳定、系统通信等要求，推荐地线型号。

c）对于更换导线或地线，应专章设计，明确更换的起止点、长度、杆塔现状，并应对杆塔结构强度、电气性能、导地线挂孔等进行校验计算，提供计算书，满足条件，方可更换。涉及停电应考虑施工停电及过渡方案的可行性。

d）列出推荐的导地线机械电气特性，防振、防舞措施。提供舞动区分布图、风向玫瑰图等相关防舞设计依据，并在舞动区分布图标明线路相对位置，明确各级舞动区内线路起止点、长度、杆塔数量，相间间隔棒配置原则和数量。

9.3.3 绝缘配置

绝缘配置以污区分布图为基础，结合线路附近的污秽和发展情况，综合考虑环境污秽变化因素、海拔修正和运行经验，确定绝缘配置方案。

a）提供最新版污区分布图、污染源调查说明、邻近线路运行经验等相关绝缘配置设计依据，并在污区分布图标明线路相对位置，按照"绝缘到位，留有裕度"的原则，确定线路的污区等级及统一爬电比距。明确各级污区内线路起止点、长度、杆塔数量，绝缘配置原则和数量。

b）分析瓷、玻璃、棒式（复合、瓷棒）及瓷复合等绝缘子技术特点，结合运行经验（污闪、冰闪）和本工程实际情况，推荐绝缘子型式，计算绝缘子片数。

c）说明导线和地线的悬垂串、耐张串组装型式和特点，提出各种工况下绝缘子和金具的安全系数，说明接续、防振等金具的型式及型号以及节能型金具使用情况，说明分裂导线采用的间隔棒型式以及档距内的布置方式。

9.3.4 防雷与接地

a）调查沿线雷电活动情况和附近已有线路的雷击跳闸率，参照设计规范，确定地线布置型式根数和保护角，以及档距中央导线与地线间的最小距离。对雷电活动较多地区应采取相应措施。

b）因地制宜采用不同接地装置，满足线路杆塔接地要求。特殊地区（高土壤电阻率地区、强雷电活动地区、对接地极有腐蚀性地区等）的接地设计方案应专门论述。特殊接地极（如石墨、铜覆钢）和降阻模块使用应充分论证。明确特殊地区范围以及采用特殊接地极和降阻模块的线路起止点、长度、杆塔数量，接地装置配置原则和数量。

9.3.5 防鸟害

提供最新版版涉鸟故障风险分布图、鸟害调查说明等相关防鸟害设计依据，并在涉鸟故障风险分布图标明线路相对位置，确定本工程涉鸟故障风险等级，采取相应的防鸟害措施。Ⅰ级鸟害区和Ⅱ级鸟害区中非鸟害多发区原则上不应加装防鸟害装置。

应明确各级鸟害区内线路起止点、长度、杆塔数量，防鸟害配置原则和数量。

9.3.6 线路主要杆塔和基础型式

a）根据工程特点，结合通用设计，进行全线杆塔塔型规划并提出杆塔主要型式和结构方案。无对应通用设计模块的工程，应综合考虑气象条件、地形条件、杆塔排位等因素，按照通用设计原则进行规划设计。采用通用设计杆塔模块的工程，应对通用设计的适用性进行校验。

b）线路经过舞动区时，应对杆塔荷载、杆塔型式、杆塔构造及放松措施等方面进行论证。

c）在山区等复杂地形，提出采用全方位铁塔长短腿、高低基础等设计技术、原状土基础等，减少土方开挖、保护植被的技术方案。

d）应说明沿线的地形地貌情况、地质和水文情况、土壤冻结深度、地震烈度、施工、运输条件，对软弱地基、腐蚀性土、膨胀土和湿陷性黄土等特殊地质条件作详细的描述。

e）综合线路沿线地形、地质、水文条件以及基础作用力，因地制宜选择适当的基础类型，优先选用原状土基础。应说明各种基础型式的特点、适用地区、适用杆塔的情况及基础材料的种类、强度等级。

f）提出特殊气象区杆塔型式论证和不良地质条件的基础型式论证专题。

g）合理规划杆塔线路平均档距和杆塔呼高水平，以控制工程造价。

9.3.7 电缆工程

9.3.7.1 概述

a）说明电缆线路起迄点、额定电压、输送容量、路径长度、回路数、敷设方式。多处（段）电缆需逐项说明。

b）对电缆夹层、电缆通道结构型式及长度、工作井的型式与数量，以及变电站预留的出线通道情况进行概述。

c）对采用电缆的必要性作充分说明，必要时提供专题论证。

d）明确政府承诺土建设时间及范围（是否包含通风、照明、支架等），并提供支撑文件。提供通道利用和投资来源等协议。

9.3.7.2 电力电缆及附件的选型

a）根据系统要求的输送容量、电压等级、系统最大短路电流时热稳定要求、敷设环境和以往工程运行经验并结合本工程特点确定电缆截面和型号。电缆截面应与架空导线输送容量相匹配。

b）根据电压等级、电缆绝缘类型、安装环境、污秽等级、海拔高度、作业条件、工程所需可靠性和经济性等要求确定电缆附件的型号规格。

c）根据系统短路热稳定条件和接地方式的要求，确定交叉互联电缆、接地电缆截面以及护层保护器特性。

9.3.7.3 电缆线路路径

a）应积极与当地政府沟通，将城市电网规划及建设纳入城市发展规划，与各种市政管线和其他市政设施统一安排，预留电力线路的走廊，优先采用架空线路；若当地政府要求采用电缆敷设方案，原则上坚持"谁主张、谁出资"，由当地政府承担电缆土建或电缆方案与架空方案的投资差价，且应有投资分配及方案比较论述。

b）因通道受限或交叉技术方案特别复杂采用电缆，应详细论证，测算电缆电气和土建投资，并对电缆和架空两个方案做技术经济比较。

c）应说明变电站的电缆进出线位置、方向，新建电缆通道与已有、拟建电缆通道相互关系，近远期过渡方案等。

d）严格控制电缆路径长度。电缆路径长度应计列至变电站围墙外，路径长度裕度应控制在3%以内。对于电缆出线的间隔，出线电缆一般应控制在0.1km内，如果出线电缆长度超过0.1km，应进行方案比较说明。

e）提供电缆通道路径示意图，明确电缆工井、防火墙、电缆中间接头等布置位置。电缆长度预留和电缆分段设置应依据充分。

f）应结合工程条件、环境特点、电缆类型等因素进行电缆敷设方式的比选。说明电缆敷设方式及各种敷设方式的起止点、长度。

g）电缆本体应与本期规模相对应，一般不考虑按最终规模敷设。考虑到电缆土建为隐蔽工程、实施、扩建难度大，同一电缆通道应按最终规模建设，但应明确电缆预留去向及建设时间，充分论证电缆通道预留的必要性。电缆土建应选用电缆通用设计中规范的断面尺寸。

h）说明电缆在新建、已建电缆通道、工作井、电缆夹层、电缆竖井的排列方式及敷设位置。

ｉ）中性点非有效接地方式且允许带故障运行的电力电缆线路不应与110kV及以上电压等级电缆线路共用隧道、电缆沟、综合管廊电力舱；如受电缆通道等条件制约，共用隧道、电缆沟、综合管廊电力舱时，应对中性点接地方式进行改造、或采取必要的防火隔离措施并确保在发生接地故障时立即拉开故障电缆线路。

ｊ）建设环境较为复杂及通道需要清理的应详细描述。

ｋ）电缆隧道配置通风、排水、照明等附属设施和在线监测装置应提供设计方案和依据。电缆隧道宜采用自然通风，电缆隧道较长时可采用机械通风。按照"有规划、分区域、有重点"的原则，根据电缆隧道等级划分，安装在线监测装置。

9.3.7.4　过电压保护、接地及分段

论述电缆线路雷电、操作过电压保护措施，说明电缆线路接地方式及其分段长度，提出沿电缆通道设置接地装置的布置方案。

9.3.7.5　电缆防火

论述电缆防火措施，并应提供电缆防火技术方案的设计依据。

9.3.7.6　电缆土建

ａ）说明电缆路径的地质情况，根据工程实际情况，对选用的通用设计模块进行说明。新设计断面应采用通用设计原则，论证其技术经济特点和使用意义。

ｂ）应论述电缆通道横断面设计，主要包括以下内容：隧道、沟道、沟槽的净宽、净高、结构形式及壁厚等；保护管的直径、数量、排列方式及材质等，当保护管选用新型材料时，论述材质的选择理由。

ｃ）根据现场地质勘察情况，结合市政综合管线规划要求，确定电缆通道的纵断面设计，明确通道的覆土厚度和坡度，重要交叉、高落差等特殊地形处，应提供纵断面设计。

9.3.8　工程指标分析

应统计主要技术经济指标，结合工程特点进行工程量指标及投资造价分析。

10　大跨越选点及工程设想

10.1　跨越点位置和跨越方式

10.1.1　基本标准

跨越位置选择应重点解决跨越位置的可行性问题，避免出现颠覆性因素。

应描述跨越点位置选择过程。

应提出两个及以上可比的跨越点位置方案。结合一般线路路径方案，经技术经济比较提出推荐方案。

以每个跨越点位置和跨越方式为单元，进行工程技术条件、建设条件、工程投资等方面的论述比较。

10.1.2 跨越点位置概况

应说明各方案所在市、县名称，和点位自然条件（海拔高程、地形、地质、地物、水文、规划、交通等）。

10.1.3 工程地质条件

应说明跨越点位置区域地质、区域构造和地震活动情况，确定地震基本烈度。说明跨越点位置的地形、地貌特征，地层岩性、岩土结构、成因类型及分布，确定地基类型。了解跨越点位置及附近地区的不良地质现象，并对其危害程度和发展趋势作出判断，提出防治措施的建议。

10.1.4 工程水文条件及防洪影响评价情况

应说明河道河床条件，岸线稳定情况，设计水位及堤防情况，对防洪影响情况作出初步判断，提出防治措施的建议或结论意见。

10.1.5 跨越形式

根据地形、地质、通航、施工和运行条件等确定跨越方式、档距、塔高；并根据系统规划确定回路数及投资估算。

10.1.6 影响分析

应分析各方案对电信线路和无线电台站的影响；分析各方案林木砍伐和拆迁简要情况及环境保护初步分析。

10.1.7 航空要求

各跨越方案应满足机场或导航台等设施的相关规定和技术标准，并描述跨越塔采取的航空警示方案。

10.2 推荐方案描述

结合路径方案，说明各方案技术条件、主要材料耗量、投资差额等，并列表进行比较后提出推荐方案，论述推荐理由，描述推荐方案；应说明推荐跨越点位置方案与沿线主要部门原则协议情况。

10.3 工程设想

10.3.1 推荐路径方案主要设计气象条件

根据沿线气象台站资料，结合一般线路段气象条件结论及附近已建线路的设计及运行经验，提出推荐的设计基本风速、覆冰情况。

10.3.2 导地线型式

导地线型式应包括以下内容：

a）结合一般段线路导线选型意见，综合考虑主跨档距、输送容量、气象条件、电磁环境、导线制造能力、年费用情况及运行经验等因素进行技术经济比较，推荐导线型式。

b）根据导地线配合、地线热稳定、系统通信等要求，推荐地线型号。

c）列出推荐的导地线机械电气特性。

d）比选提出导地线防振、防舞措施。

10.3.3 绝缘子金具型式

比选提出绝缘子和金具型式。

10.3.4 防雷接地

比选提出防雷、接地方案。

10.3.5 防鸟害

比选提出防鸟害措施。

10.3.6 杆塔和基础型式

a）说明杆塔和基础设计遵循的规程、规范、技术规定及有关文件。

b）根据加工制造、施工、运行、造价及周围环境等，论证分析后提出大跨越杆塔结构型式（钢管塔、角钢塔、钢管角钢组合塔、钢筋混凝土塔等）的推荐意见。

c）说明杆塔材料种类和等级、构件防腐蚀措施、杆塔连接方案等。

d）说明螺栓的防松、防卸措施。

e）对电梯、爬梯进行多方案比较。

f）说明电梯、爬梯、自动升降设施、脚钉登塔设施方案。

g）说明塔位地质、水文、地形及地貌情况。根据水文和地质资料、基础作用力，并结合施工条件，提出推荐的基础型式。

h）说明基础采用的材料种类及强度等级。

i）提出推荐的航空警示方案。

10.3.7 工程指标分析

应统计主要技术经济指标，结合工程特点进行工程量指标及投资造价分析。

11 环境保护和水土保持

11.1 环境保护

11.1.1 环境现状分析

列表说明变电站站界外及线路边导线外两侧1km范围内生态敏感区（如自然保护区、世界文化和自然遗产地、风景名胜区、饮用水水源保护区、生态保护红线等）的名称、级别、主管部门、所处行政区、保护范围、与工程位置关系等情况。列表说明变电站站界外200m及线路边导线外两侧100m范围内电磁和声环境敏感目标（如民房、学校、医院、办公楼、工厂等）的名称、功能、所处行政区、与工程位置关系等情况。

11.1.2 环境影响分析

分析工程建设施工期和运行期的主要环境影响，施工期关注生态、噪声、废（污）水、扬尘、固体废物等环境影响因素，运行期关注电磁、噪声、废（污）水、固体废物、事故油等环境影响因素。

对于生态影响，应重点说明工程涉及的生态敏感区情况及相应主管部门意见取得情况；对于声环境影响，应结合工程近远期规模开展变电站噪声预测计算，说明预测结果及厂界环境噪声排放达标情况。

11.1.3 环境保护措施

明确环境保护措施设计原则，针对施工期和运行期的主要环境影响，提出变电站和线路的环境保护措施。

11.2 水土保持

11.2.1 水土流失现状分析

说明工程所在区域水土流失现状。

11.2.2 水土流失影响分析

分析工程建设可能造成的水土流失影响。说明永久占地、临时占地面积，工程施工引起的开挖、回填、取土、弃土等土石方量。

11.2.3 水土保持措施

明确水土保持措施设计原则，结合当地地形、地貌、水文、气象、植被等条件，分别针对变电站站区、进站道路、站外施工生产生活区、供排水管线区及线路塔基区、牵张场、跨越施工区、施工道路等提出相应的水土保持措施。

12　节能、社会稳定及抗灾措施分析

12.1　节能分析

应从系统、变电站、线路等方面分析节能设计方案。

12.2　社会稳定分析

应说明方案的社会稳定影响。

12.3　防灾减灾

应说明变电站、输电线路工程抗击灾害能力，包括分析洪涝灾害、地震灾害、风灾、冰灾、雷电等自然灾害，污染等环境灾害，泥石流、滑坡等不良地质灾害影响，并说明防灾减灾措施。

13　安全校核分析

13.1　系统

a）说明设计方案按可研深度执行《电力系统安全稳定导则》《差异化规划设计导则》等相关的规程、规范、技术标准要求。

b）说明设计方案合理构建网架结构、增强供电能力和供电可靠性的情况，明确对重要线路、变电站、敏感区域、中心城区的供电安全水平保障情况。

c）说明设计方案落实十八项电网重大反事故措施、防治变电站全停十六项措施有关要求情况。

13.2　通信

a）说明 ADSS、OPGW 光缆的设计与改造方案落实光缆"三跨"隐患治理要求。

b）说明设计方案落实十八项电网重大反事故措施有关要求情况。

13.3　变电

a）说明变电主要设备、短路电流、导体选型、电气布置、安装满足最新的规程、规范技术标准要求。

b）说明变压器及电抗器等设备选择绝缘性能高、防火功能可靠的设备，导体选型严格按照动、热稳定进行校验，设备的电气布置和安装严格按照安全净距及爬电距离进行校验，并充分考虑防火、通风及后期运维的有关要求。

c）说明设计方案落实十八项电网重大反事故措施、防治变电站全停十六项措施有关要求情况。

13.4 土建

a）说明设计方案中抗灾能力。包括抵御洪涝、地震、风灾、冰灾、雷电等自然灾害，污染等环境灾害，泥石流、滑坡等不良地质灾害影响的能力。

b）说明设计方案落实十八项电网重大反事故措施、防治变电站全停十六项措施有关要求情况。

c）说明实施可研初设一体化设计后，满足地方强制性标准条文情况。

13.5 线路

a）说明设计方案防止架空线路事故。包括特殊地形、极端恶劣气象、微气象条件下重要线路差异化设计；线路对崩塌、滑坡、泥石流、岩溶塌陷、地裂缝、洪水等不良地质灾害区的避让情况，以及塔基加固等防护措施落实情况。

b）说明设计方案防止"三跨"事故。包括对"三跨"独立耐张段、交叉角度、水平距离、垂直距离、设计基本风速、设计覆冰厚度、绝缘这种金具、杆塔结构重要性系数、防舞、防盗、监测等分析情况。

c）说明设计方案防止电缆线路损坏事故。包括根据线路输送容量、系统运行条件、电缆路径、敷设方式和环境等合理选择电缆和附件结构型式；电缆线路防火设施专题设计和推荐意见；电缆通道是否邻近热力管线、易燃易爆设施（输油、燃气管线等）和腐蚀性介质管道；综合管廊中电力舱布置情况及安全性分析。

d）说明设计方案落实十八项电网重大反事故措施有关要求情况。

14 投资估算及财务评价

14.1 投资估算

项目划分、费用构成及计算方法执行现行的电网工程建设预算编制与计算规定，并满足以下要求：

a）根据工程设想的主要技术原则编制输变电工程投资估算，其内容深度应满足国家或地方发展和改革委员会对项目核准的要求，同时应具备与多维立体参考价或限额指标对比分析的条件。

b）投资估算编制说明应包括工程规模描述、估算编制的依据和原则、与多维立体参考价或限额指标的造价对比分析。

c）土地征用、地上附着物赔偿等费用应有费用计列依据或支持性文件。

d）大件运输措施费应提供措施方案并按国家电网公司相关规定计算费用。

e）投资估算的表格形式，参照采用 DL/T 5469 附录 A 输变电工程估算表，估算表包括总估算表（表一）、专业汇总估算表（表二）、单位工程估算表（表三）、其他费用计算表（表四）、工程概况及主要技术经济指标表（表五）、建设场地征用及清理费用估算表（表七）等。估算附表、附件包括基准期价差表、勘测设计费计算表等，附表、附件不限于以上内容。为清晰完整地表达投资估算的各项工程量，可以补充工程量统计、计算表格。

f）如工程需进口设备或材料，应说明输变电工程所用外汇额度、汇率、用途及其使用范围。

g）施工水源、施工电源应提供相应的技术方案。

14.2　财务评价

14.2.1　资金筹措

应说明输变电工程资金来源、资本金比例、工程建设周期和建设资金计划、贷款名义利率、其他相关费用。

14.2.2　评价方法及相关规定

输变电工程财务评价方法及相关规定主要包括以下内容：

a）财务评价工作执行国家和行业主管部门发布的有关文件和规定。

b）财务评价采用的有关原始数据应客观真实，并符合有关规定或相关协议。

c）收益和债务偿还分析应按计算期、还贷期两个阶段分别说明。

d）主要财务评价指标及简要说明应有下列内容：财务内部收益率（全部投资、资本金）及投资回收期；投资利润率、投资利税率、利息备付率、偿债备付率、资产负债率及资本金净利润率；偿还贷款的收入来源。

e）当有多种投融资条件时，应对投融资成本进行经济比较，选择条件优惠的贷款。

f）综合财务评价结论。

14.2.3　可研经济性和财务合规性

应说明输变电工程资料完整性、财务合规性、可研经济性等相关情况：

a）资料完整性：应提供项目基本情况说明、财务合规性、可研经济性以及其他方面审核所需资料。

b）财务合规性：应说明是否包含其他类别项目、是否存在分拆立项、是否准确划分资本性支出与成本性支出、拆旧物资数量及处理方案是否合适、其他费用支出是否合理等情况。

c）可研经济性：应说明项目投资主体投资能力与投资规模匹配性、单项投资的可研经济性等情况；审核可行性研究报告投资估算总额是否分明细列示，是否准确、合理，是否满足编制年度项目支出预算与资金支出预算的需要。

15　图纸

图纸要求采用标准图框并附签字，图面清晰，并根据不同图纸调整出图比例。一般情况下应提供的设计图纸及图纸深度要求如下：

a）电网接线示意图：要求图例统一准确，新建、改扩建工程应体现本工程周边 35kV 及以上电网接线示意，线路工程体现本工程同电压等级周边电网接线示意。

① 现状电网地理接线图。应表示与本工程相关地区现有电网的连接方式，线路走向和长度等。

② 工程投产年前电网地理接线图。应表示与本变电站相关地区在本期工程接入系统前电网的连接方式，线路走向和长度。

③ 工程投产年后电网地理接线图。应表示与本变电站相关地区在本期工程接入系统后电网的连接方式，线路走向和长度。

④ 远景年电网规划接线图。应表示与本变电站相关地区远景规划电网的连接方式，线路走向和长度。

b）通信图纸：要求图例准确统一，线条虚实清晰。

① 光缆路由现状图。应示意变电站投产前所在地理位置有关的光缆网络现状。

② 光缆建设方案图。应示意变电站投产后，变电站接入系统的光缆建设方案。要求注明光缆类型、芯数、长度等重点情况。（光缆 T 接点应在图中标明纤芯分配情况）

③ 光缆路由远景图。应示意变电站投产后，该区域光缆路由的远景规划。

④ 光传输网现状图。应示意变电站投产前所在地理位置有关的光传输网现状。

⑤ 光传输网建设方案图。应示意变电站投产后，变电站接入系统的光传输电路建设方案。要求注明设备型号、容量等重点情况。（核心层、本期相关汇聚层和

接入层站点应在图中标明)

⑥ 光传输网规划图。应表示与本变电站相关地区的规划光传输电路建设方案。

c）变电图纸：包括变电土建和变电一次图纸。

① 变电站地理位置图。变电站地理位置图 1：50000-1：00000.应表示与本工程设计方案有关的规划电厂、变电站和线路等，重点示意本变电站所处的地理位置和变电站出线走廊。

② 站区总体规划图。应表明地形、站址位置、道路引接、给排水设施、进出线建设规划、进出线方向、站区用地范围和主要技术经济指标等。

③ 土建总平面布置图。应包含电气总平面，表明主要电气设备、主要建构筑物、道路及各级电压配电装置等。

④ 建筑平面布置图[全（半）地下变电站提供]。图纸应示意设备及辅助用房、楼梯间、吊装孔、通风井等布置，分层的建筑面积等。

⑤ 电气主接线图。电气主接线应体现设备参数，改扩建工程应对工程远期、前期和本期建设规模加以区别。

⑥ 电气总平面布置图。扩建工程应标明本期扩建范围、并列表标明相关工程量。应有 2 个电气总平面布置图对比，应反映本期及远期平面布置（改、扩建工程还应反映现状）。现状、本期及远期预留部分应加以区分。应表明主要电气设备、站区建（构）筑物、光缆电缆设施及道路等的布置。应表示各级电压配电装置的间隔配置及进出线（包括电缆）排列。应表明方位、标注位置尺寸，并附必要的说明及图例。

⑦ 各级电压配电装置平面图：应表示出配电装置的布置（包括设备、构架、母线等各设施的安装布置，以及导线引接方式）。平面布置图应表示进出线（包括进出线高抗）排列及间隔配置；表示通道、走廊等设施。高型配电装置应分层表示。

d）线路图纸：图面清晰，并根据不同图纸调整出图比例。

① 线路路径方案图。要求图形比例准确，色彩分明，线条虚实清晰。路径图中应尽量详细描述本工程路径和本工程附近已建、拟建线路路径走向，应能清晰反映重要设施和通道清理等相关信息。应在带经纬线的不低于 1：100000 精度的地形图和奥维地形图上表示路径，并注明气象条件、环境控制点、现场障碍物、生态保护红线、自然保护区等重点情况。比选的线路路径方案应明确且具有可比性。

② 大跨越路径方案图。应对重点情况加以说明。

③ 大跨越平断面图。应注明洪水位高程、通航桅杆高度、重要跨越物高程、跨越线与控制点的净空高度、河流方向等基本参数。

④ 杆塔和基础型式图。应表明线路使用的主要杆塔和基础型式。应标明线路使用的主要杆塔型式，并标注杆塔使用条件及相关基数、塔重、根开以及杆塔全高等杆塔参数。应标明线路使用的主要基础型式，并提供基础型式、基础尺寸、混凝土用量、地脚螺栓量、基础钢筋量等基础参数。

⑤ 绝缘子金具串型一览图。应包含导线、跳线、地线绝缘金具主要串型等金具，并注明金具名称、强度等基本参数。

⑥ 变电站进出线规划图。表明变电站本期和远期间隔排列、进出线终端塔布置和方向、与已有和拟建线路的相互关系，以及其配套送出工程出线。

⑦ "T"接点、开断点示意图，"三跨"以及其他重要交叉跨越点平断面图。

⑧ 相位图。涉及与旧线衔接及相位布置影响方案时应提供

⑨ 接地装置图。

⑩ 电缆图纸。包括电缆上杆（塔）方案示意图、电缆通道断面图（需标示本期与规划远景敷设位置）、电缆接地方式示意图（明确标示每段电缆长度）、电缆蛇形敷设示意图、电缆工井图、电缆土建路径图等。

16 材料清册

应提供完整的电气一次及二次材料清册和线路工程材料清册。

电网基建项目可行性研究报告模板

检　索　号
×××××

×× 输 变 电 工 程　　可 行 性 研 究

可行性研究报告

（送审稿）

设计单位名称

工程咨询资格证书号

年　　月

批　　　　准：

审　　　　核：

校　　　　核：

编　　　　制：

目　　录

××220kV 输变电工程可行性研究报告

1　工程概述

1.1　设计依据

（1）说明工作任务的依据，经批准或上报的前期工作审查文件或指导性文件。

（2）与本工程有关的其他重要文件。

（3）与委托方签订的委托书。

（4）城乡规划、建设用地、水土保持、环境保护、防震减灾、地质灾害、压覆矿产、文物保护、消防和劳动安全卫生等相关依据。

1.2　工程概况

（1）简述工程概况，电网规划情况及前期工作情况。对扩建、改建工程，应简述先期工程情况。

（2）简述近期电力网络结构，明确与本工程相连的线路起止点及中间点的位置、输电容量、电压等级、回路数、线路长度、导线截面及是否需要预留其他线路通道等。简述该项目在系统中的地位和作用。

（3）说明变电站地理位置和在电网中的地位作用；说明变电站本期、远期工程规模。

（4）说明变电站进出线位置、方向、与已建和拟建线路的相互关系。

（5）说明线路所经过地区的行政区划。

（6）简述光缆建设方案及传输设备建设方案。

（7）说明工程总体投资情况。

注意事项：说明站址地理位置，要求有图示。工程所在地的省市、区县、乡镇街道的名称，站址距主要城镇的距离及相互位置关系。简述站址周围自然与人文环境、道路、交通、市政基础设施与公共服务设施情况，以及四邻原有的和规划的重要建（构）筑物等设施。

1.3　设计水平年

根据电网规划合理选定工程设计水平年及远景水平年。设计水平年应综合规划、前期及建设等多环节时限要求合理选定；远景水平年用于校核分析，500、

220kV宜取设计水平年后10~15年的某一年;110(35)kV宜取设计水平年后5~10年的某一年。

1.4 主要设计原则

(1)主要设计原则。应在报告中说明以下内容:

1)根据电力发展规划的要求,结合工程建设条件等提出本项目的设计特点和相应的措施。

2)新技术采用情况分析。

3)简述各专业的主要设计原则和设计指导思想。

4)说明工程设计的主要边界条件。

(2)工程设计有关的规程及规范(执行国家、电力行业、国家电网最新发布的规程及规范):

《国网基建部关于发布输变电工程通用设计通用设备应用目录(2022年版)的通知》(基建技术〔2022〕3号)

《国家电网有限公司 35~750kV 输变电工程通用设计、通用设备应用目录(2022年版)》

《国网基建部关于发布 35~750kV 变电站通用设计通信、消防部分修订成果的通知》(基建技术〔2019〕51号)

国家电网有限公司输变电工程通用设计 110(66)、220kV 输电线路金具图册(2011版)

《国家电网有限公司输变电工程通用设计 电缆线路分册(2017版)》

《国家电网公司2011年新建变电站设计补充规定》(国家电网公司基建〔2011〕58号)

《智能变电站优化集成设计建设指导意见》(国家电网公司基建〔2011〕539号)

《输电线路工程地脚螺栓全过程管控办法》(国网基建〔2018〕387号)

《国调中心、国网信通部关于印发国家电网有限公司线路保护通信通道配置原则指导意见的通知》(调继〔2019〕6号)

《国网设备部关于修订公司生产技术改造原则通信部分条款的通知》

《国网山东省电力公司建设部关于发布 35~220kV 变电站通用设计通信、消防部分修订成果的通知》(建设管理〔2019〕29号)

《国网山东省电力公司关于规范工程项目电网实物资产退役管理的指导意见》

（鲁电运检〔2017〕416 号）

《变电站全寿命周期设计建设技术导则（试行）》

《输电线路全寿命周期设计建设技术导则（试行）》

《国家电网公司关于明确输变电工程"两型三新一化"建设技术要求的通知》（国家电网基建〔2014〕1131 号）

《国家电网有限公司关于印发十八项电网重大反事故措施（修订版）的通知》（国家电网设备〔2018〕979 号）

《国家电网公司关于印发<架空输电线路"三跨"重大反事故措施（试行）>的通知》（国家电网运检〔2016〕413 号）

《国家电网公司关于印发高压电缆专业管理规定的通知》（国家电网运检〔2016〕1152 号）

《国网山东省电力公司关于印发输变电配套通信工程建设技术原则（2022 年修订稿）的通知》（鲁电调〔2022〕606 号）

《国家电网公司关于印发防止变电站全停十六项措施（试行）的通知》（国家电网运检〔2015〕376 号）

《国网山东省电力公司关于印发山东电网继电保护配置原则》（鲁电调〔2016〕772 号）

《山东配电网规划设计技术规范》（鲁电企管〔2017〕41 号）

《国网山东省电力公司关于规范工程项目电网实物资产退役管理的指导意见》（鲁电运检〔2017〕416 号）

《电力系统安全稳定导则》（GB/T 38755—2019）

《220kV 及 110（66）kV 输变电工程可行性研究内容深度规定》（Q/GDW 10270—2017）

《220～750kV 变电站设计技术规程》（DL/T 5218—2012）

《电力系统设计技术规程》（DL/T 5429—2009）

《电力工程直流系统设计技术规程》（DL/T 5044—2014）

《导体和电器选择设计技术规定》（DL/T 5222—2005）

《变电站总布置设计技术规程》（DL/T 5056—2007）

《高压配电装置设计技术规程》（DL/T 5352—2018）

《电力变压器选用导则》（GB/T 17468—2008）

《交流电气装置的接地设计规范》（GB/T 50065—2011）

《并联电容器装置设计规范》（GB 50227—2017）

《高压输变电设备的绝缘配合》（GB 311.1—2012）

《电力装置的继电保护和自动装置设计规范》（GB 50062—2008）

《交流电气装置的过电压保护和绝缘配合设计规范》（GB/T 50064—2014）

《继电保护和安全自动装置技术规程》（GB/T 14285—2006）

《电力系统调度自动化设计技术规程》（DL/T 5003—2005）

《智能变电站一体化监控系统功能规范》（Q/GDW 678—2011）

《变电所建筑结构设计技术规定》（DL/T 5457—2012）

《钢结构设计规范》（GB 50017—2017）

《110kV～750kV 架空输电线路设计规范》（GB 50545—2010）

《架空输电线路杆塔结构设计技术规定》（DL/T 5154—2012）

《架空输电线路基础设计技术规定》（DL/T 5219—2014）

《电力系统污区分级与外绝缘选择标准》（Q/GDW 1152.1—2014）

《电力工程电缆设计标准》（GB 50217—2018）

《城市电力电缆线路设计技术规定》（DL/T 5221—2016）

《电力系统通信设计技术规定》（DL/T 5391—2007）

《同步数字体系（SDH）光纤传输系统工程设计规范》（YD/T 5095—2014）

《火力发电厂与变电站设计防火标准》（GB 50229—2019）

《通信电源设备安装工程设计规范》（GB 51194—2016）

《光纤复合架空地线》（DL/T 832—2016）

《电力通信超长站距光传输工程设计技术规范》（DL/T 5734—2016）

《火力发电厂、变电所二次接线设计技术规程》（DL/T 5136—2012）

《电力装置的电测量仪表装置设计规程》（GB/T 50063—2008）

《线路保护及辅助装置标准化设计规范》（Q/GDW 1161—2013）

《变压器、高压并联电抗器和母线保护及辅助装置标准化设计规范》（Q/GDW 1175—2013）

《智能变电站技术导则》（Q/GDW 383—2013）

《智能变电站智能组件合并单元技术规范》（Q/GDW 426—2010）

《智能变电站智能组件测控装置技术规范》（Q/GDW 427—2010）

《智能变电站智能组件智能单元技术规范》（Q/GDW 428—2010）

《智能变电站智能组件网络交换机技术规范》（Q/GDW 429—2010）

《智能变电站智能组件智能控制柜技术规范》（Q/GDW 430—2010）

《智能变电站继电保护技术规范》（Q/GDW 441—2010）

《高压设备智能化技术导则》（Q/GDWZ 410—2010）

《智能变电站网络交换机技术规范》（Q/GDW 1429—2012）

《国家电网公司输变电工程初步设计内容深度规定　第 4 部分：电力系统光纤通信》（Q/GDW 166.4—2010）

《电力通信网规划设计技术导则》（Q/GDW 11358—2019）

《通信专用电源技术要求、工程验收及运行维护规程》（Q/GDW 11442—2015）

1.5　主要设计范围

应在报告中说明以下内容：

（1）设计包括的内容和范围。

（2）与外部协作项目情况，以及设计的分工界限。

（3）扩建、改建工程，原有工程情况与本期建设的衔接和配合情况。

本报告根据《××"十三五"电网规划及 2025 年远景展望》，论证××220kV 输变电工程的建设必要性、建设规模和建设方案，确定其合理的投产年限，提出接入系统方案及与之相关的系统通信、保护、调度自动化等系统二次配置方案，对变电站、线路进行工程选站、选线，提出工程设想；并对该工程进行投资估算。

1.6　主要技术原则及存在问题

1.6.1　主要技术方案

简述工程设计的主要技术原则，并对工程方案概要进行简要说明。

包括电气主接线、主要设备选择、配电装置布置型式、变电站运行管理模式、系统保护、调度自动化、通信、变电站一体化监控系统及其他二次系统、总平面及竖向布置、建筑方案等。

1.6.2　通用设计、通用设备、通用造价的应用

对应标准化成果应用目录，说明通用设计、通用设备应用情况，并填写成果应用表；未采用时，应说明原因。

与通用造价进行投资对比分析，说明控制工程造价的措施。

××kV 变电站工程通用设计、通用设备成果应用表

工程概况	电压等级		
	主变压器台数及容量（MVA）		
	出线规模（××kV/××kV/××kV）		
	变电站类型（地上/地下；户内/户外/半户内）		
	配电装置类型 A：GIS；C：瓷柱式		
设计方案选择	通用设计方案编号		
配电装置设计	××kV（高压侧）配电装置模块编号		
	××kV（中压侧）配电装置模块编号		
	主变压器及××kV（低压侧）配电装置模块编号		
总平面设计	A：直接采用通用设计方案； B：受外部环境影响，户外站采用通用设计方案基本模块合理拼接； C：受外部环境影响，户内站采用通用设计方案基本模块合理拼接； D：户外站采用不同通用设计方案基本模块合理拼接； E：采用通用设计基本模块拼接，技术性能指标低于同规模设计方案； F：未采用通用设计方案、模块		
二次系统设计	过程层采样值组网（点对点方式/网络方式）		
	站用蓄电池、通信蓄电池是否一体化（是/否）		
土建设计	围墙内占地面积（hm²） （不高于同规模通用设计方案/高于同规模通用设计方案）		
	总建筑面积（m²） （不高于同规模通用设计方案/高于同规模通用设计方案）		
	主控楼建筑使用率		
设备选型	主变压器	设备编号（推广类/一般类）	
		状态监测 A：局部放电在线监测；B：局部放电离线监测；C：油色谱；D：微水；E：铁芯接地；F：套管	
	开关设备	高压侧设备编号 （推广类/一般类）	
		中压侧设备编号 （推广类/一般类）	
		低压侧设备编号 （推广类/一般类）	
		GIS 状态监测 A：局部放电在线监测；B：局部放电离线监测；C：SF₆ 气体；D：微水；E：机械特性	
电流互感器	设备选型（常规电流互感器+合并单元/罗氏线圈型/全光纤型/磁光玻璃型）		
并联电容器	设备编号 （推广类/一般类）		

注 表中设计方案号和模块、设备编号应对照《国家电网公司标准化成果（输变电工程通用设计、通用设备）应用目录》进行选取。

1.6.3　新技术、新设备（新材料）、新工艺的应用

对照《国家电网有限公司基建新技术推广应用实施目录》，说明新技术、新设备（新材料）、新工艺在工程中的应用情况。

注意事项：结合工程实际进行增加或删减，忌不分工程生搬硬套。

新技术应用表

序号	技术名称		是否适用（是/否）	是否采用（是/否）	备注
1	节能导线	钢芯高导电率铝绞线	是	是	
2	高强钢	Q420 高强钢杆塔	是	是	
3	节能金具		是	是	

1.6.4　提请在设计评审时需解决或确定的主要问题

（简述设计中的遗留问题及需提请业主或审查者注意的问题）

（1）有关城乡规划，建设用地、拆迁赔偿、水源、电源、道路等问题。

（2）总估算（投资）存在的问题。

（3）设计选用标准方面的问题。

（4）主要设备标准及来源问题。

（5）重大技术问题沟通汇报和批复意见等支持性文件。

（6）其他需要说明的问题。

1.6.5　提高变电站和线路杆塔设计使用寿命的技术措施

应说明提高变电站和线路杆塔设计使用寿命的技术措施，必要时专题论证。

1.7　主要技术经济指标

（填写推荐方案的主要技术方案和经济指标统计表。表内包括静态投资、动态投资、单位工程造价、站址总占地面积、站区围墙内占地面积、进站道路长度、总建筑面积等指标）

主要技术方案和经济指标统计表（推荐方案）

序号	项　目	技术方案和经济指标
1	主变压器规模，远期/本期，型式	
2	××（高压）kV 出线规模，远期/本期	
3	××（中压）kV 出线规模，远期/本期	
4	××（低压）kV 出线规模，远期/本期	
5	低压侧电容器规模，远期/本期	

序号	项　目	技术方案和经济指标
6	低压侧电抗器规模，远期/本期	
7	××（高压）kV 电气主接线，远期/本期	
8	××（中压）kV 电气主接线，远期/本期	
9	××（低压）kV 电气主接线，远期/本期	
10	××（高压）kV 配电装置型式，断路器型式、数量	
11	××（中压）kV 配电装置型式，断路器型式、数量	
12	××（低压）kV 配电装置型式，断路器型式、数量	
13	××（高压）kV 互感器型式（A：常规+合并单元；B：电子式）	
14	××（中压）kV 互感器型式（A：常规+合并单元；B：电子式）	
15	××（低压）kV 互感器型式（A：常规+合并单元；B：电子式）	
16	地区污秽等级/设备选择的污秽等级	
17	运行管理模式	
18	变电站通信方式、本期建设规模	
19	站外电源方案/架空线长度（km）/电缆长度（km）	
20	电力电缆（km）	
21	控制电缆（km）	
22	光缆（km）/尾缆（km）	
23	接地材料/长度（km）	
24	变电站总用地面积（hm²）	
25	围墙内占地面积（hm²）	
26	进站道路长度 新建/改造（m）	
27	总土石方工程量及土石比 挖方/填方（m³）	
28	弃土工程量/购土工程量（m³）	
29	边坡工程量 护坡/挡土墙（m²/m³）	
30	站内道路面积 远期/本期（m³）	
31	电缆设施型式及长度 远期/本期（m）	
32	水源方案	
33	站外供水/排水管线（沟渠）长度（m）	
34	总建筑面积 远期/本期（m²）	
35	主控通信楼建筑 层数/面积/体积（m²/m³）	
36	构架结构型式及工程量（t）	
37	地震动峰值加速度	
38	地基处理方案和费用	
39	动态投资（万元）	
40	静态投资（万元）	
41	建筑工程费用（万元）	
42	设备购置费用（万元）	
43	安装工程费用（万元）	
44	其他费用（万元）	
45	建设场地征用及清理费（万元）	

2　电力系统一次

深度要求：从现状电网存在的问题、负荷增长、大客户用电需求等角度，论证本项目建设的必要性，对建设方案进行安全技术经济等综合比较，提出推荐方案，确定合理的工程规模和投产年限。进行必要的电气计算，对有关的电气设备参数提出要求。

2.1　电力系统概况

2.1.1　系统现状

深度要求：概述与本工程有关电网地区的全社会、全网（或统调）口径的发电设备总规模；电源结构、发电量；全社会、全网（或统调）口径用电量、最高负荷及负荷特性；电网输变电设备总规模；与周边电网的送受电情况；供需形势；主网架结构、与周边电网的联系及其主要特点；电网存在的主要问题；主要在建发输变电工程的容量、投产进度等情况。

注意事项：

（1）既要说明本工程所在行政区域（县、区）的概况，还要说明本工程主要供电区域的概况。

（2）既要说明本工程所在行政区域（县、区）的概况，还要说明本工程主要供电区域的概况，应详尽描述周边变电站的容量、最高负荷（参照上年度负荷实测数据）、负载率、投产时间等，涉及利用已有导线的工程应说明现状导线投运年限、导线截面等，110（35）kV 输变电工程还应说明 10kV 配出及联络情况，并逐一列出各 10kV 配出线路负荷。

（3）报告内附该区域现状年 35kV 及以上电网地理接线示意图。

（4）系统现况数据应为截至可研报告编制年前一年年底的最新数据，数据资料应准确详实。

2.1.2　负荷预测

深度要求：介绍与本工程有关的电力（或电网）发展规划的负荷预测结果，根据目前经济发展形势和用电增长情况，提出与本工程有关电网规划水平年的全社会、全网（或统调）负荷预测水平（包括电量及负荷），分析水平年的负荷特性。

附表给出该区域大型企业报装容量列表，包括新增企业建设规模及负荷需求、企业扩建情况及负荷需求等。

注意事项：

（1）负荷需求预测应能够支撑工程建设的必要性。

（2）既要有本工程所在行政区域（县、区）的负荷预测，还要有本工程主要供电区域的负荷预测。

（3）负荷预测至少到项目投产后 3 年、展望到远景水平年，并包括过去 5 年及规划期内逐年（或水平年）的电力负荷预测结果。

（4）全社会负荷和网供负荷分清楚。

（5）过大的负荷增长率（与本地市负荷增长率平均水平相比）要有依据，例如企业报装容量列表。

（6）对新增负荷项目要具体描述，如规划规模、一期规模及投产时间、报装容量、预计最大负荷等。

（7）负荷预测应与电网规划保持一致，对于同一批输变电工程项目或同一时期的输变电工程项目，应注意负荷预测水平的一致性。

2.1.3 电力平衡

深度要求：概述本工程所在行政区域（县、区）设计水平年内和规划期内的装机、变电容量和负荷预测情况，计算设计水平年和规划期内容载比。

注意事项：

（1）既要有本工程所在行政区域（县、区）的电力平衡分析，还要有本工程主要供电区域的电力平衡分析。

（2）电力平衡分析年度与负荷预测一致，至少到项目投产后 3 年、展望到规划期末。

2.1.4 电源规划

深度要求：概述本工程所在行政区域（县、区）设计水平年内和远景规划期内的装机安排，列出规划期内电源名称、装机规模、装机进度和机组退役计划表。

注意事项：电源情况包括风电、光伏、垃圾发电等电源规划情况。对于规划有新能源建设的地区，应根据省内规划、年度开发计划及项目实际进展情况，确定本输变电工程设计水平年及规划期内的新能源装机安排。新能源出力系数应根据电力平衡对应时段的近几年出力平均值计算，需要注意采用实际并网机组容量计算出力系数，适当进行新能源出力为零的敏感性分析。新能源出力系数取值应在报告中做简要说明。

2.1.5　电网规划

深度要求：概述本区域（县、区）电网规划，详述与本工程相关的电网规划，明确其建设时序与本工程的相互关系。

介绍本区域（县区）内可研已批复但尚未投产项目，落实到本工程投产前地理接线示意图中。

介绍本区域（县区）内至远景年的电网规划项目。

2.2　工程建设必要性

深度要求：根据本工程周边区域负荷及电网发展现状、结合电网规划、电力平衡、变电容量需求分析、关键断面输电能力分析等，分析当前电网存在的问题，论述工程（含电网新技术应用）建设必要性、节能降耗的效益及其在电力系统中的地位和作用，分析工程合理投产时序。

新建输变电工程的建设必须满足以下标准之一，才具备审批可行性研究报告的条件。

（1）严格控制容载比，对项目所在供电区域规划投产年的容载比进行测算。500kV 容载比原则上不超过 1.8。220kV 原则上若负荷增速<5%，容载比不超过 1.7；负荷增速 5%～7%，容载比不超过 1.8；负荷增速 7%～10%，容载比不超过 1.9；负荷增速>10%，容载比不超过 2.0。110（35）kV 原则上容载比不超过 2.2。

（2）正常方式下，输电线路长期所承担的负荷已达到或超过该线路热稳定限值，且通过调整运行方式无法改善的。

（3）项目所在地区同一电压等级电网的主变压器不满足 N-1 准则的要求，即一台变压器故障或检修停运时，其负荷可自动转移至正常运行的变压器，通过下一电压等级转移负荷后，正常运行变压器短时允许的过载率超过 1.3，或长期负荷超过其额定容量。本规定所指的 N-1 准则是指在正常运行方式下的 N-1 准则，不包括检修或故障方式下的 N-1 准则。

（4）项目所在地区同一电压等级电网存在输电线路不满足 N-1 准则的要求，即一回线路停运时，潮流自动在同一电压等级的其他线路之间自动分配后，其他线路所输送的负荷超过正常运行线路的安全电流限值（热稳定电流限值）。

（5）在电网正常运行方式和无功补偿装置、发电机调压功能正常运行的条件下，下一电压等级电网输电距离远，电压损失较大，电网调压计算表明通过加装无功补偿装置效果不大且近期没有规划建设上一电压等级输变电项目。

（6）地方政府或其他投资主体同意垫付工程建设投资或承担工程提前投资建设所引起财务费用的。

存在以下问题之一者，不宜开展可研工作：

（1）项目建设可行性不具备的。

（2）采用落后工艺、技术、设备，不符合公司通用设计要求，未采用新技术，环保、能耗指标不符合国家要求的。

（3）根据国家有关规定应由用户投资建设的专用供电工程。

（4）因道路建设、房地产开发需要迁移或改造现有输变电设施，根据国家有关规定应由项目建设单位投资迁改的。

注意事项：

（1）应主要从满足负荷增长需求、加强网架、提高电网供电可靠性、提高电网输电能力等方面论述工程建设必要性。

（2）具备建设条件主要指变电站站址要取得规划、国土等必要协议，线路要有规划协议。

2.3　接入系统方案

本节主要确定两个问题：主变压器容量和接入系统方案。

2.3.1　主变压器容量选择

深度要求：根据分层分区电力平衡结果，结合系统潮流、负荷增长情况，合理确定本工程变压器单组容量、本期建设的台数和终期建设的台数。

注意事项：要根据规划设计导则及远景需求确定规划规模，依据近期负荷预测选择本期容量，要满足投产年及后3年的负荷需求。

2.3.2　接入系统

深度要求：根据电网规划、原有网络特点、负荷分布、断面输电能力、适用新技术应用等情况，提出接入系统方案，进行多方案安全、技术、经济比选，提出推荐方案。确定变电站远景规模，包括主变压器规模、各电压等级出线回路数和连接点的选择；确定本期规模，包括主变压器规模、各电压等级出线回路数和连接点的选择。

报告内给出现状、本工程投产前、本期、远景区域35kV及以上电网地理接线图，并对接入系统方案进行描述。

2.4　相关电气计算

2.4.1　潮流计算

根据电力系统有关规定，明确电气计算的主要原则，说明电气计算的各水平年，网架边界条件及需考虑的各种运行方式等，进行正常运行方式、故障及严重故障的潮流稳定计算分析，校核推荐方案潮流稳定和网络结构的合理性及适应性，必要时进行安全稳定专题计算。若本工程为大规模新能源送出工程，需对新能源不同出力情况进行电气校验。电气计算结果可为选择送电线路导线截面和变电设备的参数提供依据。

注意事项：

（1）选取工程设计水平年（投产年）及工程投产后 2~3 年进行潮流计算。

（2）计算需明确边界条件，包括所在区域内部 220kV 及以上电网的开合环情况、与周边区域电网的开合环情况、500kV 变电站变电容量及站内 220kV 母线运行情况、统调电厂开停机情况、计算负荷等。原则上，对于工程设计水平年的计算，边界条件应与地区年度运行方式或 2~3 年方式校核保持一致；投产后 2~3 年的计算原则上与区域滚动规划保持一致，不一致者应详细进行说明。

（3）不同方式下潮流计算存在问题应包括线路电流越限、输电断面潮流越限、变压器潮流越限和母线电压越限。应按照设备过载、越限程度进行排序，并给出合理的解决措施。

（4）对于主要承担新能源送出功能的输变电工程，需着重进行大负荷新能源大发、平峰新能源大发等不同方式下的潮流分析。建议新能源出力率的选取结合区域新能源的运行实际选择；新能源大出力场景对于系统电压水平提出了更高的要求，需要关注系统无功需求及配置情况。

（5）潮流计算结果的展示范围不宜过小，原则上应全部展现本工程所在电网分区的潮流图，潮流图上应能展现电网的开合环情况、电源的出力情况、变电站的负荷情况、线路的潮流、变电站的各级母线电压等。

2.4.2　短路电流水平

深度要求：

（1）按设备投运后远景水平年计算与本工程有关的各主要站点最大三相和单相短路电流，对短路电流问题突出的电网，应对工程投产前后系统的短路电流水平进行分析以确定合理方案，选择新增断路器的遮断容量，校核已有断路器的适应性。

（2）系统短路电流应控制在合理范围。若系统短路电流水平过大应优先采取改变电网结构的措施，并针对新的电网结构进行潮流、稳定等电气计算。必要时开展限制短路电流措施专题研究，提出限制短路电流的措施和要求。

注意事项：

（1）应选取工程设计水平年（投产年）及远景水平年（投产后 5~10 年）进行短路电流计算。计算边界条件的选择原则上与潮流计算边界条件保持一致。

（2）若系统短路电流水平过大而引起大面积的断路器设备更换或选择断路器困难时，应专题研究限制短路电流的措施。

（3）对 220kV 及以上电网的短路电流计算结果，原则上设计单位应向调度运行及发展规划部门收资并进行比对，若仍存在差异，应进一步校核计算参数等。

2.5 无功补偿容量

深度要求：对设计水平年推荐方案进行无功平衡计算，研究大、小负荷运行方式下的无功平衡，确定本期、远期无功补偿设备的型式、组数、分组容量及安装地点，选择变压器的调压方式。当电缆出线较多时，应计及电缆出线的充电功率。必要时应增加如下计算：

（1）无功电压专题分析。

（2）如需加装动态无功补偿装置，应对加装的必要性进行论述，并进行必要的电气计算和论证。

（3）开展过电压计算。

注意事项：

（1）无功配置的目的是使电网中的无功功率在各种运行方式下基本就地平衡，保证合格的电压波动。

（2）按照《国家电网公司电力系统无功补偿技术导则》（Q/GDW 10212—2019）要求：注意无功补偿装置的分组数量、分组容量选择，应根据计算确定，投切一组补偿装置引起所在母线电压变动值，不应超过其额定电压的 2.5%。

（3）对于进、出线以电缆为主，容性充电功率较大时，应根据电缆长度配置并联电抗器装置，补偿容量应经过分析计算后确定。

2.6 主变压器选择

深度要求：确定变压器的额定主抽头、阻抗、调压方式、中性点接地方式等。

注意事项：

（1）主变压器容量的选择要依据规划设计导则及远景负荷需求确定规划规模，依据近期负荷预测、负荷实测情况等选择本期容量，要满足投产年及投产后 3 年不扩建的要求。

（2）对于短路电流问题突出的地区，需重点核实区域网架的短路电流水平，在变压器阻抗选择上予以重点考虑。山东省内通常采用高阻抗变压器。500kV 站一般选用高—中侧阻抗为 20%的主变压器，220kV 站一般选用高—中侧阻抗为 14%的主变压器，110kV 站一般选用高—低侧阻抗为 17%的主变压器。

示例：

主变压器型式：三相三绕组、（自冷+风冷）有载调压高阻抗变压器

容量比：240/240/120

接线组别：YN,yn0,d11

额定电压：230±8×1.25%/115/10.5kV

阻抗电压：$U_{d_{12}}$=14% $U_{d_{13}}$=64% $U_{d_{23}}$=50%

2.7　中性点接地方式选择

说明各级电压中性点接地方式。

（1）中性点接地方式选取应按照《山东配电网中性点接地方式选取指导意见（试行）》（鲁电调〔2021〕152 号）要求，综合考虑供电区域、各类接地方式的适用情况、电容电流、人身安全、设备安全、供电可靠性、设备绝缘水平、地理环境、线路故障特性等因素，并充分考虑电网发展，避免或减少未来改造工程量。

（2）同一变电站不同母线段的中性点接地方式应尽量相同，扩建母线采用低电阻或消弧线圈并低电阻接地的变电站，应同步改造前期母线的中性点接地方式。

2.8　电气主接线选择

深度要求：应结合变电站接入系统方案及分期建设情况，提出系统对变电站电气主接线的要求，明确各电压等级本期、远期电气主接线方案。如系统对电气主接线有特殊要求时，需对其必要性进行论证，必要时进行相关计算。

注意事项：

（1）应根据变电站功能定位、出线回路数、负荷性质及重要程度，并结合电网规划、变电站远景规模及分期建设情况，确定变电站远景电气主接线和本期电气主接线（包括各电压等级）。

（2）主接线的选择应执行规划设计导则相关规定。在满足供电安全可靠的前提下，尽量简化接线。

（3）说明预留的分段刀闸位置、备用间隔的出线方向，作为后续工作的依据。

2.9 导线截面选择

深度要求：根据正常运行方式和事故运行方式下的最大输送容量，考虑到电网发展、饱和负荷状况以及线路全寿命周期等因素，对线路型式、导线截面以及线路架设方式提出要求，必要时对不同导线型式及截面、网损等进行技术经济比较。

注意事项：

（1）导线截面的选取应符合下述要求：

1）宜综合饱和负荷状况、线路全寿命周期选定。

2）应与电网结构、变压器容量和台数相匹配。

3）应按照安全电流裕度选取，并以经济载荷范围校核。

（2）导线截面选择要考虑远景规划，并通过计算确定。

（3）若局部采用电缆，电缆输送容量应与架空线路匹配，须提供电缆不同敷设方式下的载流量表。

（4）线路型式的选择需兼顾近、中期及远景年目标网架发展需要和廊道情况。如本期工程中一并考虑远景线路选择同塔四回、同塔双回或同塔双回单侧挂线方式超前架设，应详细论证分析本期架设的原因，明确线路走向、接入站点、投产时序等。

2.10 建设规模

2.10.1 变电部分

深度要求：描述远景及本期的主变压器容量、各电压等级出线回路数及出线方向、各电压等级主接线、无功补偿。

2.10.2 线路部分

深度要求：说明线路起讫点、导线型号、路径长度和回路数（是否为同塔架设、单侧挂线等）。另外，开断、改接新形成的线路需说明新形成线路全长。

注意事项：

（1）把建设规模描述清楚即可，没必要描述详细的路径方案。

（2）由于本工程引起的其他需改造的线路，说明改造线路的起讫点，电压等级、长度、导线型式及导线截面。对于 T 接、开断点前线路截面、杆塔也应进行描述。

（3）当 110kV 线路与 220kV 线路同塔架设时，需详细说明 110kV 线路的具体去向。

（4）电缆命名原则参照《额定电压 110kV（Um=126kV）交联聚乙烯绝缘电力电缆及其附件》（GB/T 11017—2014），如 ZC-YJLW02-64/110-1×800 电力电缆。

2.10.3　通信部分

深度要求： 简述与本工程相关的光缆建设规模和传输设备建设方案。

注意事项： 建设规模应包括光缆长度、类型、芯数等，更换光缆与新建光缆应分开描述。简述传输设备建设方案，包括设备制式、设备数量、传输容量等。

2.10.4　对侧间隔

注意事项： 明确对侧间隔设备配置情况、进线方式。描述对侧变电站相应电压等级的主接线型式（规划、现状、本期），规划间隔数量、现有间隔数量、已利用间隔数量及本期扩建间隔位置和数量，保护改造情况。对侧涉及用户站、电厂间隔扩建、改造工程的，投资不计入输变电工程；应取得对侧用户、电厂同意扩建、改造间隔的函。

附图：对侧变电站相应电压等级的主接线图。

2.10.5　退役设备说明

根据《国网山东省电力公司关于规范工程项目电网实物资产退役管理的指导意见》（鲁电运检〔2017〕416 号）要求，项目前期阶段"同步"开展拟退役资产技术评估，主要说明本工程退役设备情况，设备类型包括变压器、断路器、GIS、隔离开关、电容器、电抗器、输电线路（要明确几号塔-几号塔拆除）、电力电缆、TA、TV 等。另外，在报告中的变电部分、线路部分具体说明相关设备的退役情况及原因。

2.11　停电过渡方案

对施工中涉及停电的工程，需配合停电方案进行相关潮流、短路等电气校核计算；重点落实停电过程否需要临时过渡方案，并进行相关电气校核计算。

（1）停电过渡方案需明确施工时间周期（精确到月）。负荷一般按照该时段高峰负荷的 75% 考虑，特殊情况可按照 70% 考虑。

（2）停电过渡方案中涉及多个停电需求时，尽量同一时间段停电。必要时进行检修方式下电气校核计算。故障校核范围：停电区域的一级断面上的 $N-1$ 和 $N-2$ 故障；重要断面上可能引发五级电网事件的故障，给出负荷转供方案及负荷损失情况，尽量量化说明，非定性描述。

（3）涉及220kV及以上配电装置、线路停运，应在分析相关变电站是否有电源供电的基础上，增加对相关主变压器容量、网架的校核；若存在薄弱环节，应提出避免或降低安全风险的措施、实施时机。应描述工程实施阶段通信临时过渡方案，说明相关路由组织情况。

（4）500kV设备的停电过渡方案需取得省公司调度运行部门、建设部门、超高压公司、建设公司等的书面盖章回复；220kV及以下设备的停电过渡方案需取得市公司建设部、运检部、调度部门的书面盖章回复。

3 电力系统二次

3.1 系统继电保护

3.1.1 一次系统概况

简述一次系统的概况和特点。

3.1.2 现状和存在的问题

概述与本工程有关的系统继电保护现状，包括配置、通道使用情况、运行情况、运行年限等内容，并对存在的问题进行分析。

注意事项：应说明保护设备是否属于"九统一"设备。

3.1.3 系统继电保护配置

深度规定：分析一次系统对继电保护配置的特殊要求，论述系统继电保护配置原则。提出与本工程相关线路保护、母线保护、自动重合闸、断路器失灵保护、远方跳闸保护、故障录波及网络分析系统、专用故障测距等的配置方案。对于系统继电保护配置的论述做具体要求，具体要求如下：

（1）对于线路改接（或π接），当对侧保护需要调整时，应提出相应的保护设备配置或改造方案。应分析本站保护与对侧变电站保护的适应性。

（2）需明确各种类型保护采样、跳闸、失灵等报文传输方式。

（3）需明确采用保护测控一体化装置或保护、测控独立配置。

（4）提出故障录波及网络记录分析系统的具体配置方案。

（5）对于改扩建工程，提出系统继电保护与变电站自动化系统接口设计方案，说明继电保护设备通信规约要求，对于改扩建变电站，新配置继电保护装置规约与原有保护装置不一致时，应提出解决方案。

（6）需明确故障测距配置方案，当采用双端测距时，说明其通道接口要求；根据数据采集要求，明确对互感器的接口要求。

（7）需明确备自投、低频低压减载装置的具体配置方案。明确低周低压减载出口压板配置情况。

（8）对侧站是电厂站等用户站时，应明确界定保护投资范围，并应取得用户站的保护出资协议。

条文补充：

（1）对于母线保护、故障录波器配置应考虑远景规划需求，按终期规模配置。

（2）电气化铁路牵引站供电线路应采用适合电铁负荷特性的保护装置。两相供电的电铁线路，应双重化配置距离及合电流保护。

（3）220kV 线路开断进新建站的，开断线路两侧保护使用年限≥6 年的，应更换为"新六统一"线路保护；使用年限＜6 年的，新建站的线路保护应与开断线路两侧原有保护配合选型使用。

（4）线路保护、母线保护、断路器保护、备自投、母联分段保护等应按照《关于扩大自主可控设备及二次设备在线监视与分析子站应用范围的通知》的要求采用自主可控设备。

（5）500kV 系统应配置故障测距装置、联网接入设备，满足与故障测距主站互联互通接入要求。故障测距装置应接入故障测距主站，故障发生后应自动将故障测距数据发送到故障测距主站。故障测距装置应采用嵌入式国产安全操作系统。

（6）根据《山东电力系统继电保护配置标准》（通知〔2021〕399 号）的要求，110kV 及以上电压等级厂站以及集中式新能源场站应配置故障录波器及交换机（路由器）等联网接入设备。200MW 及以上发电机变压器组应配置专用故障录波器。220kV 及以上主变压器、起/启备变压器应配置专用故障录波器。3/2 断路器接线应按串配置故障录波装置，双母线双分段按母线段接入故障录波器。220、110kV 变电站的故障录波装置应同时接入 35（10）kV 馈线的母线电压。变电站内的故障录波器应接入站用直流电源系统的各母线段（控制、保护）对地电压。

（7）220kV 变电站高压侧正常存在进线热备用、母线分列运行的应配置备自投装置，中、低压侧均应配置备自投装置；35～110kV 变电站高、中、低压三侧均应配置备自投装置。220kV 变电站高压侧备自投装置应按照双重化的原则，选取不同厂家的产品配置使用。

3.1.4 二次设备在线监视与分析子站

深度规定：简要描述与本工程相关的保护及故障录波信息、智能变电站的保护设备状态监测与诊断信息、上传调控机构通道组织等情况。当本站设置二次设备在线监视与分析子站时，无需再单独增加保护及故障录波信息管理子站的单独小节，归入本小节中合并说明即可。

注意事项：站控层采用 IEC 61850 通信的新、改（扩）建 35kV 及以上电压等级变电站以及 110kV 及以上发电厂、集中式新能源场站均应配置二次设备在线监视与分析子站，不再配置保护信息子站。

3.1.5 安全自动装置

简要描述与本工程有关的安全稳定控制装置现状，包括配置、通道使用情况、运行动作情况，并对存在的问题进行分析。

如必要时，以一次系统的潮流、稳定计算为基础，进行相应的补充校核计算，对系统进行稳定分析，提出是否需配置安全稳定控制装置。如需配置安全稳定控制装置应提出与本工程相关的初步配置要求及投资估算。确定本工程是否需要进一步开展安全稳定控制系统专题研究（根据需要提出各电压等级备用电源自动投切装置配置方案）。

3.1.6 对相关专业的技术要求

对系统继电保护专业的要求如下：

（1）对通信通道的技术要求：保护对通信通道的技术要求，包括通道组织、传输时延、带宽、接口方式等。

（2）提出对电流及电压互感器、断路器、直流电源等的技术要求，当采用电子式互感器时，应论述保护对不同类型互感器的适应性及其解决方案。

（3）提出继电保护对过程层设备的接口要求（对合并单元、智能终端、合并单元智能终端集成装置的要求，应说明使用的技术参数、功能配置、布置方式）。

（4）提出系统继电保护与变电站自动化系统接口设计方案，说明继电保护设备通信规约要求，对于改扩建变电站，新配置继电保护装置规约与原有保护装置不一致时，应提出解决方案。

3.2　系统调度自动化

3.2.1　现状及存在的问题

概述与本工程相关的调度控制系统、调度数据网络及安全防护、电能量计量（费）系统等的现状及存在问题。

3.2.2　远动系统

明确变电站调度关系，提出远动系统配置方案，明确技术要求及远动信息采集范围和传输要求。

3.2.3　相关调度终端系统

深度要求：根据电网二次系统规划，结合本工程建设，说明完善和改造相关调度端系统的必要性、可行性，提出改造完善方案和投资估算。

3.2.4　电能计量系统

根据各相关电网电能量计量（费）建设要求，提出本工程计费、考核关口计量点及非关口计量点设置原则，明确关口表、非关口表和电能量采集处理终端配置方案，提出电能量信息传送及通道配置要求。明确电能表接口类型，提出计量关口点对互感器的要求，当采用电子式互感器时，应论述计费关口表适应性及精度要求。当采用数字接口电能表时，提出过程层 SV 数据传输要求。应明确基建工程中，电能量远方采集终端只可配置一台，可预留另一套电能量远方采集终端的位置供营销专业自行采购。

3.2.5　调度数据网络接入设备

深度要求：根据相关调度端调度数据通信网络总体方案要求，分析本工程在网络中的作用和地位，提出本工程调度数据通信网络接入设备配置要求、网络接入方案和通道配置要求。

注意事项：按照省公司调度数据网双平面厂站双设备原则，配置 2 套独立的调度数据网络接入设备，即配置 2 台路由器、4 台交换机，按照十八项反措要求，采用硬隔离。

3.2.6　二次系统安全防护

根据相关调度端和变电站二次系统安全防护要求，分析本工程各应用系统与网络信息交换、信息传输、安全隔离和安全监测的要求，提出二次系统安全防护及安全监测方案、设备配置要求及示意图，明确服务器、工作站、网关机、交换机等的网络安全监测要求。明确智能变电站典型监测对象表。

注意事项：根据《关于印发〈智能变电站一体化监控系统功能规范〉等两项标准的通知》（国家电网科〔2012〕143号），对智能变电站一体化监控系统安全分区及防护原则进行配置。

3.2.7　相量测量装置（PMU）

根据相关电网实时动态测量系统总体建设要求及可研结论，提出相量测量装置配置方案、电流电压数据采集要求、对时方式、采集信息内容、对站内通道、远端通道及合并单元等相关技术要求。

注意事项：新装设的同步相量测量装置均应具备宽频测量功能。

3.2.8　电能质量监测

根据变电站所接入的用户类型，明确是否需要配置电能质量监测系统，如需配置需提出其具体方案。

注意事项：2021年1月起，所有新建变电站在可研阶段同步要求加装电能质量在线监测装置，并与变电站同步建设、同步投运。

3.2.9　相关调度端系统

根据电网二次系统规划及可研结论，结合本工程建设情况、如需完善和改造相关调度端主站系统，初步设计阶段应按照合同要求同步开展相关单项工程设计，提出设备配置方案和投资估算。

3.3　系统通信

3.3.1　系统概况

简要说明与本工程建设方案相关的电力系统概况，包括相关电网现状及发展规划、新建（改、扩建）输变电工程建设规模、变电站接入系统概况（各电压等级出线方向及回路数）、相关站内倒间隔和线路改跨接情况等。

3.3.2　现状及存在的问题

概述与本工程相关的通信传输网络、调度/行政交换网、数据通信网、频率同步网等的现状及存在的问题，与本工程相关的已立项或在建通信项目情况等。其中，光缆现状应表述起止点、所在线路名称和电压等级、光缆类型、光缆芯数、纤芯类型、投运年限等；设备现状应表述站点名称、设备名称、设备型号、线路侧方向和容量、设备现有扩容条件等；设施现状应表述站点名称、通信设备布置区域、屏位预留情况、设备供电方式、电源系统配置和容量、配电端子预留条件等。

对于有老旧光缆改造需求的线路，应对原光缆性能、杆塔情况及承载业务等进行描述。

说明退役设备情况及原因,设备情况需包括设备名称、设备型号、投运年限、运行情况等。

相关光缆现状

起止点	电压等级	光缆类型	光缆芯数	纤芯类型	备注
××站–××站					
××站–××站					
...					

相关站点通信设备现状

站点	设备	型号	光方向及容量	备注
××站	SDH			
	SPN/PTN			
××站	SDH			
	SPN/PTN			
...				

相关站点电源设备现状

站点名称	通信设备布置区域	屏位是否满足本期需求	供电方式	电源系统配置	配电端子是否满足本期需求
××站					
××站					
...					

需更换光缆纤芯使用情况表

纤芯	业务名称	跳纤方向
××线×芯光缆-1		
××线×芯光缆-2		
××线×芯光缆-3		
××线×芯光缆-4		
××线×芯光缆-5		
...		

注意事项：对本工程相关的对侧站设备配置及光路通道情况进行描述，同时

应附光缆路由图（相关站点）。根据规程规范，拟退运通信设备应在可研阶段取得技术鉴定报告。

3.3.3　需求分析

根据各相关的电网通信规划，分析本工程在通信各网络中的地位和作用，分析各业务应用系统（包括保护、安全自动装置、信息系统）对通道数量和技术的要求，包括线路保护、安全稳定装置、调度自动化、调度通信、数据通信网、调度数据网等。

3.3.4　建设必要性

从电力通信业务需求、加强相关地区通信网络、相关电力通信规划等方面需求，简要叙述本工程建设的必要性。对于因电网智能化要求引起的工程内容，应增加其必要性的简述。对工程中所应用的新技术、新工艺、新材料内容，应增加其必要性简述。

3.3.5　系统通信方案

根据需求分析，提出本工程系统通信建设方案，包括光缆建设方案、光通信电路建设方案、组网方案等。

（1）光缆建设方案。详述各条光缆依附的输电线路名称、线路电压等级、架设方式、缆路起讫点、中间起落点、站距、线路（光缆）总长度、光缆类型、光纤芯数和规格、与相关光缆连接点位置及引接方式。

提出本工程各站光缆进站引入方案，确定引入光缆型式、敷设方式、芯数。

注意事项：说明光缆架设的线路名称、起讫点的杆塔号、线路性质（新建还是原有、单回还是同塔双回）等，更换光缆与新建光缆应分开描述，同时应附工程接入后的光缆路由图（如无光缆建设，可不附）。

（2）传输设备建设方案。提出本工程传输网建设方案。描述本工程实施前相关传输网络状况，详述本工程传输网建设和组织方案，包括设备制式、传输容量、光链路方向、保护方式、重要部件和板件配置原则等。对于已有设备扩容，应对扩容条件和扩容方案进行描述。

注意事项：结合通信规划实现相关站点传输设备品牌归并和延伸覆盖，传输设备配置执行最新的输变电配套通信工程建设技术原则（有效版本）。必要时，可根据过渡方案增加传输设备。

3.3.6　数据通信网

根据相关电网数据通信网络总体方案要求，分析本工程在网络中的作用和地位及各应用系统接入要求，提出本工程数据通信网络设备配置要求、网络接入方案和通道配置要求。

3.3.7　调度交换网

提出变电站调度电话的解决方案及相应的设备配置方案。

3.3.8　行政交换网

提出变电站行政电话的解决方案及相应的设备配置方案。

3.3.9　通道组织

提出推荐通信方案的通道组织。

（1）调度通道。描述本工程相关的调度自动化通道，说明至地调的主用、备用通道。

（2）线路保护通道。描述本工程相关的线路保护通道。

（3）数据通信网通道。描述本工程相关的数据通信网通道，说明至地调的主用、备用通道。

3.3.10　频率同步网

提出本工程传输系统同步方案。

3.3.11　通信机房、电源

提出通信机房、电源、屏位、机房动力环境监视系统等的设计原则及方案，明确电源整流模块容量配置、蓄电池容量配置、动环监控内容、蓄电池室防火隔离要求等。

注意事项：通信机房及电源执行最新的输变电配套通信工程建设技术原则（有效版本）。

3.3.12　临时过渡方案

对于线路π接或改接引起光缆临时中断的，应对原光缆承载业务情况进行描述，并提供相关业务临时过渡方案。

过渡方案可分为业务临时割接与光缆路由迂回两种情况。具备利用现有通信系统对业务进行临时割接条件的，应进行方案说明；对于不具备业务临时割接条件的，应通过迂回路由组织或加装临时通信设备、架设临时光缆、租用运营商通道等方式对过渡方案进行表述。

系统通信设备材料表（可删减）

序号	设备材料名称	型号规范	数量				单位	总计	备注
			站点 1	站点 2	站点 3	站点 N			
1	SDH 设备								
1.1	SDH 设备								
1.2	光接口板								
1.3	光接口模块								
2	SPN/PTN 设备								
2.1	SPN/PTN 设备								
2.2	光接口板								
2.3	光接口模块								
3	配线设备								
3.1	数字配线架								
3.2	音频配线架								
3.3	网络配线架								
3.4	光纤配线柜								
3.5	综合配线柜								
4	其他								
4.1	导引光缆								
4.2	耐火槽盒								
4.3	PE 护套管								
4.4	镀锌钢管								

站内通信设备材料表（可删减）

序号	设备名称	型号规格	数量	单位	备注
1	通信电源系统				
1.1	通信电源	−48V/400A			
1.2	通信蓄电池组				
2	数据通信网设备				
2.1	数据通信网交换机	48 口，带 POE 功能的三层网络交换机			
2.2	网络配线架	24 口、六类			
3	调度交换网设备				
3.1	调度交换网交换机	24 口，带 POE 功能的以太网交换机			
3.2	机柜				
3.3	IP 电话单机				
4	行政交换网设备				
4.1	软交换接入终端	24 口 IAD			
4.2	机柜				

续表

序号	设备名称	型号规格	数量	单位	备注
4.3	市话单机				
5	主要材料及其他				
5.1	机柜接地线				
5.2	设备电源线				
5.3	蓄电池线缆				
5.4	设备接地线				
5.5	六类屏蔽双绞线				
5.6	控制电缆				
5.7	镀锌钢管				
5.8	PVC 管				
5.9	交流 PDU				

光缆材料表（可删减）

序号	材料名称	单位	数量	说明
1	OPGW（x 芯）	km		
2	悬垂金具（非绝缘）	串		
3	耐张金具（非绝缘）	套		
4	耐张金具（绝缘）	套		
5	防振锤	只		
6	中间接续盒	只		
7	终端接续盒	只		
8	光缆余缆架	只		
9		只		
10	塔用双引下夹具	只		
11	抱箍线夹	只		

3.4　变电站自动化系统

3.4.1　管理模式

根据无人值班变电站管理模式，提出变电站自动化系统总体配置要求及主要技术原则。应包含"四统一、四规范"的相关要求。

3.4.2　监测、监控范围

概述变电站自动化系统的监测、监控范围。

3.4.3　网络结构

根据一次设备选型与布置，说明站控层/间隔层、过程层网络结构，必要时进行专题论证。

3.4.4 设备配置

说明变电站自动化系统的设备配置方案，具体说明变电站自动化系统站控层设备、间隔层设备、过程层设备、网络设备等。具体说明：

（1）站控层设备：含监控主机、通信网关机、智能防误主机、智能巡视主机、综合应用服务器及网络打印机等。说明保护及故障信息管理功能的实现及上传方案，并说明网络记录分析系统的配置方案。

（2）间隔层设备：含保护、测控、计量、录波、相量测量等。

（3）过程层设备：含合并单元、智能终端等。

（4）网络设备：含站控层/间隔层网络交换机、过程层网络交换机等。附表说明全站交换机配置一览表。

3.4.5 功能

说明变电站自动化系统基本功能及高级应用实施方案和配置要求，根据需要，提出顺序控制功能实现方式。需要主站端系统配合实现时，应提出相应接口要求。

3.4.6 与其他设备接口

对于变电站自动化系统与其他设备的接口，应做如下说明：

（1）说明变电站自动化系统与一次设备状态监测系统、电能计量系统、交直流电源系统、智能辅助控制系统、全站时钟同步系统以及站内其他智能装置等的接口要求形式和技术要求。

（2）当站内装设静止补偿、消弧线圈等装置时，说明其保护控制系统与变电站自动化系统的接口设计方案。

3.5 元件保护及自动装置

3.5.1 现状及存在的问题

必要时，简述与元件保护相关的一次系统概况和特点；概述与本工程有关的元件保护现状，包括配置、运行情况，改、扩建工程对存在的问题进行分析。

3.5.2 保护配置

分析一次系统对继电保护配置的要求，论述元件保护（主变压器、站用变压器、无功补偿装置等）配置方案，包括：

（1）需明确元件保护采样、跳闸、失灵等报文传输方式。需明确保护、测控、计量是否采用一体化装置。

（2）提出主变压器故障录波系统的具体配置方案，明确独立配置或与各电压等级共用装置。

（3）明确主变压器非电量保护、启动风冷、闭锁调压等功能的实现方式。

（4）明确主变压器高中低压侧保护的详细配置。

（5）明确低压侧各元件的保护配置，如电容器、电抗器、接地变、站用变压器等。

3.5.3　自动装置

根据需要，提出高低压开关备自投、站用电备自投、低压无功投切等自动装置配置方案，提出低周低压减载等功能实现方式。

3.5.4　对相关专业的技术要求

元件保护对相关专业的技术要求，应包括：

（1）提出元件保护与变电站自动化系统接口方案，与过程层设备接口方案。

（2）提出对电流及电压互感器、合并单元、智能终端、直流电源等的技术要求，当主变压器各侧采用不同类型互感器时，应论述保护的适应性及其解决方案。

3.6　直流及交流不停电电源系统

3.6.1　直流电源系统

对于直流电源系统方案，应做如下描述：

（1）根据变电站管理模式和电网中位置及二次设备布置，说明变电站直流电源系统的电压选择、系统接线方式和配置方案。

（2）统计全站负荷，根据变电站的管理模式确定事故放电时间，计算蓄电池组容量，提出直流蓄电池组、充电设备配置方案。

（3）当变电站装设串联补偿装置或静止补偿装置时，应论述其直流电源供电方案。

（4）35～110kV 新建变电站一体化电源系统直流部分应按照《35～110kV 变电站并联型直流电源系统》设计。

3.6.2　不停电电源系统

根据站内不停电供电的二次设备需求，说明不停电电源系统接线方式、配置方案及容量选择。

3.6.3　直流变换电源系统

若通信设备采用直流变换器供电，根据站内通信等其他二次设备需求，说明直流变换电源系统接线方式、配置方案及容量选择。

3.7 其他二次系统

3.7.1 全站时钟同步系统

全站时钟同步系统设计方案，包括与站内站控层、间隔层、过程层的各类设备对时接口要求、主时钟和扩展时钟屏柜的配置。当采用网络对时方案时，应论述其同步精度要求、对交换机的要求及具体实施方案。说明时钟同步系统设备布置方案和电源要求。

注意事项：时间同步装置中应采用独立的时间同步监测模块用于监测时间同步装置及被授时设备的时间同步状态。满足《电力系统时间同步及监测技术规范》（Q/GDW 11539）要求。

3.7.2 设备状态监测系统

设备状态监测系统设计应遵循 Q/GDW 534 相关规定，并做如下描述：

（1）根据变电站内设备状态监测范围、参量及配置方案，论述后台系统的功能要求及与前置 IED 装置的接口要求。

（2）说明设备状态监测系统功能、设备配置，需要时说明与远方主站的传输信息、规约、通道要求，以及对主站端的接口要求。

3.7.3 辅助设备智能监控系统

配置 1 套设备状态监测系统，含一次设备在线监测子系统、火灾消防子系统、安全防卫子系统、动环子系统、智能锁控子系统、智能巡视子系统等，接入站控层综合应用服务器和智能巡视主机，实现一次设备在线监测、火灾、消防、安全警卫、动力环境的监视，智能锁控，安全环境监视及设备智能巡视，智能联动等功能。

对于辅助设备智能监控系统方案，应做如下描述：

（1）辅助设备智能监控系统功能。明确辅助设备智能监控系统的整体构架及功能。辅助设备智能监控系统包括智能辅助系统综合监控平台、一次设备在线监测子系统、火灾消防子系统、安全防卫子系统、动环子系统、智能锁控子系统、智能巡视子系统等，实现一次设备在线监测、火灾报警、安全警卫、动力环境监视及控制、智能锁控、智能巡视信息的分类存储、智能联动及综合展示功能。说明各子系统间联动配合方案、设备配置，说明与站内一体化监控系统的信息传输及接口要求。需要时说明与远方主站系统传输通道要求，以及对主站端接口要求。

（2）一次设备在线监测子系统。包括油温及油位监测、变压器油中溶解气体监测、铁芯夹件接地电流监测、避雷器泄漏电流监测、绝缘气体密度监测、开关触头测温等功能，明确设备配置原则和数量。应配置各电压等级一次设备在线监测系统配置一览表。

（3）火灾消防子系统。包括系统结构、探测区域、控制模块布置原则等要求，明确设备配置原则和数量。

（4）安全防卫子系统。变电站安全防卫子系统按照安全防范要求配置，包括安防监控终端、防盗报警控制器、门禁控制器、电子围栏、红外双鉴探测器、红外对射探测器、声光报警器、紧急报警按钮等设备，明确设备配置原则和数量。

（5）动环子系统。包括系统结构、控制模块布置、数据采集传输方式等，明确设备配置原则和数量。

（6）智能锁孔子系统。明确设备组织和布置原则。

（7）智能巡视子系统。包括系统结构、数据采集和上传、摄像机布置，明确设备配置原则、布置和数量。

（8）500kV 及以上变电站应说明有关变电站反恐防范的设备配置情况。

（9）辅助设备智能监控系统部分内容可参考《35～750kV 变电站辅助设备智能监控系统设计方案》中的配置原则和配置说明。

3.7.4 光、电缆的选择

说明各安装单位的光、电缆配置、选型及其配套设施。对预制光/电缆的说明其使用范围及预制方式。

3.7.5 电流互感器、电压互感器二次参数选择

结合变电站内不同电压等级主接线型式，根据继电保护、自动装置、测量仪表和计量装置要求，论述变电站内电流互感器、电压互感器二次参数的选择配置，包括电流互感器、电压互感器的相数配置，二次绕组数量、准确级及容量等参数的选择等。也可以图纸型式表示。

3.7.6 二次设备的接地、防雷、抗干扰

根据变电站内二次设备的布置方式，说明二次设备的接地、防雷及抗干扰措施。互感器二次回路的接地方式；二次设备等电位接地网的设计方案及设备防雷措施等。

3.8 二次设备模块化设计及布置

（1）据模块化建设的总体要求及 Q/GDW 11152 的规定，对变电站的二次设备

模块划分方案进行论述。

（2）结合一次设备布置型式，论述变电站二次设备模块化布置方案，包括公用二次设备室、间隔及主变压器二次设备室模块化二次设备、预制舱式二次组合设备及预制式智能控制柜等。

（3）论述预制舱式二次组合设备布置位置、所布置的设备名称、间距、通道尺寸等；应标明本期、远景、预留屏位的位置、用途及数量。

（4）根据二次系统技术方案，按站控层设备、间隔层设备、过程层设备、网络设备、其他二次设备分别论述二次设备组柜方案，应论述过程层设备包括合并单元、智能终端等智能组件布置方案。

（5）简要说明模块化二次设备屏柜的柜体基本要求。

（6）说明二次设备室及预制舱二次组合设备的抗干扰措施。

（7）简要说明预制舱组合二次设备材料的选择、"即插即用"实现方案及舱内辅助设施的设计方案及技术要求，说明采用前显示、前接线的柜体的基本要求。

（8）简要说明预制式智能控制柜材料的选择、"即插即用"实现方案及技术要求等。

4 变电站站址选择

4.1 概述

深度要求：应结合系统论证，进行工程选站工作，并概述工程所在地区经济社会发展规划及站址选择过程。

充分考虑站址周边发展规划、进出线条件、土地用途、土地性质、地震地质、交通运输、站用水源、站外电源、环境影响等多种因素，重点解决站址的可行性问题，避免出现颠覆性因素。

注意事项：关于变电站站址选择的说明：原则上应提出两个及以上站址方案进行技术经济比选，确定合理站址。唯一站址应结合当地规划、周围环境因素等限制条件说明选择唯一站址的原因。站址选择应充分考虑站址处地质、水文、线路出线情况、交通运输、土地性质等多种因素。

4.2 站址区域概况

深度要求：站址区域概况描述应包含以下内容：

（1）站址所在位置的省、市、县、乡镇、村落名称，站址距主要城镇的距离及相互位置关系。站址描述中应包含站址定位及用地范围的描述，并明确站址四角坐标。

（2）站址地理状况描述：站址的自然地形、地貌、海拔、自然高差、植被、农作物种类及分布情况。

（3）站址土地使用状况：说明目前土地使用权，土地用途（建设用地、农用地、未利用地），地区人均耕地情况。

（4）交通情况：说明站址附近公路、铁路、水路的现状和与站址位置关系，进所道路引接公路的名称、路况及等级。

（5）与城乡规划的关系及可利用的公共服务设施。

（6）矿产资源：站址区域矿产资源及开采情况，对站址安全稳定的影响。

（7）历史文物：文化遗址、地下文物、古墓等的描述。

（8）邻近设施：站址附近军事设施、通信设施、飞机场、导航台、输油和天然气等管线、环境敏感目标（风景名胜区和自然保护区、饮用水水源保护区、民房、医院、学校、工厂、办公楼等）与变电站的相互影响，站址附近易燃易爆源（油库、炸药库等）与变电站的安全距离。

注意事项：分站址进行描述，应附各站址的现场照片，包括但不限于：基准点参照物、接引道路、站址概貌等，必要时应注明照片拍摄方位。

4.3 站址拆迁赔偿情况

深度要求：应说明站址范围内已有设施和拆迁赔偿情况。

注意事项：应明确赔偿物的数量、规格等信息。

4.4 进出线条件

深度要求：按本工程最终规模出线回路数，规划出线走廊及排列次序。根据本工程近区出线条件，研究确定按终期规模建设或本期规模建设变电站出口线路的必要性和具体长度，明确是否存在拆迁赔偿，线路走廊通道资源等。

注意事项：明确各站址出线走廊条件、进出线方向、线路长度等。

4.5 站址水文气象条件

4.5.1 水位

深度要求：按照 DL/T 5056 中竖向布置的相关要求，对洪水水位或历史最高内涝水位进行分析论述。

注意事项：220kV 变电站按百年一遇洪水位或历史最高内涝水位分析，明确各站址的淹没深度。

4.5.2　气象资料

深度规定：列出气温、湿度、气压、风速及风向、降水量、冰雪、冻结深度等气象条件。

注意事项：论述气象资料来源。

4.5.3　防洪涝及排水情况

深度规定：应说明站区防洪涝及排水情况。

注意事项：排水方案应论述排水接入点概况，排水路径长度。

4.6　水文地质及水源条件

深度要求：应说明水源、水质、水量情况；同时说明水文地质条件、地下水位情况以及地下水、土壤对基础、钢结构的影响。

注意事项：明确水源方案，并根据工程设计用水量充分调研水源方案可实施性。

4.7　站址工程地质

深度要求。工程地质应说明以下方面：

（1）说明站址区域地质、区域构造和地震活动情况，确定地震动参数及相应的抗震设防烈度。

（2）查明站址的地形、地貌特征，地层结构、时代、成因类型、分布及各岩土层的主要设计参数、场地土类别、地震液化评价、地下水类型、埋藏条件及变化规律，确定地基类型。

（3）查明站址是否存在活动断裂以及危害站址的不良地质现象，判断危害程度和发展趋势，提出防治意见。对于可能导致地质灾害发生或位于地质灾害易发区的站址，应由有资质的单位进行地质灾害危险性评估，提出场地稳定性和适宜性的评价意见。

（4）建议地基处理方案及工程量预估。

注意事项：应取得正式的工程地质勘察报告（各级签字、执业资格印章签盖齐全），并作为可研报告的附件。

4.8　土石方情况

深度要求：说明土质结构比，预估土石方工程量，预估护坡或挡土墙工程量。说明取土土源、弃土地点等情况。

注意事项：购土或弃土应明确运距。

4.9　进站道路和交通运输

4.9.1　进站道路

深度要求：说明进站道路的引接方案，需新建道路和改造道路等的工程量。

注意事项：论述接引路的运输条件，改造道路的需论述拟采用的改造技术方案。

4.9.2　交通运输

深度规定：说明大件运输的条件并根据水路、陆路、铁路等情况综合比较运输方案，运输条件困难地区应做大件运输专题报告。

注意事项：论述大件运输路径，必要时做大件运输专题报告。

4.10　站外电源

深度要求：说明站外电源的引接方案及工程量并提供相关协议。

注意事项：落实站外电源引接方案可行性，提供相关协议。

4.11　站址环境

深度要求：说明站址所在区域环境情况，初步分析主要污染源及污染特性，提出站址区域污秽等级。

注意事项：附站址区域最新版污秽分布图，并注明站址具体位置。

4.12　施工条件

深度要求：说明站址的施工条件。

注意事项：论述站址施工交通运输、生活、施工用水、用电情况。

4.13　其他需要说明的问题

深度要求：描述其他需要特殊说明的问题。

注意事项：描述其他需特殊说明的问题。

4.14　站址方案技术经济比较

深度要求：站址方案技术经济比较应包括以下内容：地理位置、系统条件、出线条件、本期和远期的出线工程量及分期建设情况、防洪涝及排水、土地性质、地形地貌、土石方工程量、边坡挡土墙工程量、工程地质、水源条件、进站道路、大件运输条件、地基处理、站外电源、拆迁赔偿情况、对通信设施影响、运行管理、环境情况、施工条件等。

注意事项：如果是两个及两个以上站址方案，本节应列表进行方案比选，表的标题应为"站址方案技术经济比较表"；如为一个站址方案，则表的标题为"站址方案技术经济列表"并删除后面两列。表中涉及经济方面的站址条件列出数据，如站址出线规模的造价、土方工程量费用、地基处理方案费用、拆迁补偿费用、水源、电源方案的费用等。

站址方案技术经济对比表（示例）

序号	项目	站址一	站址二	站址方案比较
1	地理位置	明确站址具体位置	同左	对站址的位置条件进行比较，可从系统方面、运行管理等方面进行排序
2	地形地貌	站址的自然地形、地貌、海拔、自然高差、植被、农作物种类及分布情况	同左	针对本条比较各方案的优劣
3	土地性质及城市规划	说明土地使用权、土地性质，与城乡规划的关系	同左	针对本条比较各方案的优劣
4	拆迁赔偿	站址范围内已有设施和拆迁赔偿情况	同左	相同
5	进出线条件及规模	说明站址进出线条件及本期线路规模	同左	针对本条比较各方案的优劣
6	文物及矿藏	说明站址范围是否存在矿产资源、是否有文物古迹等影响工程建设和施工的因素	同左	针对本条比较各方案的优劣
7	临近设施影响	站址附近军事、通信电台、飞机场、导航台、风景旅游区和各类保护区等与变电站的相互影响	同左	针对本条比较各方案的优劣
8	水文条件	说明站址频率1%时的年最高洪水位、年最高内涝水位或历史最高内涝水位，对洪水淹没或内涝进行分析论述	同左	针对本条比较各方案的优劣
9	气象条件	列出气温、湿度、气压、风速及风向、降水量、冰雪、冻深等气象条件	同左	针对本条比较各方案的优劣
10	站区排水	站外排水方案	同左	针对本条比较各方案的优劣
11	水文地质及水源	说明水文地质条件、地下水位情况；水源情况：水质、水量是否满足站内需	同左	针对本条比较各方案的优劣
12	工程地质	说明站址区域地质、区域构造和地震活动情况，确定地震基本烈度，对站址稳定性做出评价。说明站址的岩土结构、分布，地震基本加速度和场地类型，对地质情况做出评价	同左	针对本条比较各方案的优劣
13	地基处理	根据地质情况，对存在不良地质的情况论述采用的处理方案。如采用天然地基，也做出说明	同左	针对本条比较各方案的优劣
14	土石方情况	说明站址土石方工程量和费用；弃土地点、取土土源	同左	针对本条比较各方案的优劣
15	进站道路和交通运输	说明站址附近公路、铁路、水路的现状及与站址的位置关系、进站道路引接公路名称、路况及等级；进站道路的长度	同左	针对本条比较各方案的优劣
16	站外电源	说明站外电源的引接方案及工程量	同左	针对本条比较各方案的优劣

序号	项目	站址一	站址二	站址方案比较
17	站址环境	说明站址所在区域的环境情况，初步分析主要污染源及污染特性，提出站址区域污秽等级	同左	针对本条比较各方案的优劣
18	施工条件	站址的施工条件	同左	针对本条比较各方案的优劣
19	资料收集和站址协议	应取得县（区）级的规划、土地协议。应将取得的协议作为附件列入可研报告	同左	仅就推荐方案的情况进行说明

4.15　推荐站址方案

深度要求：对各站址方案建设条件和建设投资、运行条件进行综合经济技术比较，提出推荐站址方案，并对推荐理由作简要论述。

注意事项：站址推荐方案应综合各专业技术经济条件综合确定，推荐理由应充分。

4.16　收集资料情况和必要的协议

深度要求：说明与有关单位收集资料和协商的情况，包括规划、国土、林业（畜牧）、地矿、文物、环保、地震、水利（水电）、通信、文化、军事、航空、铁路、公路、供水、供电、油气管道等部门。

规划、国土协议为必要协议。当站址位于矿产资源区、历史文物保护区、自然保护区、风景名胜区、饮用水水源保护区等敏感区域内时，须同时取得相关主管部门的协议。协议应作为附件列入可行性研究报告。

注意事项：务必取得推荐、比选站址及线路路径的协议，协议中应明确站址位置、线路路径、办理日期等关键信息，并取得相应主管部门的明确书面意见。经山东省政府批准，省环保厅、省发改委等8部门联合印发了《山东省生态保护红线规划》，划定陆域生态保护红线区域，实施分类管控。变电站选站、线路选线过程中涉及自然保护区、环境敏感点等，要提前落实好建设条件，必要时请环评提前介入，避免可研审定或批复后出现颠覆。可研阶段启动压矿查询，变电站站址、线路路径是否压矿一定要做详实的调研。压矿报告可在下一阶段进行编制、评审，但可研阶段要避免可研审定或批复后出现颠覆性，必要时在可研中留有压矿名目相关的费用。

4.17　勘测要求

深度要求：勘测探测点布置执行 DL/T 5170 的要求；站址方案地形图测量比

例不宜低于 1∶2000。

对全（半）地下变电站，应收集站址范围及周边各种地下管线的路径和埋深、地表水体和暗沟（塘）、地下构筑物、邻近建（构）筑物的基础范围及埋深等资料。兼顾基坑勘测的内容与要求，查明邻近建筑物和地下设施的分布现状、特性，对施工振动、位移的承受能力，以及施工降水对其的影响，并对必要的保护措施提出建议；分析评价基坑开挖的可行性，初步提出基坑支护方案和必要的地下水控制措施；分析论证地基类型，当需要进行地基处理或采用桩基础时，应对方案进行论证，并提出建议方案。

注意事项：推荐站址宜按初步设计勘测深度（具体深度要求详见 DL/T 5170），比选站址可按可研深度执行。

5 变电工程设想

5.1 工程建设规模及电气主接线

5.1.1 工程建设规模

深度要求：列表说明变电站远景、本期规模。包括主变压器容量和台数；各电压等级出线回路数；无功补偿装置的容量、台（组）数等。

示例：

序号	建设内容	规划	现状	本期
1	主变压器（MVA）			
2	220kV 出线（回）			
3	110kV 出线（回）			
4	35kV 出线（回）			
5	10kV 出线（回）			
6	35kV/10kV 电容器（Mvar）			
7	35kV/10kV 电抗器（Mvar）			

5.1.2 电气主接线

深度要求：

（1）分别从变电站远景、现状、本期简述各电压等级出线回路数、出线方向、架空/电缆方式、主接线型式等。

（2）电气主接线方案应与通用设计及"两型三新一化"变电站建设设计导则一致。说明选用的通用设计方案，不一致应说明理由。

（3）论述电气主接线方案及其比选结果（包括各级电压远期、本期接线，分期建设方式及过渡方案等）。分析论证电气主接线方案的技术经济合理性，以及对电力系统和分期建设的适应性。主接线优化应提出比选方案。

（4）说明各级电压中性点接地方式。应进行接地电容电流计算，由于负荷的不确定性计算困难时，可提供估算值及估算依据。根据计算结果选择消弧线圈容量或接地电阻阻值。

（5）扩建、增容、改造工程需重点关注原有接线型式能否满足要求，本期工程接线是否需要调整，间隔排列是否需要调整，停电方案是否合理可行。

5.1.3　通用设计方案

深度要求：阐明该工程所选通用设计方案。根据《国家电网有限公司 35～750kV 输变电工程通用设计、通用设备应用目录（2023 年版）》（简称通用设计）中常用方案的适用条件，结合工程进出线走廊、站址规划、站址污秽等级等方面进行综合论述，并优先选用山东省公司通用设计实施方案，如下表所示。

序号	通用设计方案编号	建设规模	接线型式	总布置及配电装置
1	500-A1-3	主变压器：4×1000MVA（单相）出线：500kV 8 回，220kV 16 回；500kV 高压并联电抗器：2 组；每台主变压器 35kV 侧无功：低压并联电容器 2 组，低压并联电抗器 2 组	500kV：一个半断路器，4 组主变压器全部进串；220kV：双母线双分段；35kV：单母线单元接线	500、220kV 及主变压器场地平行布置；500kV：户外 GIS；220kV：户外 GIS；35kV：户外支持管型母线、柱式断路器、配电装置一字型布置
2	220-A2-2	主变压器：3×240MVA出线：220kV 6 回；110kV 12 回；10kV 36 回；每台主变压器 10kV 侧无功：低压并联电容器 3 组，低压并联电抗器 2 组	220kV：双母线接线；110kV：双母线接线；10kV：单母线四分段接线	全户内一幢楼布置；一层布置主变压器、GIS、开关柜及并联电抗器、并联电容器、站用变压器、接地变及消弧线圈成套设备等；二层布置并联电容器、二次设备。220、110kV 全电缆出线
3	220-A3-1	主变压器：3×240MVA出线：220kV 6 回；110kV 12 回；35kV 18 回；每台主变压器 35kV 侧无功：低压并联电容器 2 组	220kV：双母线接线；110kV：双母线接线；35kV：单母线三分段接线	两幢楼平行布置，主变压器户外布置；220kV 配电装置楼：一层布置低压无功补偿设备，二层布置 GIS 设备及二次设备，4 回架空，2 回电缆；110kV 配电装置楼：一层布置开关柜、接地变等设备，二层布置 GIS 设备及二次设备，4 回架空，8 回电缆

序号	通用设计方案编号	建设规模	接线型式	总布置及配电装置
4	220-A3-2	主变压器：3×240MVA 出线：220kV 6 回；110kV 12 回；10kV 36 回； 每台主变压器 10kV 侧无功：低压并联电容器 3 组，低压并联电抗器 2 组	220kV：双母线接线； 110kV：双母线接线； 10kV：单母线四分段接线	两幢楼平行布置，主变压器户外布置； 220kV 配电装置楼：一层布置低压无功补偿设备，二层布置 GIS 设备及二次设备，4 回架空，2 回电缆； 110kV 配电装置楼：一层布置开关柜、接地变等设备，二层布置 GIS 设备及二次设备，4 回架空，8 回电缆
5	110-A2-4	主变压器：3×63MVA 出线 110kV 2 回；10kV 42 回； 每台主变压器 10kV 侧无功：低压并联电容器 2 组	110kV：扩大内桥接线； 10kV：单母线四分段接线	全户内一幢楼布置； 110kV：户内 GIS，电缆出线； 10kV：户内开关柜双列布置
6	110-A3-2	主变压器：3×50MVA 出线 110kV 2 回；35kV 12 回；10kV 24 回； 每台主变压器 10kV 侧无功：低压并联电容器 2 组	110kV：扩大内桥接线； 35kV：单母线三分段接线； 10kV：单母线三分段接线	半户内一幢楼布置，主变压器户外布置； 110kV：户内 GIS，电缆、架空混合出线； 35、10kV：户内开关柜双列布置
7	110-A3-3	主变压器：3×50MVA 出线 110kV 2 回；10kV 36 回； 每台主变压器 10kV 侧无功：低压并联电容器 2 组	110kV：扩大内桥接线； 10kV：单母线四分段接线	半户内一幢楼布置，主变压器户外布置； 110kV：户内 GIS，电缆出线； 10kV：户内开关柜双列布置

注意事项：

（1）必须阐明该工程所选通用设计方案的理由。

（2）当选用户内站时，应详细论述。如有必要，需提供相关支撑性文件，例如受城市规划影响、站址土地性质（如基本农田）等。对出线选用电缆方式的原因进行说明。

（3）当选用 GIS 设备时，也应详细论述必要性（考虑变电站在系统中的地位、作用和变电站站址位置）。需提供相关支撑性文件。例如：站址土地性质（如基本农田、建设用地）、e 级污秽区、高地震烈度及选址困难等。

（4）对于未采用通用设计方案的，需说明理由。

5.2 短路电流计算及主要电气设备选择

5.2.1 短路电流计算

深度要求：说明短路电流计算的依据和条件（包括计算水平年、接线、运行方式及系统容量等），并列出短路电流计算结果。

注意事项：按远景 10 年以上，系统最大运行方式下，计算本站的各级电压母线上的三相及单相短路容量、短路电流、冲击电流值。计算时，先计算变压器短路阻抗取常规值时的数值，不满足要求时再选择高短路阻抗值进行计算。根据计算结果，提出本工程各级电气设备的短路电流取值。

5.2.2　主要电气设备选择

深度要求：

（1）说明导体和主要电气设备的选择原则和依据，包括系统条件、变电站自然条件、环境状况、污秽等级、地震烈度等。

利用系统短路电流计算结果，对导体和电器的动稳定、热稳定以及电器的开断电流进行选择计算和校验。计算各电压等级、各类设备回路的额定工作电流，对导体和电器的持续工作电流进行选择。母线载流量按最大系统穿越功率外加可能同时流过的最大下载负荷考虑。

（2）电气设备选型应按照《国家电网有限公司 35～750kV 输变电工程通用设计、通用设备应用目录（2023 年版）》选择，说明通用设备的应用情况，未采用时应说明理由。

（3）说明导体和主要电气设备的选择结果（包括选型及主要技术规范，主要电气设备及导体选择结果表、同时标注在电气主接线图中）。

（4）说明一次设备智能组件及智能控制柜配置方式。根据工程特点及运行需求，提出设备状态监测范围及参量，并提出各传感器的安装方式。说明互感器选型情况，必要时进行专题论述。

（5）大容量变压器的选型应结合变电站所在地区大件运输条件加以说明。当采用金属封闭气体绝缘组合电器（GIS、HGIS 等）设备时，应论述其必要性。

（6）结合工程实际情况，提出新技术、新设备、新材料的应用。因地制宜推广采用节能降耗、节约环保的新产品。

（7）对于同杆架设线路，必要时应根据感应电压和感应电流计算结果选择线路侧接地开关型式。

（8）改、扩建工程应校验原设备参数。对于扩建变压器、间隔设备工程，需注意与已有工程的协调，校核现有电气设备及相关部分的适应性，有无改造搬迁工程量。对涉及拟拆除的一、二次设备进行设备寿命评估和状态评价，列举拟拆除设备清单并提出拟拆除设备处置意见。应针对断路器、隔离开关等设备进行额定电流、短路开断等参数的校核，对管母线及其支柱绝缘子进行力学校验。

5.3 电气布置

5.3.1 电气总平面布置

深度要求：

（1）说明各级电压出线走廊规划、站区自然环境因素等对电气总布置的影响。电气总平面布置及配电装置选型应根据变电站负荷性质、环境条件、运行维护要求，结合工程特点和建设规模，优先选用资源节约，占地节省的设备和布置方案。

（2）电气总平面应根据电气主接线和线路出线方向，合理布置各电压等级配电装置的位置，确保各电压等级线路出线顺畅，避免同电压等级的线路交叉，同时避免或减少不同电压等级的线路交叉。必要时，需对电气主接线做进一步调整和优化。电气总平面布置还应考虑本、远期结合，以减少扩建工程量和停电时间。

（3）新建变电站应提供 2 个以上的全站电气总平面布置方案；说明电气总平面布置方案。变电站设计方案应参照《国家电网有限公司 35～750kV 输变电工程通用设计、通用设备应用目录（2023 年版）》选型，并优先选用山东省公司通用设计实施方案。

（4）说明各级电压配电装置型式选择、间隔配置及远近期结合的合理性。

（5）根据变电站所在地区地震烈度要求，说明电气设备的抗震措施。

（6）电站增容、改造、扩建工程，应充分利用前期设备、构支架、基础等，尽可能避免原有电缆沟的破坏、减少电缆沟修复和电缆敷设的工程量。避免"大拆大建"，结合工程现场，优化电气设备布置方案。

5.3.2 过电压保护与绝缘配合

深度要求：

（1）论述各级电压电气设备的绝缘配合，说明避雷器选型及其配置情况，必要时专题论述。

（2）在报告中提供落有该站址的《山东电力系统污区分布图》（最新版本）的相关截图，说明电气设备外绝缘的爬电比距。

5.3.3 站用电及照明

深度要求：

（1）110（66）kV 及以上电压等级变电站应至少配置两路站用电源。装有两台及以上主变压器的 330kV 及以上变电站和地下 220kV 变电站，应配置三路站用电源。站外电源应独立可靠，不应取自本站作为唯一供电电源的变电站。说明站用工作/备用电源的引接及站用电接线方案，当需要引接站外电源时，论证所引接的电源可靠性，工程量要合理。

（2）说明站用负荷计算及站用变压器选择结果。

（3）简要说明站用配电装置的布置及设备选型。

（4）说明工作照明、应急照明、检修电源和消防电源等的供电方式，并说明主要场所的照明及其控制方式。当选用清洁能源作为照明电源时，应说明供电方式，论证其必要性及经济技术合理性。

5.3.4　防雷接地

深度要求：

（1）根据变电站总平面布置型式及地区雷电活动强度等，选取变电站的防直击雷保护方式。

（2）提供变电站土壤电阻率和腐蚀性情况，应计算接地电阻、接地装置截面，说明接地材料选择、使用年限、接地装置设计技术原则及接触电位差和跨步电位差计算结果，需要采取的降阻、防腐、隔离措施方案及其方案间的技术经济比较。高土壤电阻率地区宜进行专题论证。说明二次设备的接地要求。

注意事项：土壤电阻率和腐蚀性情况应有地勘报告支撑。

（3）改、扩建工程应对原有地网进行校验。

5.4　对侧间隔扩建/改造

深度要求：简述本工程是否包含对侧出线间隔扩建，如包含，需详细论述，并相应增加对侧间隔扩建的设备并计列费用。

5.5　电气二次

电气二次设计应包含以下内容：

（1）简述变电站自动化系统的控制方式的选择，简述依据一次系统稳定计算结论确定的采样方式，提出变电站自动化系统的构成、系统网络和设备配置方案。对需结合本工程改造的自动化系统，应提出设计方案，说明必要性、可行性，提出改造方案和投资估算。

（2）简述主变压器、电容器、电抗器、站用变等主要元件保护配置原则。

（3）存在新能源、电铁及用户接入的变电站，应根据接入系统阶段电能质量评估等要求相应配置电能质量监测装置。

（4）简述直流电源系统电压选择，提出直流电源系统、交流不停电电源（UPS）装置、直流变换电源装置等配置方案，直流系统应该按照最终规模统计直流负荷和 UPS 负荷，明确蓄电池、充电模块、UPS 容量等具体方案。简要说明全站时间同步系统、智能辅助控制系统、一次设备在线监测及光、电缆等的配置原则。

（5）简要说明二次设备室、二次设备预制舱、继电器小室等二次设备布置及组柜的主要设计方案。

5.5.1 变电站自动化系统

5.5.1.1 管理模式

根据无人值班变电站管理模式，提出变电站自动化系统总体配置要求及主要技术原则。

5.5.1.2 监测、监控范围

概述变电站自动化系统的监测、监控范围。

5.5.1.3 网络结构

根据一次设备选型与布置，说明站控层/间隔层、过程层网络结构，必要时进行专题论证。

5.5.1.4 设备配置

说明变电站自动化系统的设备配置方案，具体说明变电站自动化系统站控层设备、间隔层设备、过程层设备、网络设备等。具体说明：

（1）站控层设备：含监控主机、通信网关机、综合应用服务器及网络打印机等。说明保护及故障信息管理功能的实现及上传方案，并说明网络记录分析系统的配置方案。

（2）间隔层设备：含保护、测控、计量、录波、相量测量等。

（3）过程层设备：含合并单元、智能终端等。

（4）网络设备：含站控层/间隔层网络交换机、过程层网络交换机等。

5.5.1.5 功能

说明变电站自动化系统基本功能及高级应用实施方案和配置要求，根据需要，提出顺序控制功能实现方式。需要主站端系统配合实现时，应提出相应接口要求。

5.5.1.6 与其他设备接口

对于变电站自动化系统与其他设备的接口，应做如下说明：

（1）说明变电站自动化系统与一次设备状态监测系统、电能计量系统、交直流电源系统、智能辅助控制系统、全站时钟同步系统以及站内其他智能装置等的接口要求形式和技术要求。

（2）当站内装设静止补偿、消弧线圈等装置时，说明其保护控制系统与变电站自动化系统的接口设计方案。

5.5.2　元件保护及自动装置

5.5.2.1　现状及存在的问题

必要时，简述与元件保护相关的一次系统概况和特点；概述与本工程有关的元件保护现状，包括配置、运行情况，改、扩建工程对存在的问题进行分析。

5.5.2.2　保护配置

分析一次系统对继电保护配置的要求，论述元件保护（主变压器、站用变压器、无功补偿装置等）配置方案，包括：

（1）需明确元件保护采样、跳闸、失灵等报文传输方式。需明确保护、测控、计量是否采用一体化装置。

（2）提出主变压器故障录波系统的具体配置方案，明确独立配置或与各电压等级共用装置。

（3）明确主变压器非电量保护、启动风冷、闭锁调压等功能的实现方式。

5.5.2.3　自动装置

根据需要，提出高低压开关备自投、站用电备自投、低压无功投切等自动装置配置方案，提出低周低压减载等功能实现方式。

5.5.2.4　对相关专业的技术要求

元件保护对相关专业的技术要求，应包括：

（1）提出元件保护与变电站自动化系统接口方案，与过程层设备接口方案。

（2）提出对电流及电压互感器、合并单元、智能终端、直流电源等的技术要求，当主变压器各侧采用不同类型互感器时，应论述保护的适应性及其解决方案。

5.5.3　直流及交流不停电电源系统

5.5.3.1　直流电源系统

对于直流电源系统方案，应做如下描述：

（1）根据变电站管理模式和电网中位置及二次设备布置，说明变电站直流电源系统的电压选择、系统接线方式和配置方案。

（2）统计全站负荷，根据变电站的管理模式确定事故放电时间，计算蓄电池组容量，提出直流蓄电池组、充电设备配置方案。

（3）当变电站装设串联补偿装置或静止补偿装置时，应论述其直流电源供电方案。

5.5.3.2　不停电电源系统

根据站内不停电供电的二次设备需求，说明不停电电源系统接线方式、配置方案及容量选择。

5.5.3.3　直流变换电源系统

若通信设备采用直流变换器供电，根据站内通信等其他二次设备需求，说明直流变换电源系统接线方式、配置方案及容量选择。

5.5.4　其他二次系统

5.5.4.1　全站时钟同步系统

全站时钟同步系统设计方案，包括与站内站控层、间隔层、过程层的各类设备对时接口要求、主时钟和扩展时钟屏柜的配置。当采用网络对时方案时，应论述其同步精度要求、对交换机的要求及具体实施方案。说明时钟同步系统设备布置方案和电源要求。

5.5.4.2　设备状态监测系统

设备状态监测系统设计应遵循 Q/GDW 534 相关规定，并做如下描述：

（1）根据变电站内设备状态监测范围、参量及配置方案，论述后台系统的功能要求及与前置 IED 装置的接口要求。

（2）说明设备状态监测系统功能、设备配置，需要时说明与远方主站的传输信息、规约、通道要求，以及对主站端的接口要求。

5.5.4.3　辅助控制系统

对于辅助控制系统方案，应做如下描述：

（1）辅助控制系统功能：明确辅助控制系统的整体构架及功能。辅助控制后台系统功能，应论述包括图像监视及安全警卫、火灾报警、主变压器消防、采暖通风、照明、给排水等在内的辅助控制后台系统功能，说明各子系统间联动配合方案、设备配置，说明与站内一体化监控系统的信息传输及接口要求。需要时说明与远方主站系统传输通道要求，以及对主站端接口要求。

（2）图像监视及安全警卫子系统：全站图像监视子系统设计方案，包括功能、监视范围、设备配置原则及数量。提出视频图像信号远传方案、带宽要求。说明变电站的安全警戒设计方案。

（3）火灾报警子系统：包括系统结构、探测区域、探测器及控制模块布置原则、布线要求，明确设备数量。提出火灾报警系统与其他系统的联动方案。

（4）环境监测子系统：包括系统结构、监测范围、传感器及控制器配置原则，明确设备数量。

5.5.4.4　光、电缆的选择

说明各安装单位的光、电缆配置、选型及其配套设施。对预制光/电缆的说明其使用范围及预制方式。

5.5.4.5　电流互感器、电压互感器二次参数选择

结合变电站内不同电压等级主接线型式，根据继电保护、自动装置、测量仪表和计量装置要求，论述变电站内电流互感器、电压互感器二次参数的选择配置，包括电流互感器、电压互感器的相数配置，二次绕组数量、准确级及容量等参数的选择等。也可以图纸型式表示。

5.5.4.6　二次设备的接地、防雷、抗干扰

根据变电站内二次设备的布置方式，说明二次设备的接地、防雷及抗干扰措施。互感器二次回路的接地方式；二次设备等电位接地网的设计方案及设备防雷措施等。

5.5.4.7　低压侧中性点接地

深度说明：详细说明主变压器低压侧中性点接地方式的选取，计算过程应在报告中列出。

注意事项：变电站站内、站外出线间隔成套开关设备均应配置独立零序 TA。零序 TA 选择方式应参考《国网山东省电力公司关于印发山东配电网中性点接地方式选取指导意见（试行）的通知》。

5.5.5　二次设备模块化设计及布置

（1）据模块化建设的总体要求及 Q/GDW 11152 的规定，对变电站的二次设备模块划分方案进行论述。

（2）结合一次设备布置型式，论述变电站二次设备模块化布置方案，包括公用二次设备室、间隔及主变压器二次设备室模块化二次设备、预制舱式二次组合设备及预制式智能控制柜等。

（3）论述预制舱式二次组合设备布置位置、所布置的设备名称、间距、通道尺寸等；应标明本期、远景、预留屏位的位置、用途及数量。

（4）根据二次系统技术方案，按站控层设备、间隔层设备、过程层设备、网络设备、其他二次设备分别论述二次设备组柜方案，应论述过程层设备包括合并单元、智能终端等智能组件布置方案。

（5）简要说明模块化二次设备屏柜的柜体基本要求。

（6）说明二次设备室及预制舱二次组合设备的抗干扰措施。

（7）简要说明预制舱组合二次设备材料的选择、"即插即用"实现方案及舱内辅助设施的设计方案及技术要求，说明采用前显示、前接线的柜体的基本要求。

（8）简要说明预制式智能控制柜材料的选择、"即插即用"实现方案及技术要求等。

5.6　站区总体规划和总布置

5.6.1　站区总体规划

深度要求：站区总体规划方案应包括：

（1）说明站区总体规划的特点，站区与当地城镇规划的协调，利用就近的生活、交通、给排水、防洪等设施和最终规模的统筹规划。进站道路及引接、交通、各级电压线路出线方向、进出线条件、站区供水方式、站外给水管道引接点及管道路径和距离、站区排水的接纳地点及管线走向和距离、总平面布局、环境保护、分期征地和分期建设等方面的规划。征集工程建设单位与当地有关部门的合理意见、建议，提出拟还建乡村路、沟渠等方面的规划方案及涉及的概算工程量。

（2）站区总体规划的特点，全站建构筑物、地下管沟、道路的规划。总平面布置与竖向布置应利用地形条件因地制宜，尽可能避开不良地质构造，节约用地。说明主要建筑物的朝向、远近期结合方案。

（3）当站址条件发生较大变化时，应说明原因并提供设计依据。

（4）说明地形图所采用的坐标、高程系统。预估站区围墙内占地面积、进站道路面积、其他用地面积（包括边坡、挡墙）及工程总征地面积。

站址指标表

序号	指标名称		单位	数量	备注
1	变电站总用地面积		hm²		
1.1	围墙内占地面积		hm²		
1.2	进站道路占地面积		hm²		
1.3	边坡挡墙占地面积		hm²		
1.4	其他占地面积		hm²		
2	进站道路长度（新建/改造）		m		
3	变电站总土石方工程量	挖方	m³		
		填方	m³		
3.1	站区土石方工程量	挖方	m³		
		填方	m³		
3.2	进站道路土石方工程量	挖方	m³		
		填方	m³		
3.3	外购土工程量		m³		
3.4	外弃土工程量		m³		
4	围墙长度		m		
5	挡土墙体积		m³		
6	护坡面积		m²		
7	站内道路面积		m²		
8	站内场地地坪处理		m²		
9	电缆沟长度（600mm 以上）		m		
10	站区总建筑面积		m²		

注意事项：凡报告、附表中涉及占地、征地面积，采用公顷做单位时务必精确至小数点后四位；变电站站址用地原则上不允许计列任何形式的代征地，存在代征地时，在报告中、汇报时说明原因，提供支持性材料。

5.6.2　总平面及竖向布置

（1）总平面布置。

深度要求：对于站区总平面布置方案，做如下要求：

1）站区总平面布置方案要贯彻执行"两型三新一化"变电站建设设计导则的原则，根据工艺专业布置需求，结合站址地形与地质条件、地下管线走廊、日照、交通以及环境保护、绿化等要求，布置站区诸建构筑物。

2）说明变电站功能分区原则及远近期结合的意图、一次或分期征地的考虑。

3）站内主要生产建筑物的布置、方位选择与各级配电装置的空间组织，其与四周环境的协调及和电缆沟、管线、交通联系。

4）各级配电装置及主变压器的布置方位（说明其布置位于站区挖填方的地段、出线方向、扩建条件及检修要求）。

5）变电站主入口位置选择及处理、进站道路的长度及引入方向。

6）附属建筑物、大门及围墙、供排水等建构筑物的布置方案选定（包括对分期建设的安排）。

7）大门及围墙结构选型及材料选择。

8）简述防火间距和消防通道的设置。

9）说明站区总平面布置采用的节约集约用地措施。

10）说明站区管沟布置的主要设计原则，简述管沟选型、截面尺寸及地下管线的布置方案。说明特殊地质条件（湿陷性黄土、膨胀土、冻土等）、深填方及阶梯布置等情况下的管沟布置有关措施。

11）站外道路的路径规划、引接方案、道路结构型式、路面宽度、转弯半径、设计坡度及道路技术等级标准等。站内道路的布置原则（道路结构型式的选择和路面宽度、转弯半径、坡度及路面等级的确定）。站区场地及屋外配电装置场地地面的处理。变电站大门及道路设置应有满足主变压器、大型装配式预制件、预制舱式二次组合设备等整体运输要求的论述。

（2）竖向布置。

深度要求：对于站区竖向布置，应说明：

1）说明竖向设计的依据（如自然地形、洪涝水位、山洪流量、土方平衡、道路引接和管道的标高、排水条件等情况）。站区防洪、防涝、排洪措施。

2）说明采用的竖向布置型式（平坡式、阶梯式），站内主要生产建筑室内地坪和各配电装置场地的设计标高、场地设计坡度的确定等，必要时进行专题论证。

3）根据需要注明土方工程量，取土或弃土方案的选定（包括取弃点的位置和距离）。

4）说明站区的边坡（挡土墙、护坡）设计方案和工程量，必要时进行专题论证。

5）场地地表雨水的排放方式（散排、明沟或暗管）等；应阐述其排放地点的地形与高程等情况。

注意事项：对需要高边坡支护、深基坑开挖、大体量土石方爆破等对岩土工程要求严格的技术方案需增加专题论证。

5.6.3 管沟布置

站区管沟布置方案应包括：

（1）说明站区管沟布置的主要设计原则。

（2）简述管沟选型、截面尺寸及地下管线的布置方案。优化电缆沟设计，不设电缆支沟。

（3）说明特殊地质条件（湿陷性黄土、膨胀土、冻土和阶梯分段等）管沟的布置的有关措施。

5.6.4 道路及场地处理

道路及场地处理方案应包括：

（1）站外道路的路径规划、引接方案、道路结构型式、路面宽度、转弯半径、设计坡度及道路技术等级标准等；

（2）站内道路的布置原则（道路型式的选择和路面宽度、转弯半径、坡度及路面等级的确定）。

（3）站区场地及屋外配电装置场地地面的处理。

5.7 建筑及结构

5.7.1 建筑规模及设想

深度要求：说明建筑设计原则，说明主要建筑物的建筑风格功能布局，建筑规模。提供全站建筑物一览表，应包括本期和远期各建筑物的名称、设计使用年限、火灾危险性分类和耐火等级、建筑面积、建筑层数和建筑高度。说明本期和远期全站总建筑面积，并分析工程本期和远期规模用地面积的合理性。

装配式建筑应符合模块化建设要求，统一建设标准、统一建筑模数。选择围护材料，说明装配式建筑内外墙墙体材料。明确建筑室内外装修标准，如：楼地面、内外墙面、顶棚（含吊顶）、屋面防水等级和材料的选择及做法、门窗选型等。

注意事项：设计以"两型三新一化"设计导则和"通用设计"为依据，说明本工程的建筑设计原则和特点，重点论述建筑防火及节能设计。

5.7.2 结构设想

（1）地质条件。

深度要求：相应的岩土工程初勘报告（提供变电站位置处地勘作业照片）、工程水文气象报告及其主要内容，包括工程地质和水文地质概况、站址地震影响主要动参数、建筑场地类别、地基土液化的评价等；地基土冻胀性和融陷情况，着重对场地的特殊地质条件分别予以说明。

（2）主要结构方案。

深度要求：建筑结构的安全等级、结构的设计使用年限、环境类别和耐久性要求，抗震设防类别、抗震设防烈度和抗震措施设防烈度；生产建筑上部结构体系选型，房屋伸缩缝、沉降缝和抗震缝的设置；地下结构选型、防水等级和防水措施，钢结构的防腐、防火处理，为满足特殊使用要求所做的结构处理。

构（支）架的结构设计安全等级、设计使用年限、抗震设防类别、抗震设防烈度和抗震措施设防烈度。构架结构选型及布置方案，构架梁、柱断面的确定及节点型式，设备支架结构选型，钢结构构（支）架的防腐处理措施。防火墙的结构型式。

（3）地基与基础方案设想。

深度要求：说明地基基础设计等级，地基处理方案选型及基础结构型式、基础埋深、地基持力层名称；如遇软弱地基和特殊地基时，宜进行地基处理方案的经济技术比较，必要时应进行专题论证。当采用桩基或其他复合地基时，应说明桩的类型、桩端持力层名称及其进入持力层的深度、下卧层条件。可按站区的主要建构筑物地基处理和其他（一般、次要）建构筑物地基处理分类进行论述。根据地下水或地下土质的腐蚀等级，说明基础相应采用的防腐措施。说明应用通用设备土建接口情况。特殊要求及其他需要说明的内容。

注意事项：对站址地质条件复杂，地基处理工程量大的需提供专题报告。

5.8 供排水系统

深度要求：应说明变电站供、排水的设想和设计原则。由自来水管网供水时，应说明供水干管的方位、接管管径、能提供的水量与水压。当建自备水源时，应说明水源的水质、水文及供水能力，取水方式及净化处理工艺和设备选型等。

当排入城市管道或其他外部明沟时应说明管道、明沟的大小、坡向，排入点的标高、位置或检查井编号。当排入水体（江、河、湖、海等）时，还应说明对排放的要求。

注意事项：为确保排水方案的可行性，宜取得排放地点的排水协议。

5.9 采暖、通风、空气调节系统

深度要求：应说明站区采暖、通风和空气调节系统的设想和设计原则。说明采暖加热设计及主要设备的性能参数、供暖热媒参数；有事故排风要求或降温通

风要求的电气设备间，应说明其通风方式、通风风量确定原则、设备选型及参数、室内气流组织形式、通风和降温设备的运行方式

注意事项：对于容易产生易燃易爆或有害气体的房间（如蓄电池室、采用 SF$_6$ 断路器的 GIS 室）应说明通风量计算原则、通风方式、设备选型、防腐、防爆措施等。

5.10 火灾探测报警与消防系统

5.10.1 消防设计原则

深度要求：简述变电站消防设计原则。

5.10.2 消防措施

深度要求：简要描述站内消防措施，包括总平布置布置、交通组织、建筑、水工、主变、电缆防火措施及建筑火灾报警系统方面。

注意事项：明确主变压器固定式灭火方式选择，消防用水量与水压，消防水源、储水池及消防水泵的选择。明消防设备的自控、连锁、联动或信号上传等。

5.11 其他

深度要求：对于全（半）地下变电站等特殊工程，应针对辅助系统、施工工序、基础及结构形式、基坑支护、降水等方面重点开展研究工作，提出可行方案。

6 线路路径选择及工程设想

6.1 工程基本概况

6.1.1 系统概况

说明现状、本期和远期电力网络结构，明确本线路在电网中的地位，说明线路起迄点及中间落点的位置、输电容量、电压等级、回路数、导线截面、曲折系数及是否需要预留其他线路通道等。根据电网规划，线路路径要兼顾远期落点。根据需要，论述远近期过渡方案。

注意事项：

（1）重点明确线路的起迄点，同塔多回线路不同期建设要特别说明预留去向和投运时间。

（2）因本工程建设而改造已建线路的，应明确待改造线路的改造规模和具体状况，包括线路运行工况、线路长度、电压等级、杆塔型式和导地线型号等。

（3）重点明确线路的曲折系数和航空距离。

6.1.2 变电站进出线

说明变电站（升压站、开关站）本期和远期间隔排列及形式、进出线位置和方向、与已建和拟建线路的相互关系、与已建和拟建线路的相互关系、远近期过渡方案。新建变电站应结合近、远期电网规划论述各电压等级进出线规划方案，同步对其配套送出工程出线进行确认。

注意事项：

（1）可研说明中应配有能体现变电站间隔布置（含对侧）及进出线方向的出线示意图，并标明远景出线（高压侧）规划。

（2）变电站进出线规划图应能表明各电压等级出线交叉或平行等相互关系，长度宜取出站后 1～2km。

（3）应结合近、远期电网规划论述各电压等级进出线规划方案，重点了解配套送出工程线路与本工程线路的关系，明确是否考虑同塔多回预留。

6.2 线路路径

送电线路的路径选择是线路设计重要内容之一，其是否合理直接关系到线路的经济技术指标，影响到工程建设投资，与工程的施工方便、工程质量、运行安全等密切相关，因此，从国家建设利益出发，必须把路径方案选择放在设计的首要位置，对路径方案进行优选。

总体要求：

（1）输电线路路径选择应重点解决线路路径的可行性问题，避免出现颠覆性因素。特别注意考虑生态红线、国家一级公益林地、矿产资源区、不良地质带和采动影响区等。

（2）线路路径长度超过 5km 且线路曲折系数超过 1.2 时，以及因规划或走廊限制必须采用电缆、钢管杆的线路，应综合考虑技术、经济、环保、施工和运维等因素，进行专题论证说明并提供相关证明文件。

（3）应对线路路径进行全线踏勘，提供线路转角点坐标，并对转角杆塔逐基打点进行详细勘测。对路径复杂及涉及重要交叉跨越区段应进行详细勘测，并提供平断面图。应提供相关地勘作业照片。

（4）估算书、可研说明书、图纸中的工程量及通道清理量要对应，结合现场实际情况影像等支持性文件进行说明。

（5）应明确工程引起的拆除及利旧情况，注明线路现状和去处。对于拆除、退运已建线路应提供线路退役、退运报告。

（6）路径选择应使用不低于 1：100000 精度的地形图和奥维图。对于跨区线路，宜采用大比例路径全貌图（1：1000000）。比选的线路路径方案应明确且具有可比性，路径图应清晰、色彩分明、图例明确，路径图上应能清晰反映重要设施和通道清理等相关信息，复杂情形应提供最新影像资料等依据。

6.2.1　影响路径的主要因素

简述本工程路径沿线的踏勘收资情况，与当地政府及规划等相关职能部门的沟通情况，描述影响本工程路径方案的主要因素，如政府规划区、高速铁路规划、生态红线、国家一级公益林地、矿产资源区、不良地质带和采动影响区等。

6.2.2　线路路径方案

（1）根据室内选线、现场勘查、收集资料和协议情况，原则上应（原文为宜）提出两个及以上可行的线路路径，并提出推荐路径方案。受路径协议、沿线障碍等限制，局部只有一个可行的路径方案时，应有专门论述并应取得明确的协议支撑。

（2）明确线路进出线位置、方向，与已有和拟建线路的相互关系，重点了解与现有线路的交叉关系。

（3）应优化线路路径，尽量避让环境敏感区、重覆冰区、易舞动区、山火易发区、不良地质地带和采动影响区，减少对铁路、高速公路和重要输电线路等的跨（钻）越次数。

（4）尽量避让矿产资源区，无法避让时宜选择矿区的无矿带或不具备开采价值的有矿带，并应简述其矿产特性、开采方式、开采范围、采深及采厚比等信息，说明对线路的影响，必要时开展线路安全影响评价。

（5）路径方案概述包括各方案所经市、县（区）名称，沿线自然条件（海拔高程、地形地貌）、水文气象条件（含河流、湖泊、水源保护区、滞洪区等水文，包括雷电活动，微气象条件）、地质条件（含矿产分布）、交通条件、城镇规划、重要设施（含军事设施）、自然保护区、环境特点和重要交叉跨越等。

（6）对比选方案进行技术经济比较，说明各方案路径长度、地形比例、曲折系数、走廊清理量（原文为房屋拆迁量）、节能降耗效益等技术条件、主要材料耗量、投资差额等，并列表比较后提出推荐方案。

（7）路径复杂、重要交叉跨越位置、开断点位置或走廊清理量较大的区段应采用全数字摄影测量技术、无人机航拍技术等技术手段进行路径方案选择与优化，必要时应提出比选方案。

（8）线路经过成片林区时，宜采用高跨方案，在重冰区、限高区等特殊地段需要砍伐时应进行经济技术比较，明确砍伐范围。高跨时应明确树木自然生长高度，跨越苗圃、经济林、公益林时应提供相关赔偿依据。

（9）应合理控制线路路径长度裕度、转角杆塔数量。10km 以上线路路径长度裕度应控制在 3%以内，10～3km 线路路径长度裕度应控制在 5%以内，3km 以下线路路径长度裕度根据实际情况控制，但依据应充分。3km 以上线路转角杆塔比例宜控制在 20%以内。

（10）对涉及"三跨"（跨越高速铁路、高速公路和重要输电通道）的工程，专章论述"三跨"设计方案，明确线路与"三跨"设施的跨越交叉角度、档距、安全距离等技术条件，并提供平断面图。

（11）110kV 及以上电压等级输电线路与"三跨"、电气化铁路、等级公路、"南水北调"干渠等设施交叉时，优先采用架空线路进行跨越设计。因通道受限或交叉技术方案特别复杂时，应进行多方案技术经济比选后确定交叉钻跨越方案。

（12）依据系统规划和线路走廊情况，论证新建同塔多回线路预留横担或挂线的必要性，明确预留起止点、预留去向和规划建设时间。"三跨"及通道受限地段备用侧导线宜一次建成，并应根据备用线路规划建设时间、施工停电等因素论证备用回路挂线的必要性。

（13）线路改造应满足全寿命周期要求，应说明线路投产年份、具体状况（包括设备运行工况、线路长度、电压等级、杆塔型式和导地线型号等）、改造原因、原有设备去向、与现有工程的衔接等内容，充分论证改造的必要性和方案的合理性，并提供支撑性材料。开断已建线路应说明开断方案，明确被开断线路导地线型号、塔型呼高等技术条件，并提供开断方案示意图。

（14）因本线路造成其他已投运线路改造（如加高或由架空改为电缆），需详细说明改造的必要性和可行性，对相关线路具体状况描述清楚，如杆塔号，型式，钻越点的高度等，并提供交叉跨越方案等支持性材料。

（15）路径描述应采用文字穿插图片的叙述顺序，论述重要跨越点、转角或需拆除清理的障碍物，并配以图片说明。

6.2.3　推荐方案

对推荐路径方案作简要描述，说明线路所经市、县名称，沿线水文、地质、地形、地貌、地物等自然条件和环境敏感点，并说明推荐路径方案与沿线主要部门原则协议情况。

6.2.4　走廊清理

应提供走廊清理明细和交叉跨越明细。根据线路走廊清理原则，对拟跨越、拆除、迁移或存在相互影响的地上地下设施、资源等进行收资，明确沿线主要交叉跨越、建筑物拆迁、树木砍伐、管线改造等，并提供支撑性材料。采用现场踏勘结合无人机航拍照片、高分卫星遥感照片等手段，分类统计走廊清理量和交叉跨越量。费用较高或通道清理规模较大时，应进行技术经济比选，并提供专题报告。应包含以下内容：

（1）走廊清理原则。说明线路走廊清理原则（包括相关法律、法规和政策文件、环评报告和批复、规程规范的要求）。

（2）主要拆迁。

（3）主要砍伐。

（4）主要交叉跨越明细。

（5）走廊清理工程量明细。

注意事项：

（1）走廊清理主要包含以下内容：

1）拟拆迁或跨越的房屋情况，包括建筑物的属性、规模、结构分类。

2）拟迁移改造"三线"（电力线、通信线、广播线）的情况。

3）跨越林区长度、主要树种及其自然生长高度，树木跨越长度及砍伐数量等。

4）拟拆迁、压覆厂矿的类型、所属单位、规模、数量。

5）拟迁移改造道路或管线的所属单位、类型、等级、数量。

6）对导航台、雷达站、通信基站、地震台站等特殊障碍物的影响。

7）当走廊清理规模较大时，应提供相应专题报告或由建设方委托第三方完成的评估报告。

8）其他。

（2）对于平行架设的高压电力线、10kV及以下低压电力线、通信线、等级公路、水泥路、河流等应合并交叉跨越次数。跨越土路、水沟等不予计列。

（3）在走径图中标注走廊清理相关设施的准确位置，在说明书中分类统计并对其属性、规模、结构、清理方案等进行详细说明，提供走廊清理规模和清理费用的相关依据。

6.2.5 路径协议

（1）说明与工程相关单位收集资料和协商情况，包括规划、国土、乡镇政府、林业、地矿、文物、环保、地震、水利（水电）、通信、军事、航空、铁路、公路等部门。其中规划、国土、乡镇政府为必要协议，且规划、乡镇政府应在《路径图》上盖章。

（2）当线路位于矿产资源区、历史文物保护区、自然保护区、风景名胜区、饮用水水源保护区、生态保护红线等敏感区域内时，应同时取得相关行业主管部门的协议。必要时提前开展环评工作，避免后期颠覆可研审定方案。

（3）确保路径协议合法合规，并具有时效性。

（4）需明确协议中有关要求是否已经落实，譬如是否已按协议要求避让××遗址，避免出现开口协议。

全线路径协议汇总表

序号	联系单位	协议或了解事项	协议情况	协议要求落实情况
1	×××自然资源和规划局	路径通过事宜	已取得协议	
2	×××自然资源和规划局	沿线矿产资源压覆	已取得协议	
3	×××镇人民政府	路径通过事宜	已取得协议	
4	×××文物局	文物分布	已同意	
5	×××水利局	跨越河流事宜	已同意	
...				

6.2.6 停电过渡方案

当线路跨越已有线路需停电时，应提供停电过渡方案。停电过渡方案需经过调度、运行等部门盖章确认。

6.3 气象条件

6.3.1 设计最大风速情况

根据气象资料经数理统计并换算为线路设计所需的基本风速计算值，结合所经地区荷载风压图和风压值换算的基本风速、沿线风灾调查资料以及所经地区已有线路的运行经验，综合分析提出设计采用的基本风速值（不宜低于23.5m/s）和区段划分，以及必要的稀有验算风速。宜采用省内典型气象区数据。应在最新版风区分布图标明线路相对位置，舞动区应提供风向玫瑰图。

6.3.2　设计覆冰情况，有无重冰区

调查沿线的冰凌情况，结合附近已有线路采用的设计覆冰值与运行经验，提出设计选用的覆冰值及需要验算的稀有覆冰值和区段划分。应在最新版冰区分布图上标明线路相对位置。

6.3.3　气温、雷暴日及冻土深度。

收集线路所经地区的最高气温、最低气温、年平均气温、平均年雷暴日数及土壤冻结深度。

6.3.4　附近线路运行情况调查

调查本工程沿线附近已建成线路运行情况（如风灾、冰灾、雷害、沙尘、舞动等），必要时专项论述。

6.3.5　设计采用的气象条件一览表

深度要求：列表汇总本工程采用的气象条件情况。

全线设计气象条件

项目	气温（℃）	风速（m/s）	覆冰厚度（mm）
最高气温	+40	0	0
最低气温	−20	0	0
平均气温	+10	0	0
基本风速	−5	27	0
操作过电压	10	15	0
雷电过电压	15	10	0
安装	−10	10	0
带电作业	15	10	0
覆冰	−5	10	10/15
雷暴日数（d）	40		
冰的密度（g/cm³）	0.9		

注　计算杆塔荷载时，地线覆冰厚度增加 5mm 设计。

注意事项：调查沿线已建成线路运行情况（如风灾、冰灾、雷害、沙尘、舞动等），必要时专项论述。对线路沿线微地形、微气象情况进行调查描述。

6.4　导、地线型式

6.4.1　导线

根据系统要求的输送容量，结合沿线地形、海拔、气象、大气腐蚀、电磁环境影响及施工运维等要求，通过综合技术经济比较，推荐导线型式。

对高海拔、重冰区、大气腐蚀等地区，应对不同材料结构的导线进行电气和机械特性比选，采用年费用最小法进行综合技术经济比较后，确定导线型号、分裂根数。推荐方案应满足输送容量、环境影响、施工、运行维护的要求，体现可靠性、经济性和社会效益。

注意事项：新建线路一般推荐使用高导电率钢芯铝绞线，原则上不允许使用铝合金芯铝绞线。对于碳纤维、殷钢、铝基陶瓷等造价较高的复合芯导线原则上只应用于改造线路工程中；增容改造线路应对增容导线方案进行技术经济比较，确定导线型号。

6.4.2 地线

根据导地线配合、短路电流计算和地线热稳定校核计算、系统通信等要求，推荐地线型号。

注意事项：采用 OPGW 地线时应与通信专业相一致并进行说明。

6.4.3 导地线更换

对于更换导线或地线，应专章设计，明确更换的起止点、长度、杆塔现状，并应对杆塔结构强度、电气性能、导地线挂孔等进行校验计算，提供计算书，满足条件，方可更换。涉及停电应考虑施工停电及过渡方案的可行性。

如无导地线更换，也应明确说明。

6.4.4 导地线的机械电气特性

列表对导地线的机械电气特性进行说明。

导、地线机械电气特性表

型号		导线		地线	
		JL/G1A-300/40 钢芯铝绞线		OPGW-100 复合光缆	
截面（mm^2）	铝截面	300.09			
	钢截面	38.9			
	总截面	338.99		≈100	
外径（mm）		23.9		13.2	
弹性模量（N/mm^2）		73000		109000	
膨胀系数（1/°C）		$19.6×10^{-6}$		$15.5×10^{-6}$	
计算重量（kg/km）		1131		479	
计算拉断力（kN）		≥92.36		≥60	
安全系数		2.5	8	3	11
平均运行应力（N/mm^2）		64.71		153.72	

6.4.5 防振、防舞措施

确定导线和地线的最大使用张力、平均运行张力及防振措施。根据工程实际情况，选择防振锤的型式。

提供舞动区分布图、风向玫瑰图等相关防舞设计依据，并在舞动区分布图标明线路相对位置，确定舞动区范围及等级划分，采取相应的防舞动措施。明确各级舞动区内线路起止点、长度、杆塔数量，相间间隔棒配置原则和数量，原则上1级舞动区、2级舞动区（玫瑰风向图与冬春季主导风向小于45°区段）不配置防舞间隔棒。

6.5 绝缘配置

6.5.1 污区等级划分

绝缘配置以污区分布图为基础，结合线路附近的污秽和发展情况，综合考虑环境污秽变化因素、海拔修正和运行经验，按照"绝缘到位，留有裕度"的原则，确定线路的污区等级及统一爬电比距。原则上，交流c级以下污区外绝缘按c级配置；c级污区按照d级配置；d级污区按照d级上限配置；e级污区可按照实际情况配置，并适当留有裕度。

注意事项：

（1）变电站出口应与变电站污区等级一致。

（2）应在污区分布图标明线路相对位置。

（3）明确各级污区内线路起止点、长度、杆塔数量，绝缘配置原则和数量。

6.5.2 绝缘子选型

确定绝缘配置原则，分析瓷、玻璃及棒式（复合、瓷棒）等绝缘子技术特点，结合运行经验（污闪、冰闪）和本工程实际情况，推荐绝缘子型式，计算绝缘子片数。

注意事项：

（1）按照统一爬电比距法确定绝缘子片数，校核操作过电压、雷电过电压要求的绝缘子片数。

（2）在覆冰严重的地区还应满足冰闪对绝缘子片数的要求。高海拔地区绝缘子串的片数按相关规定进行修正。

（3）列表给出各等级污秽区绝缘子配置及绝缘子机械电气特性。

（4）提出各种运行工况下相应的空气间隙值。高海拔地区的空气间隙值按相关规定进行修正。

6.5.3 绝缘子串和金具

说明导线和地线的悬垂串、耐张串组装型式和特点。提出各种工况下绝缘子和金具的安全系数；说明接续、防振等金具的型式及型号。

注意事项：

（1）明确采用双联悬垂串的的杆塔位置及数量，原则上跨越110kV（66kV）及以上线路、铁路和等级公路、通航河流及居民区等，直线塔悬垂串应采用双联结构。

（2）说明工程中金具通用设计的应用情况。

（3）使用新设计金具时，应注明名称、作用及其机械电气特性。

（4）说明节能型金具使用情况。

（5）说明分裂导线采用的间隔棒型式，以及档距内的布置方式。

6.6 防雷接地

6.6.1 防雷设计

调查沿线雷电活动情况和附近已有线路的雷击跳闸率，参照设计规范，确定地线布置型式根数和保护角，以及档距中央导线与地线间的最小距离。对雷电活动较多地区应采取相应措施。

6.6.2 接地设计

因地制宜采用不同接地装置，满足线路杆塔接地要求。

注意事项：

（1）特殊地区（高土壤电阻率地区、强雷电活动地区、对接地极有腐蚀性地区等）的接地设计方案应专门论述。

（2）特殊接地极（如石墨、铜覆钢）和降阻模块使用应充分论证，并提供支撑文件。

（3）明确特殊地区范围以及采用特殊接地极和降阻模块的线路起止点、长度、杆塔数量，接地装置配置原则和数量。

（4）线路经过直流接地极附近时，要考虑对杆塔、基础的影响。

（5）地线与变电所的接地装置相连，应有便于分开的连接点。

6.7 防鸟害

提供最新版版涉鸟故障风险分布图、鸟害调查说明等相关防鸟害设计依据，并在涉鸟故障风险分布图标明线路相对位置，确定本工程涉鸟故障风险等级，采取相应的防鸟害措施。Ⅰ级鸟害区和Ⅱ级鸟害区中非鸟害多发区原则上不应加装防鸟害装置。

应明确各级鸟害区内线路起止点、长度、杆塔数量，防鸟害配置原则和数量。

6.8　杆塔及基础型式

6.8.1　杆塔型式

根据工程实际情况选用相应的通用设计模块进行全线杆塔塔型规划并提出杆塔主要型式和结构方案。新设计塔型应论证其技术济特点和使用意义，采用通用设计的原则，并对以下内容进行说明：

（1）杆塔规划。

1）直线塔及直线转角塔系列规划。

2）耐张转角塔系列规划。

3）特殊杆塔规划（高跨塔、电缆终端塔等）。

4）杆塔规划成果列表。

5）杆塔间隙圆图（新设计塔型需提供）。

注意事项：

1）合理规划杆塔线路平均档距和杆塔呼高水平，以控制工程造价。原则上杆塔档距利用率应达到设计使用条件的85%以上，110kV线路平均档距，平原地段原则上不小于300m，丘陵地段原则上不小于320m，山区地段原则上不小于350m；220kV线路平均档距，平原地段原则上不小于320m，丘陵地段原则上不小于350m，山区地段原则上不小于380m。核实交叉跨越量、跨越树木自然生长高度和范围，并提供支撑文件，合理选择杆塔呼高。

2）合理配置杆塔图像监测装置。对于220kV及以上线路杆塔计列50%图像监测装置，110kV及以下线路杆塔无需计列图像监测装置。

3）线路设计应进行沿线地质灾害易发区和压覆重要矿产资源查询。线路位于地质灾害易发区的，应进行地质灾害危险性评估；线路途径地下矿区（有采矿权），应避让采厚比小于30地段，采厚比大于30地段应根据不同的矿层厚度和采厚比进行基础设计及防护，且应取得互相免责协议。

（2）杆塔选型。

1）结合通用设计，提出杆塔主要型式和结构方案。

2）说明杆塔构件的材质和截面类型。

3）提出全线杆塔汇总表，包括各种杆塔使用条件、呼称高及材料用量。

4）需做试验的杆塔，应给予说明并提出专项立项报告。

（3）结合运行经验和沿线灾害调查，提出特殊气象区杆塔型式论证。

杆塔设计参数表

塔型	呼高范围（m）	计算呼高（m）	水平档距（m）	垂直档距（m）	备注
220-GD21S-J2	18～30	30	450	650	20°～40°转角
220-GD21S-J3	18～30	30	450	650	40°～60°转角
220-GD21S-DJ	18～30	30	450	650	0°～90°终端

杆塔材料用量表

塔型	呼高（m）	数量（基）	单重（t）
220-GD21S-J2	21	2	21.79
220-GD21S-J3	21	1	22.88
220-GD21S-DJ	24	1	31.17

6.8.2 基础型式

（1）沿线地质、水文条件概述。说明沿线的地质和水文情况、土壤冻结深度、地震烈度、施工、运输条件，对软弱地基、膨胀土、湿陷性黄土等特殊地质条件作详细的描述。

（2）基础型式的选择。

1）综合地形、地质、水文条件以及基础作用力，因地制宜选择适当的基础类型，优先选用原状土基础。说明各种基础型式的特点、适用地区及适用杆塔的情况。

2）线路通过软地基、湿陷土、腐蚀性土、活动沙丘、流砂、冻土、膨胀土、滑坡、采空区、地震烈度强的地区、局部冲刷和滞洪区等不良地质地段时，应详细说明采取的措施，提出不良地质条件的基础型式论证专题。

3）对新型基础应论证其技术特点和经济效益、安全性和施工可行性。需做试验的基础，应给予说明并提出专项立项报告。

4）说明基础材料的种类、强度等级。

5）如需设置护坡、挡土墙和排水沟等辅助设施时，应论述设置方案和对环境的影响。并在材料清册列明。

（3）在山区等复杂地形，提出采用全方位铁塔长短腿、高低基础等设计技术、原状土基础等，减少土方开挖、保护植被的技术方案。

6.8.3　原材料及金具

（1）杆塔钢材。

1）说明杆塔钢材选用的材质型号。

2）说明工程中高强钢的使用情况及应用率。

（2）螺栓及脚钉。说明不同规格螺栓及脚钉选用的材质型号。

（3）基础钢材。说明基础钢筋、插入式角钢及地脚螺栓选用的钢材材质型号。

（4）混凝土。说明基础、垫层、保护帽采用的混凝土强度等级。

（5）水泥。说明采用的水泥类型。

（6）金具。说明是否采用国家电网有限公司通用设计金具。

6.8.4　防腐、防卸、防松及防舞动

（1）防腐。根据地勘报告，对杆塔及基础提出相应的防腐措施。

（2）防卸。说明防卸措施及防卸螺栓的使用范围。

（3）防松及防舞动。线路经过舞动区时，应对杆塔荷载、杆塔型式、杆塔构造及防松措论证。

6.8.5　其他

如需设置护坡、挡土墙和排水沟等辅助设施时，应论述设置方案和对环境的影响。并计在材料清册中说明。

6.9　电缆

6.9.1　概述

说明电缆线路起迄点、额定电压、输送容量、路径长度、回路数、敷设方式。并对电缆夹层、电缆通道结构型式及长度、工作井的型式与数量，以及变电站预留的出线通道情况进行概述。

注意事项：

（1）电缆如果不是1处（段）需逐项说明。

（2）对采用电缆的必要性作充分说明，必要时提供专题论证。

（3）明确政府承诺土建建设时间，并提供支撑文件。提供通道利用和投资来源等协议。

6.9.2　电力电缆及附件的选型

根据系统要求的输送容量、电压等级、系统最大短路电流时热稳定要求、敷

设环境和以往工程运行经验并结合本工程特点确定电缆截面和型号。

根据电压等级、电缆绝缘类型、安装环境、污秽等级、海拔、作业条件、工程所需可靠性和经济性等要求确定电缆附件的型号规格。电缆附件应包括终端头（户外终端、GIS 终端）、中间接头、交叉互联箱、接地箱、交叉互联电缆、接地电缆、护层保护器、避雷器等。

注意事项：

（1）电缆截面应与架空导线输送容量相匹配。

（2）根据系统短路热稳定条件和接地方式的要求，确定交叉互联电缆、接地电缆截面以及护层保护器特性。

（3）必要时根据电压等级、安装环境、污秽等级、工程特点等说明避雷器型号。

6.9.3　电缆线路路径

（1）应积极与当地政府沟通，将城市电网规划及建设纳入城市发展规划，与各种市政管线和其他市政设施统一安排，预留电力线路的走廊，优先采用架空线路；若当地政府要求采用电缆敷设方案，原则上坚持"谁主张、谁出资"，由当地政府承担电缆土建或电缆方案与架空方案的投资差价，且应有投资分配及方案比较论述。

（2）因通道受限或交叉技术方案特别复杂采用电缆，应详细论证，测算电缆电气和土建投资，并对电缆和架空两个方案做技术经济比较。

（3）应说明变电站的电缆进出线位置、方向，新建电缆通道与已有、拟建电缆通道相互关系，近远期过渡方案等。

（4）严格控制电缆路径长度。电缆路径长度应计列至变电站围墙外，路径长度裕度应控制在3%以内。对于电缆出线的间隔，出线电缆一般应控制在 0.1km 内，如果出线电缆长度超过 0.1km，应进行方案比较说明。

（5）提供电缆通道路径示意图，明确电缆工井、防火墙、电缆中间接头等布置位置。电缆长度预留和电缆分段设置应依据充分。

（6）应结合工程条件、环境特点、电缆类型等因素进行电缆敷设方式的比选。说明电缆敷设方式及各种敷设方式的起止点、长度。

（7）电缆本体应与本期规模相对应，一般不考虑按最终规模敷设。考虑到电缆土建为隐蔽工程、实施、扩建难度大，同一电缆通道应按最终规模建设，但应明确电缆预留去向及建设时间，充分论证电缆通道预留的必要性。电缆土建应选用电缆通用设计中规范的断面尺寸。

（8）说明电缆在新建、已建电缆通道、工作井、电缆夹层、电缆竖井的排列方式及敷设位置。

（9）中性点非有效接地方式且允许带故障运行的电力电缆线路不应与 110kV 及以上电压等级电缆线路共用隧道、电缆沟、综合管廊电力舱；如受电缆通道等条件制约，共用隧道、电缆沟、综合管廊电力舱时，应对中性点接地方式进行改造、或采取必要的防火隔离措施并确保在发生接地故障时立即拉开故障电缆线路。

（10）建设环境较为复杂及通道需要清理的应详细描述。

（11）电缆隧道配置通风、排水、照明等附属设施和在线监测装置应提供设计方案和依据。电缆隧道宜采用自然通风，电缆隧道较长时可采用机械通风。按照"有规划、分区域、有重点"的原则，根据电缆隧道等级划分，安装在线监测装置。

注意事项：电缆线路短（比如从变电站至站外终端塔），可将路径描述方案写入概述中，本节取消。

6.9.4　过电压保护、接地及分段

论述电缆线路雷电、操作过电压保护措施，说明电缆线路接地方式及其分段长度，提出沿电缆通道设置接地装置的布置方案。

6.9.5　电缆防火

论述电缆防火措施，并应提供电缆防火技术方案的设计依据。

6.9.6　土建概况

（1）说明电缆路径的地质情况，根据工程实际情况，对选用的通用设计模块进行说明。新设计断面应采用通用设计原则，论证其技术经济特点和使用意义。

（2）应论述电缆通道横断面设计，主要包括以下内容：隧道、沟道、沟槽的净宽、净高、结构形式及壁厚等；保护管的直径、数量、排列方式及材质等，当保护管选用新型材料时，论述材质的选择理由。

（3）根据现场地质勘察情况，结合市政综合管线规划要求，确定电缆通道的纵断面设计，明确通道的覆土厚度和坡度，重要交叉、高落差等特殊地形处，应提供纵断面设计。

6.10　通信线路、无线电台及油气管线影响及防护

分析各方案对电信线路和无线电台站的影响。描述附近光缆情况和光缆重要等级，对通信有影响的提出防治措施。

7 安全校核分析

7.1 系统

深度要求：

（1）说明设计方案按可研深度执行《电力系统安全稳定导则》《差异化规划设计导则》等相关的规程、规范、技术标准要求。

（2）说明设计方案合理构建网架结构、增强供电能力和供电可靠性的情况，明确对重要线路、变电站、敏感区域、中心城区的供电安全水平保障情况。

（3）说明设计方案落实《十八项电网重大反事故措施》《防治变电站全停十六项措施》有关要求情况。

7.2 变电工程

深度要求：

（1）说明变电主要设备、短路电流、导体选型、电气布置、安装满足最新的规程、规范技术标准要求。

（2）说明变压器及电抗器等设备选择绝缘性能高、防火功能可靠的设备，导体选型严格按照动、热稳定进行校验，设备的电气布置和安装严格按照安全净距及爬电距离进行校验，并充分考虑防火、通风及后期运维的有关要求。

（3）说明设计方案落实《十八项电网重大反事故措施》《防治变电站全停十六项措施》有关要求情况。

7.3 土建工程

深度要求：

（1）说明设计方案中抗灾能力。包括抵御洪涝、地震、风灾、冰灾、雷电等自然灾害，污染等环境灾害，泥石流、滑坡等不良地质灾害影响的能力。

（2）说明设计方案落实《十八项电网重大反事故措施》《防治变电站全停十六项措施》有关要求情况。

（3）说明实施可研初设一体化设计后，满足地方强制性标准条文情况。

7.4 线路工程

深度要求：

（1）说明设计方案防止架空线路事故。包括特殊地形、极端恶劣气象、微气象条件下重要线路差异化设计；线路对崩塌、滑坡、泥石流、岩溶塌陷、地裂缝、洪水等不良地质灾害区的避让情况，以及塔基加固等防护措施落实情况。

（2）说明设计方案防止"三跨"事故。包括对"三跨"独立耐张段、交叉角度、水平距离、垂直距离、设计基本风速、设计覆冰厚度、绝缘这种金具、杆塔结构重要性系数、防舞、防盗、监测等分析情况。

（3）说明设计方案防止电缆线路损坏事故。包括根据线路输送容量、系统运行条件、电缆路径、敷设方式和环境等合理选择电缆和附件结构型式；电缆线路防火设施专题设计和推荐意见；电缆通道是否邻近热力管线、易燃易爆设施（输油、燃气管线等）和腐蚀性介质管道；综合管廊中电力舱布置情况及安全性分析。

（4）说明设计方案落实《十八项电网重大反事故措施》有关要求情况。

7.5 通信工程

深度要求：

（1）说明 ADSS、OPGW 光缆的设计与改造方案落实光缆"三跨"隐患治理要求。

（2）说明设计方案落实《十八项电网重大反事故措施》有关要求情况。

8 环境保护和水土保持

8.1 变电环境保护及水土保持

8.1.1 环境保护

（1）环境现状分析。

深度要求：列表说明变电站站界外及线路边导线外两侧 1km 范围内生态敏感区（如自然保护区、世界文化和自然遗产地、风景名胜区、饮用水水源保护区、生态保护红线等）的名称、级别、主管部门、所处行政区、保护范围、与工程位置关系等情况。列表说明变电站站界外 200m 及线路边导线外两侧 100m 范围内电磁和声环境敏感目标（如民房、学校、医院、办公楼、工厂等）的名称、功能、所处行政区、与工程位置关系等情况。

（2）环境影响分析。

深度要求：分析工程建设施工期和运行期的主要环境影响，施工期关注生态、噪声、废（污）水、扬尘、固体废物等环境影响因素，运行期关注电磁、噪声、废（污）水、固体废物、事故油等环境影响因素。

对于生态影响，应重点说明工程涉及的生态敏感区情况及相应主管部门意见取得情况；对于声环境影响，应结合工程近远期规模开展变电站噪声预测计算，说明预测结果及厂界环境噪声排放达标情况。

（3）环境保护措施。

深度要求：明确环境保护措施设计原则，针对施工期和运行期的主要环境影响，提出变电站和线路的环境保护措施。

8.1.2　水土保持

（1）水土流失现状分析。

深度要求：说明工程所在区域水土流失现状。

（2）水土流失影响分析。

深度要求：分析工程建设可能造成的水土流失影响。说明永久占地、临时占地面积，工程施工引起的开挖、回填、取土、弃土等土石方量。

（3）水土保持措施。

深度要求：明确水土保持措施设计原则，结合当地地形、地貌、水文、气象、植被等条件，分别针对变电站站区、进站道路、站外施工生产生活区、供排水管线区及线路塔基区、牵张场、跨越施工区、施工道路等提出相应的水土保持措施。

8.2　线路环境保护及水土保持

8.2.1　环境保护

（1）环境现状分析。

列表说明线路边导线外两侧 1km 范围内生态敏感区（如自然保护区、世界文化和自然遗产地、风景名胜区、饮用水水源保护区、生态保护红线等）的名称、级别、主管部门、所处行政区、保护范围、与工程位置关系等情况。列表说明线路边导线外两侧 100m 范围内电磁和声环境敏感目标（如民房、学校、医院、办公楼、工厂等）的名称、功能、所处行政区、与工程位置关系等情况。

（2）环境影响分析。

分析工程建设施工期和运行期的主要环境影响，施工期关注生态、噪声、废（污）水、扬尘、固体废物等环境影响因素，运行期关注电磁、噪声、废（污）水、固体废物、事故油等环境影响因素。对于生态影响，应重点说明工程涉及的生态敏感区情况及相应主管部门意见取得情况。

（3）环境保护措施。

明确环境保护措施设计原则，针对施工期和运行期的主要环境影响，提出线路的环境保护措施。

8.2.2　水土保持

（1）水土流失现状分析。

说明工程所在区域水土流失现状。

（2）水土流失影响分析。

分析工程建设可能造成的水土流失影响。说明永久占地、临时占地面积，工程施工引起的开挖、回填、取土、弃土等土石方量。

（3）水土保持措施。

明确水土保持措施设计原则，结合当地地形、地貌、水文、气象、植被等条件，针对线路塔基区、牵张场、跨越施工区、施工道路等 提出相应的水土保持措施。

9　节能、社会稳定及抗灾措施分析

9.1　节能分析

9.1.1　系统节能分析

深度要求：

系统方案合理性：推荐方案可降低系统供电损耗，可节约电量。

导线截面选择合理：能够满足本期及远景潮流输送要求。

合理配置无功装置：优化全网电能损耗，为调度优化运行创造条件。

9.1.2　变电节能分析

9.1.2.1　电气设备节能

深度要求：选用低损耗设备情况。

9.1.2.2　站内建构筑物节能

深度要求：说明站内建筑物采用的节能措施。

9.1.3　线路节能分析

结合线路架设方式选择，导线材质选择，采用分列导线，采用节能金具等方面进行描述。

9.2　社会稳定分析

应说明方案的社会稳定影响。

9.3 抗灾措施分析

应说明变电站、输电线路工程抗击灾害能力，包括分析洪涝灾害、地震灾害、风灾、冰灾、雷电等自然灾害，污染等环境灾害，泥石流、滑坡等不良地质灾害影响，并说明防灾减灾措施。

10 工程投资

深度要求：执行电力建设工程计价相关文件的规定，并应具备与通用造价对比分析的条件，确保工程投资的合规、合理、准确、有效。

10.1 编制依据

（1）项目划分及取费标准执行《电网工程建设预算编制与计算规定（2018 年版）》。

（2）定额采用国家能源局《电力建设工程概算定额（2018 年版）》的建筑工程、电气设备安装工程、架空输电线路工程、电缆输电线路工程、调试工程、通信工程、调试工程各分册。

（3）定额人工费、材机调整系数执行《电力工程造价与定额管理总站关于发布 2018 版电力建设工程概预算定额 2021 年度价格水平调整的通知》（定额〔2022〕1 号）。

（4）装置性材料执行《电力建设工程装置性材料综合预算价格》《电力建设工程装置性材料预算价格》。

（5）主要设备、材料价格按照国家电网有限公司每季度发布的设备材料信息价计列，不足部分参考以往类似工程结算价格或结合设备厂家询价计列；地材价格按照当地近期信息价计列。

（6）工程量计算依据图纸、设备材料清册和相关专业所提资料并结合有关规定标准计算统计。

（7）特殊项目费用按照应有技术方案和相关文件规定编制。

（8）建设场地征用及清理费用按照土地征用、拆迁赔偿所执行的相关政策文件、规定和各项费用的单价、数量计列；对于征地单价费用过高应提供相应的标准或依据，大规模拆迁、高额单项赔偿，应做专题说明，另需取得与被拆迁单位的相关协议。

（9）勘察设计费执行《关于落实进一步放开建设项目专业服务价格的通知的

指导意见》（中电联定额〔2015〕162 号）及《国网办公厅关于印发输变电工程三维设计费用计列意见的通知》（国家电网办基建〔2018〕73 号）。

（10）基本预备费费率执行预规《电网工程建设预算编制与计算标准（2018年版）》。

（11）资本金比例按 20%考虑，建设期贷款年名义利率为 LPR 最新利率，不考虑价差预备费。

（12）严格执行《国网基建部关于印发输变电工程多维立体参考价（2023 年版）的通知》（基建技经〔2023〕18 号）；可研阶段对于工程造价水平高于相应参考价水平 10%以上的，要增加专题论证材料；对于造价水平超过对应标准价水平 20%以上的工程，要增加方案技术经济比选专篇，说明采用该方案的必要性和合理性。

10.2　投资估算

本期工程估算动态总投资××万元，其中变电部分新建（扩建）工程××万元，单位造价××元/kVA，对侧间隔扩建工程××万元，单位造价××万元/间隔，间隔改造工程（含保护改造）××万元；线路部分架空线路工程××万元，单位造价××万元/km，电缆线路工程××万元，单位造价××万元/km。

本工程计划×年×月开工建设，×年×月建成投运。

投资估算应包括但不限于以下内容：工程规模的简述、估算编制说明、总估算表（表一）、专业汇总估算表（表二）、单位工程估算表（表三）、其他费用计算表（表四）、工程概况及主要技术经济指标表（表五）、建设场地征用及清理费用估算表（表七）、建设期贷款利息表、编制基准期价差计算表及勘察设计费计算表等。

10.2.1　估算编制原则

（1）估算编制应严格执行国家、行业和国家电网有限公司关于电网工程建设计价规定及营改增后相关配套文件。

（2）设备材料价格参照国家电网有限公司最新信息价计列；主要材料价格按近期信息价与预算原价找价差；地材价格按照当地近期信息价，对于信息价缺失或无参考类似的设备材料价格，需提前向相关厂家询价，保证设备材料价格合理性、准确性。

（3）估算应根据工程推荐方案、工程设想的主要技术原则、计算工程量进行编制，估算书与可研报告的工程量应一致，其内容深度应满足技经专业审查的要求，估算应满足通用造价控制指标的要求，起到控制投资的作用。

（4）建设场地征用及清理费依据相应省、市、县等相关部门赔偿拆迁标准、文件及类似工程支撑性材料，对于征地单价费用过高、大规模拆迁、高额单项赔偿，应做专题说明，必要时需取得与被拆迁单位的相关协议。

（5）根据国家电网有限公司统一部署，严格执行《国网基建部关于印发输变电工程标准参考价（2019 年版）的通知》（基建技经〔2019〕11 号）。工程造价水平高于对应标准造价水平的，要增加专题论证材料；超过对应标准价水平 10%以上的工程，要增加方案技术经济比选专篇，说明该方案的充分必要性。

（6）不计取项目后评价费及管理车辆购置费。

10.2.2　编制估算注意要点

1. 变电工程

（1）变电工程估算书应包括以下附表：

1）估算编制说明。编制说明应包含以下内容：

工程投资：需说明本工程动态投资、静态投资和单位投资；工程概况；建设地址：需说明工程建设地点和地理位置；安装工程：远期、本期建设规模、主要设备容量、型号、各级电压主接线及出线回路数；建筑工程：主要建筑物建筑面积、地基形式、建筑结构形式、抗震设防烈度、设备基础及设备支架形式；施工水源、电源、通信及道路情况；对于改扩建工程还应说明改建部位和工程量，相关过渡和安全措施；编制原则和依据：除列举采用的现行依据外，对未按现行估算编制依据计算的特殊费用进行说明。

2）总估算表（表一）。

3）专业汇总估算表（表二）。

4）单位工程估算表（表三）。

5）其他费用计算表（表四）。

6）建设场地征用及清理费用估算表（表七）。

7）建筑材料价差汇总表。

8）建筑机械价差汇总表。

9）安装主材价差汇总表。

10）建设期贷款利息计算表。

11）勘测设计费计算表。

12）安装甲供设备汇总表。

13）建筑人工按系数调差明细表。

14）安装人工按系数调差明细表。

15）安装材料按系数调差明细表。

16）安装机械按系数调差明细表。

（2）建筑工程。

1）主控楼单位造价标准钢筋混凝土框架结构控制在 2500～3200 元/m²（不含空调）；模块化钢框架结构控制在 4500～5500 元/m²（不含空调）。

2）如有施工降水费用列在"与站址相关的工程"项目下。

3）不锈钢电动大门：3 万元/樘；标识牌：0.2 万元/个。

4）建筑价差调整中所有埋件按照热镀锌铁件找价差。

5）建筑工程使用商品混凝土，并找价差。

6）消防器材费用应有设计专业提供的工程量。

7）架构及铁件不考虑二次刷油漆的费用。

8）站外电源包括永临结合的施工电源方案及费用须同设计专业共同确定。

9）对投资影响较大的土石方工程、地基处理工程、外部电源、水源、道路桥梁工程应有对方案经济技术对比。

（3）设备。估算中设备运杂费费率执行主要设备 0.5%，普通设备 0.7%。

（4）其他费用。

1）建设场地征用及清理费单独计列（表七），其内容包括场地征用各项费用和特殊赔偿等。所计列的赔偿费要有费用标准或依据文件，另外可参照近期工程所在地其他工程的赔偿协议为依据。

2）110kV 及以下工程不计列大件运输费用。

2. 线路工程

（1）架空线路工程。

1）架空线路工程估算书应包括以下附表：

a. 估算编制说明。编制说明应包含以下内容：

工程投资：需说明本工程动态投资、静态投资和单位投资；工程概况：线路经过地区的地形、地貌、地质、地下水位；线路亘长；导、地线型号，杆塔类型、数量；编制原则和依据：除列举采用的现行依据外，对未按现行估算编制依据计算的特殊费用进行说明。

b. 总估算表（表一）。

c. 专业汇总估算表（表二）。

d. 单位工程估算表（表三）。

e. 其他费用计算表（表四）。

f. 建设场地征用及清理费用估算表（表七）。

g. 装置性材料汇总表。

h. 装置性材料价差表。

i. 土石方量计算表。

j. 工地运输重量计算表。

k. 工地运输工程量计算表。

l. 杆塔明细览表。

m. 编制年价差计算表。

n. 建设期贷款利息计算表。

o. 勘察费明细表。

p. 设计费明细表。

2）估算编制注意问题。

a. 工程量应严格按设计专业提供的工程量并结合定额中的相关规定执行。

b. 施工道路修筑，除施工难度较大的沼泽、高山、峻岭等地形外，原则上不予计列。

c. 常规线路不计取铁塔标志牌费，只计列安装费用。遇 π 接、开断等线路工程，需要对原有线路重新进行铁塔排号的，可计列原有铁塔杆号牌更换补助费用，标准为按单回路 100 元/基，双回路 150 元/基。

d. 跨越 10kV 线路原则上不计列带电跨越措施费，可停电线路不计列此费用。跨越不拆迁的房屋及不砍伐的果园、经济作物等，架线防护措施费按定额有关规定执行。

e. 对于不足 5km 的短线路项目，其工程勘察费、工程监理费用原则上均按 5km 计列，单项工程线路长度按本期相同电压等级总长度计算，双回以上的多回线路，以杆塔双回为基础，每增加一回，按照同电压等级。

f. 认真落实建设场地征用及清理费用，应有规定的文件、费用标准和经过现场勘查的各类房屋的拆迁及赔偿工程量作为依据。牵涉到连带拆迁费用应另行计算，并予以说明。线路走廊赔偿宽度按专业评审提出的要求计算，计算赔偿长度时需扣除无青苗地段（包括铁路、公路、河流、成片林区、果园、荒地、塔基占地、拆迁及跨越房屋等）。

g. 施工道路从严控制，机械施工道路仅用于牵张场地进厂道路的拓宽、修整等，人力运输道路修筑只在山地及以上考虑。

h. 通信估算编制注意问题。

（a）无设计要求，牵张机的拆装及运输费按每4km一处计算。

（b）普通光缆和OPGW光缆都区分芯数以"接头"数量统计工程量，但只计算架空线路部分的连接头，前后两段（厂、站内）的光纤进线或出线的架构接线盒及至通信机房部分按电气册执行。

（2）电缆线路工程。

1）电缆线路工程估算书应包括以下附表：

a. 估算编制说明。编制说明应包含以下内容：

工程投资：需说明本工程动态投资、静态投资和单位投资；工程概况：线路经过地区的地形、地貌、地质、地下水位；线路亘长；电力电缆型号；编制原则和依据：除列举采用的现行依据外，对未按现行估算编制依据计算的特殊费用进行说明。

b. 总估算表（表一）。

c. 专业汇总估算表（表二）。

d. 单位工程估算表（表三）。

e. 其他费用计算表（表四）。

f. 建设场地征用及清理费用估算表（表七）。

g. 装置性材料汇总表。

h. 设备汇总表。

i. 建设期贷款利息计算表。

j. 勘察费明细表。

k. 设计费明细表。

2）估算编制注意问题。

a. 电缆线路建筑工程执行建筑或变电建筑工程费率，与市政共用的电缆沟、井、隧道及其保护管工程均列入市政工程范围，其费用计算应执行地方市政定额及取费规定，不列入电缆线路的建筑工程费。

b. 避雷器属于设备，35kV 及以上电缆、电缆头属于设备性材料，在编制建设预算时计入设备购置费。

c. 110kV 交联电缆交流耐压试验按定额 YX7-242 乘以 0.7 系数；同一地点做两路及以上试验时，从第二回路按 60%计算。

（3）通信工程。通信设备估算并入变电站项目估算书；通信线路部分并入线路项目估算书；不再单独成册。

10.3 投资分析

10.3.1 与通用造价的对比分析

1. 变电站新建工程

选取 220kV 变电站通用造价××方案，按本工程规模调整后的通用造价静态投资为××万元，本工程静态投资为××万元，较通用造价高××万元，主要原因分析如下。

（1）建筑工程费较通用造价高××万元。主要是增加地基处理费用××万元；场地平整、站区道路等站区性建筑费用增加××万元；排水沟、护坡等特殊构筑物增加××万元；生产综合楼费用增加××万元；站外水源费用增加××万元；编制基准期价差增加××万元。

（2）设备购置费较通用造价高××万元。主要是参照国家电网有限公司每季度的电网工程设备材料信息价或同类工程近期招标价格，设备费用增加××万元。

（3）安装工程费较通用造价高××万元。主要是全站接地费用增加××万元；调试费用增加××万元；编制基准期价差增加××万元。

（4）其他工程和费用较通用造价高××万元。主要是建设场地征用及清理费用增加××万元；桩基检测费增加××万元；因取费基数变化引起其他费用增加××万元。

根据以上分析，本工程造价是合理的。

2．××～××220kV 线路工程

本工程选用 220kV 输电线路通用造价××方案，按本工程规模调整后的通用造价静态投资为××万元，本工程静态投资为××万元，较通用造价高××万元，主要原因分析如下。

（1）本工程受地形、村庄及当地规划影响，耐张转角塔比例较高，比通用造价高××%，杆塔单公里指标比通用造价高××基；杆塔钢材较通用造价高××t/km；由于转角塔较多以及本工程全线采用灌注桩，引起基础钢材较通用造价高××t/km，基础混凝土数量较通用造价高××m³/km；导线较通用造价高××t/km；综上所述引起本体造价高于通用造价××万元，折合单位造价高××万元/km。

（2）编制基准期价差较通用造价高××万元，折合单位造价高××万元/km。

（3）本工程由于拆迁量较大，需拆迁房屋××m²，蔬菜（养殖）大棚××m²，砍伐树木（杨树、果树、经济树木）××棵，建设场地征用及清理费比通用造价低××万元，折合单位造价低××万元/km。

（4）由于取费基数的增加，引起其他费用（不含建场费）较通用造价高××万元，折合单位造价高××万元/km。

根据以上分析，本工程造价是合理的。

10.3.2　与标准参考价对比分析

1．变电站新建工程

选取国家电网有限公司输变电工程多维立体参考价（2022 年版）220kV 变电站××方案，按本工程规模调整后的标准参考价为××万元，本工程静态投资为××万元，控制在国家电网有限公司输变电工程多维立体参考价（2022 年版）以内或较标准参考价高出××%，主要原因是：

建筑工程费较多维立体参考价增加××万元，主要原因是外观融合。

2．××～××220kV 线路工程

选取国家电网有限公司输变电工程多维立体参考价（2022 年版）220kV 线路工程××方案，××～××220kV 线路工程对应标准参考价××万元/km，本工程静态投资单位造价为××万元/km，控制在国家电网有限公司输变电工程多维立体参考以内（不做分析）或较多维立体参考价高出××%，主要原因是：

（1）本体费用单位造价较多维立体参考价增加××万元，主要原因是地形复杂，平地占比××%，丘陵占比××%，山地占比××%；地质条件较差主要以岩石（泥水）为主，普通土占比××%，岩石（泥水）占比××%；基础型式大板式基础占比××%，灌注桩占比××%；耐张杆塔占杆塔比例较高，占比××%；钢管杆比例较高，占比××%；塔材单公里指标××t/km，基础混凝土用量××m³/km；跨越物较多，其中重要交叉跨越物主要包括铁路××条、公路××条、高压线××条、河流××条等，跨越工程量较多；综上本工程超多维立体参考价较高。

（2）其他费用较多维立体参考价增加××万元，主要原因是增加跨越高速铁路，线路迁改，跨通航河流影响评价费，跨越输油管道并行段杂散电流干扰防护检测费等原因，使费用较多维立体参考价高。

（3）建场费较多维立体参考价增加××万元，主要原因是拆迁（厂房）房屋××m²，拆迁蔬菜大棚（养殖棚）××m²，砍伐（移栽）树木（杨树、果树、经济树木）××棵。使费用较多维立体参考价高。

11 可研经济性与财务合规性

11.1 可研经济性

本工程投资估算按照《电网工程建设预算编制与计算规定（2018 版）》进行详细、合理的项目划分和分明细列示，满足编制年度项目支出预算与资金支出预算的需要。项目成本投入与类似项目投资标准成本等进行比较，对差异较大部分做出了专项说明，论证其合理性。

11.2 财务合规性

本工程投资估算编制严格执行国家、行业和国家电网公司关于电网工程建设计价规定相关配套文件。建设场地征用及清理费按照山东省自然资源厅颁布的最新征地拆迁补偿、城市绿化补偿、地面附着物及青苗赔偿标准；定额中规定的调整系数按《电力工程造价与定额管理总站关于发布 2018 版电力建设工程概预算定额 2021 年度价格水平调整的通知》（定额〔2022〕1 号）调整系数执行；材料设备价格参照国家电网有限公司最新信息价或近期设备招标价；本工程不存在分拆立项和搭车现象。本工程不预留项目后评价费、管理车辆购置费等费用。

××220kV 输变电工程建设规模及投资估算表

单位：万元

序号	项目	建设规模	静态投资	动态投资
一	变电工程			
1	××站新建工程	主变压器××MVA，220kV 出线××回，××接线；110kV 出线×回，××接线；××Mvar 低压电抗器，××Mvar 低压电容器		
2	××站扩建工程			
3	对侧××站扩建工程			
二	线路工程			
1	新建××～××220kV 架空线路工程	新建 220kV 双回架空线路，线路折单长度××km，××导线		
2				
	合计			

××220kV 新建工程总估算表

序号	工程或费用名称	建筑工程费	设备购置费	安装工程费	其他费用	合计	各项占静态投资（%）	单位投资（元/kVA）
一	主辅生产工程							
（一）	主要生产工程							
（二）	辅助生产工程							
二	与站址有关的单项工程							
	小计							
三	编制期价差							
四	其他费用							
1	其中：建设场地征用及清理费							
五	基本预备费							
六	特殊项目							
	工程静态投资							
	各类费用占静态投资的比例（%）							
七	动态费用							
1	价差预备费							
2	建设期贷款利息							
	工程动态投资							
	其中：可抵扣固定资产增值税额							
八	铺底流动资金							
	项目计划总投资							

××变电站扩建工程总估算表

序号	工程或费用名称	建筑工程费	设备购置费	安装工程费	其他费用	合计	各项占静态投资(%)	单位投资(元/kVA)
一	主辅生产工程							
（一）	主要生产工程							
（二）	辅助生产工程							
二	与站址有关的单项工程							
	小计							
三	编制期价差							
四	其他费用							
1	其中：建设场地征用及清理费							
五	基本预备费							
六	特殊项目							
	工程静态投资							
	各类费用占静态投资的比例（%）							
七	动态费用							
1	价差预备费							
2	建设期贷款利息							
	工程动态投资							
	其中：可抵扣固定资产增值税额							
八	铺底流动资金							
	项目计划总投资							

××～××线路工程总估算表

序号	工程或费用名称	1. ××～××220kV线路工程	2. ××～××220kV线路工程	合计
一	架空输电线路本体工程			
（一）	一般线路本体工程			
（二）	大跨越本体工程			
二	辅助设施工程			
	小　计			
三	编制期价差			
四	其他费用			
	其中：建设场地征用及清理费			
五	基本预备费			
六	特殊项目费用			
	工程静态投资（一～六项合计）			

续表

序号	工程或费用名称	1. ××～××220kV 线路工程	2. ××～××220kV 线路工程	合计
七	动态费用			
（一）	价差预备费			
（二）	建设期贷款利息			
	工程动态投资（一～七项合计）			
	其中：可抵扣固定资产增值税额			

12　附件及附图

12.1　附件

（1）估算书。

（2）协议。县（区）级的规划、国土部门、乡镇政府的站址及路径协议（注意事项：需相关主管单位书面回函确认）。

（3）水文、地质报告。

（4）主要设备材料表（注意事项:本附件单独成册）。

（5）设备退役退运说明报告。

（6）停电过渡方案确认单（注意事项：需相关主管部门签字盖章同意）。

（7）输电线路交叉跨越表（注意事项：需相关主管部门签字盖章同意）。

（8）内审会议纪要。

（9）调度命名文件（新建输变电工程需附）。

12.2　附图

图纸要求采用标准图框并附签字，图面清晰，并根据不同图纸调整出图比例。一般情况下应提供的设计图纸及图纸深度要求如下：

（1）电网接线示意图。要求图例统一准确，新建、改扩建工程应体现本工程周边 35kV 及以上电网接线示意，线路工程体现本工程同电压等级周边电网接线示意。

1）现状电网地理接线图。应表示与本工程相关地区现有电网的连接方式，线路走向和长度等。

2）工程投产年前电网地理接线图。应表示与本变电站相关地区在本期工程接入系统前电网的连接方式，线路走向和长度。

3）工程投产年后电网地理接线图。应表示与本变电站相关地区在本期工程接入系统后电网的连接方式，线路走向和长度。

4）远景年电网规划接线图。应表示与本变电站相关地区远景规划电网的连接方式，线路走向和长度。

（2）电气主接线图。表明本、远期电气接线，对本工程及预留扩建加以区别，主接线图中需标注设备参数及本期工程量。

（3）总平面布置图（含电气总平面）。应有2个电气总平面布置图对比，应反映本期及远期平面布置（改、扩建工程还应反映现状）。现状、本期及远期预留部分应加以区分。应表明主要电气设备、站区建（构）筑物、光缆电缆设施及道路等的布置。应表示各级电压配电装置的间隔配置及进出线（包括电缆）排列。应表明方位、标注位置尺寸，并附必要的说明及图例。

（4）各级电压配电装置及主变压器平面布置图。应表示出配电装置的布置（包括设备、构架、母线等各设施的安装布置，以及导线引接方式）。平面布置图应表示进出线（包括进出线高抗）排列及间隔配置；表示通道、走廊等设施。高型配电装置应分层表示。应表示主变压器布置及外形（包括主变冷却器），并示出防火隔墙位置。

（5）各级电压配电装置及主变压器断面布置图（必要时）。表明设备安装位置、设备外形尺寸、建筑物及位置、标高、导线引接方式、电气距离校验等。

（6）站用电接线图。应表示站用工作及备用电源的引接方式，应表示站用母线的接线方式，标注开关柜型式、回路名称、主要设备及元件规范等。

（7）变电站地理位置图。应表示与本工程设计方案有关的规划电厂、变电站和线路等，重点示意本变电站（串补站、换流站）所处的地理位置及变电站（串补站、换流站）出线走廊，根据不同方案采用1∶50000～1∶100000比例。

（8）站址总体规划图。站区总体规划图（带地形、进站道路引接、进出线建设规划、技术经济指标），应表明站址位置、道路引接、站址设计标高、给排水设施、进出线方向、站区用地范围和主要技术经济指标等，根据不同方案采用1∶2000～1∶10000比例。

（9）总平面布置图（含电气总平面）。应表明主要电气设备、主要建构筑物、道路及各级电压配电装置等，采用1∶2000比例。

（10）土方平衡图。深度要求10m×10m或20m×20m方格网及其定位，各方格点的原地面标高、设计标高、填挖高度，填区和挖区的分界线，各方格土方量、总土方量及工程量表（土方平衡表）。注意事项：附土石方工程量指标。

（11）建筑平面布置图[全（半）地下变电站提供]。深度要求：图纸应示意设备及辅助用房、楼梯间、吊装孔、通风井等布置，分层的建筑面积等。

（12）系统继电保护配置图。按推荐的电气主接线方案示意线路、母线、断路器等保护设备配置方案，含保护配置原理及主要保护方式、电流互感器、电压互感器接线方式等。

（13）变电站自动化系统方案图。应表明变电站自动化系统的站控层设备（含监控主机、通信网关机等）、间隔层（含保护装置、测控装置、安全自动装置等）、过程层设备（含合并单元、智能终端）和设备之间网络连接的结构示意图，与保护、监控、电能量等其他外部系统的接口及二次安全防护设备，与一次设备状态监测、智能辅助控制等站内其他系统的接口及二次安全防护设备，打印机、显示器等设备的配置。

（14）主变压器保护配置图。应表明主变压器的保护配置原理及主要保护方式、主要设备名称、电流互感器接线方式等。

（15）直流及交流不停电电源系统接线图。表示直流及交流不停电电源所涵盖设备的参数、数量及接线方式等。

（16）二次设备室屏位布置图。应表示站内各二次设备室（如主控室、各继电小室、直流电源室、蓄电池室、通信设备室等）屏柜布置位置、间距、通道要求等。屏位应标明本期、远景、预留位置用途及数量，部分二次设备室可合并出图。

（17）线路图纸。

1）线路路径方案图。要求图形比例准确，线条虚实清晰。路径图中应尽量详细描述本工程路径和本工程附近已建、拟建线路路径走向。应在带经纬线的不低于 1∶100000 精度的地形图和奥维地形图上表示路径，并注明气象条件、环境控制点、现场障碍物、生态保护红线、自然保护区等重点情况。

2）大跨越路径方案图。应对重点情况加以说明。

3）大跨越平断面图。应注明洪水位高程、通航桅杆高度、重要跨越物高程、跨越线与控制点的净空高度、河流方向等基本参数。

4）杆塔一览图。图形比例准确，线条虚实清晰，应标明线路使用的主要杆塔型式，并标注杆塔使用条件及相关基数、塔重、根开以及杆塔全高等杆塔参数。

5）基础一览图。图形比例准确，线条虚实清晰，应标明线路使用的主要基础型式，并提供基础型式、基础尺寸、混凝土用量、地脚螺栓量、基础钢筋量等基础参数。

6）绝缘子金具串型一览图。应包含导线、跳线、地线绝缘金具主要串型等金具，并注明金具名称、强度等基本参数。

7）变电站进出线规划图。明确变电站本期和远期间隔排列、进出线终端塔布置和方向、与已有和拟建线路的相互关系。对于新建500kV输变电工程，应同时对其配套送出工程出线进行确认。

8）"T"接点、开断点示意图，"三跨"以及其他重要交叉跨越点平断面图。

9）相位图。涉及与旧线衔接及相位布置影响方案时应提供。

10）电缆上杆（塔）方案示意图。

11）接地装置图。

12）电缆通道断面图。需标示本期与规划远景敷设位置。

13）电缆接地方式示意图。明确标示每段电缆长度。

14）电缆蛇形敷设示意图。

15）电缆工井图。

（18）通信图纸。

1）光缆路由现状图。应示意变电站投产前所在地理位置有关的光缆网络现状。

2）光缆建设方案图。应示意变电站投产后，变电站接入系统的光缆建设方案（如有光缆T接点应在图中标明纤芯分配情况）。

3）光缆路由远景图。应示意变电站投产后，该区域光缆路由的远景规划。

4）光传输网现状图。应示意变电站投产前所在地理位置有关的光传输网现状（SDH、SPN/PTN）。

5）光传输网建设方案图。应示意变电站投产后，变电站接入系统的光传输网建设方案（SDH、SPN/PTN）。

6）光传输网规划图。应表示与本变电站相关地区的规划光传输网远景规划。

7）导引光缆敷设图。应在站区总平面图的基础上绘制光缆敷设图，包括引入光缆型式、敷设路径及方式等；还应明确光缆敷设要求。